炒股高手可以速成，遵循指标轻松获利！

韩　雷◎编著

（第二版）

从零开始学

指标

技术指标总能准确地发出股票买入与卖出的信号，因此对于股票投资者来说，无论从事的是短线投机还是中长线投资，它都是分析、预测股票价格走势不可或缺的一种工具。

经济管理出版社

ECONOMY & MANAGEMENT PUBLISHING HOUSE

图书在版编目（CIP）数据

从零开始学指标/韩雷编著. —2 版. —北京：经济管理出版社，2013.11 (2015.6 重印)
ISBN 978-7-5096-2816-4

Ⅰ.①从… Ⅱ.①韩… Ⅲ.①股票交易—基本知识 Ⅳ.①F830.91

中国版本图书馆 CIP 数据核字（2013）第 280984 号

组稿编辑：勇　生
责任编辑：勇　生
责任印制：黄章平
责任校对：超　凡

出版发行：经济管理出版社
　　　　　（北京市海淀区北蜂窝 8 号中雅大厦 A 座 11 层　100038）
网　　址：www. E-mp. com. cn
电　　话：(010) 51915602
印　　刷：三河市延风印装厂
经　　销：新华书店
开　　本：720mm×1000mm/16
印　　张：17
字　　数：259 千字
版　　次：2014 年 1 月第 2 版　　2015 年 6 月第 2 次印刷
书　　号：ISBN 978-7-5096-2816-4
定　　价：38.00 元

前　言

对于从事股票交易的投资者来说，无论是进行较为激进的短线买卖操作，还是进行相对保守的中长线买卖操作，技术指标都是其分析预测价格走势的一种不可或缺的工具。这一方面是源于技术分析的实用性及有效性，另一方面则是因为技术指标可以发出明确的买卖信号。可以说，技术指标是技术分析领域的升华与发展，与基本面分析方法完全不同，技术分析方法几乎不考虑企业的实际价值，它完全以市场行为为基础。技术分析派认为：能够影响价格走势的各种因素，既包括基本面因素，也包括各种消息面、政策面、心理面等因素，都已完全体现在市场的买卖行为中，与其将精力用于分析企业的真实价值，还不如关注当前的市场趋势为好。很明显，技术分析与基本面分析的着眼点是不同的，技术分析由于更关注当前及近期的市场行为，因此它在分析、预测中、短期价格走势方面具有更强的优势，这在很大程度上可以弥补基本面分析所得结论与市场当前走势明显不合拍的问题。此外，由于在股市中参与交易的投资者大多数都是在从事中、短线交易，因此可以说，技术分析法已成为股市中最为重要的一种分析方法，投资者能否真正的理解、掌握技术分析，将直接决定着其获利能力的高低。

技术指标是技术分析方法的数学量化表现，它基于某一原理，通过将股市或个股的市场行为本身呈现出来的盘面数据信息转化为具体可见的指标线、指标值，来反映价格走势，并指导投资者进行操作。虽然同为技术分析方法，但根据着手点不同、侧重点不同、所依据的技术原理不同等因素，我们可以把技术指标分为不同的种类，例如：基于道氏理论，我们可以从价格整体走势情况（即趋势运行规律）着手，这一类的技术指标就称为趋势类指标；基于市场短期内的超买超卖情况，我们可以从分析价格短期内的波动情况着手，这一类指标称为摆动类指标。一般来说，技术指标可以分为以下五大类：趋势类指标、能量类指标、摆动类指标、成交量类指标和大盘类指标。

　　本书遵循由浅入深、由基础到实战的原则进行组织构架，第一章对相应的技术分析的基础性内容进行了讲解，使读者可以在较为透彻地了解技术分析的基础上更好地接触技术指标，从而为随后学习更常用的技术指标打下坚实的基础。本书随后的各个章节，全面详细地介绍了各种常用的技术指标，它们既有主要用于研究判断大势走势的趋势类指标、大盘类指标，也有着重于短线买卖的摆动类指标、能量类指标。特别值得一提的是，在对每一个指标讲解时，本书都本着由原理解析到实战运行的角度出发，力求可以使读者在知其然的同时，还能知其所以然，从而帮助读者深入地理解指标、掌握指标。

目 录

第一章 技术分析的必备知识

指标分析是隶属于技术分析门类下的一种分析方法，它虽然是通过数学模型计算，并以量化的方式呈现出来，但其最终反映的仍是市场多空双方力量的变化。而且，技术指标是以基本的盘面数据为输入参数的，为了能更好地理解指标分析和技术分析，我们应首先了解技术分析领域中最为基础的内容。

第一节 什么是技术分析

在了解技术分析之前，我们可以先概要地了解一下基本面分析方法，所谓的基本面分析方法就是以企业的当前实际价值及预期价值为出发点，来分析并预测其未来的走势，从而决定是买进还是卖出个股。基本面分析方法的核心原理是"从中长线的角度来看，价格终究是要围绕着价值运动的"。当企业的成长性较好（即预期价值较高）或是当前的市场价格明显低于其真实价值时（即处于低估状态），则此时是我们依据基本面分析法进行中长线买入布局的时机；反之，则是我们依据基本面分析法卖出个股的时机。

但是，与基本面分析方法完全不同，技术分析方法几乎不考虑企业的实际价值，它完全是以市场行为为基础。技术分析派认为：能够影响价格走势的各种因素，既包括基本面因素，也包括各种消息面、政策面、心理面等要素，都已完全体现在市场的买卖行为中，与其将精力用于分析企业的真实价值，还不如关注当前的市场趋势为好。很明显，技术分析与基本面分析的着眼点是不同的，技术分析由于更关注当前及近期的市场行为，因此，它在分析、预测价格中短期走势方面具有更强的优势，这在很大程度上可以弥补基本面分析所得结论与市场当前走势明显不合拍的问题。由于在股市中参与交易的投资者大多数都是在从事中短线交易，因此可以说，技术分析法已成为股市中最为重要的一种分析方法，投资者能否真正地理解、掌握技术分析法，将直接决定着其获利能力的高低。本书中所介绍的技术指标分析方法就是技术分析领域中最为重要的一个分支，在介绍技术指标前，我们首先应明确一个问题：为何技术分析行之有效？

如果说基本面分析法的有效性毋庸置疑，那么，对于技术分析法的有效性，我们显然还应再度做出诠释。其实，技术分析法的有效性也是毋庸置疑的，因为价格的走势是由买卖盘关系决定的，而买卖盘的交易结果、交易方式正是通过各种各样的盘面数据反映出来的，只要我们能透过这些数据把买卖盘之间的关系、多空双方力量的转化，完美地诠释出来，则我们就可以准确地把握价格的走势，或者说至少是在一个或长或短的时间段内把握住价格的走势。此外，技术分析法也是一个系统构造完整的方法，它的出现并非是虚无缥缈的空中楼阁，如同基本面分析法中由"价格围绕价值波动"这一思想来作为它的前提假设一样，技术分析法也有自己的前提假设，这些假设既是经验的产物，也是经验的升华。它们源于经验，是对经验的抽象概括，但同时，它们也反过来指导着经验，下面我们就来看看这几条假设。

一、市场行为涵盖一切

"市场行为涵盖一切"是技术分析法的第一假设前提，也是技术分析法的根本所在。它指出：影响股票价格波动的各种因素（如金融政策的变动、重大事件的发生、宏观经济的运行、上市公司的发展前景及预期业绩情况、投资者情绪的波动、主力资金的控盘意图以及其他各种各样可以影响到价格走势的因素）都会被市场行为本身充分表现出来，基于这个假设，价格的变化应该是技术分析者关注的主要对象，而对影响股票价格变化的诸多因素则不必过多地关心。基于这一假设，投资者在进行技术分析时，只需将重点放在可以反映市场行为本身的各种盘面数据上，例如，价格走势、成交量、盘口的成交细节等方面，并力图透过这些纷繁复杂的盘面数据正确地解读出市场上多空力量对比情况，进而准确地把握价格的走势。实际上，技术分析师只不过是通过研究价格图表及大量的辅助技术指标，让市场自己揭示它最可能的走势。

二、价格依据趋势运行

"趋势"可以说是技术分析法的核心概念，价格依趋势运行这一假设包含了三层含义：一是股市中的趋势被认为是客观存在的，它就如同物理学中的万有引力定律一样，是人们在认识客观世界过程中所发现的一种规律，如果说万有引力是自然界的一种客观规律的话，那么，趋势则是金融领域中的一种客观规律；二是趋势可以依据其总体运行方向划分为三种，即上升趋势、下跌趋势、横盘震荡趋势；三是趋势一旦形成，就具有极强的持续力，直到有强大的外力迫使其改变原有的趋势为止。对于趋势来说，它强大的持续力体现在两方面，一方面是持续的时间较长；另一方面是在上升或下跌趋势中的累计涨幅或跌幅较大。对于趋势的强大持续力这一性质，我们可以借助于物理学中的惯性现象来理解。我们知道，在物理学中，一旦物体开始沿着某一方向运行后，它就具有沿着这一方向继续前进的惯性，而股市中的趋势也正具有这种惯性。物理学中的惯性定律被表述为"任何物体都保持静止或匀速直线运动的状态，直到受到其他物体的作用力迫使它改变这种状态为止"，正如真实的世界中不可能有永远保持静止或匀速运行的物体一般，沿某一方向运行的物体终究会在阻力的作用下停止前行。股市中的趋势也不可能一直持续运行下去，当原有的多空力量对比情况出现改变时，就是一个趋势结束，另一个趋势即将开始的信号。

那么，研究股市的趋势运行规律有什么意义呢？其实，研究价格趋势的意义就是要在一个趋势发生发展的早期，及时准确地把它揭示出来，从而达到顺着趋势交易的目的。事实上，技术分析在本质上就是顺应趋势，即以判定和追随既有趋势为目的。

三、历史往往会重演

技术分析理论与人类心理学有着较为密切的联系，技术分析实际上也是行为金融学的具体应用，我们可以认为每一根 K 线，每一天的成交量都是投资大众心理活动的反映，图表、数据实际上是投资者心态的真实反映。行为金融学认为：投资者在相似的市场环境下，往往会倾向于做出相同的买卖决策，例如，当市场开始突破上行时，会吸引更多的投资者追涨买入；反之，当市场开始破位下行时，则往往引发大量的投资者割肉离场。而价格运行形态正是市场环境的直观写照，相似的价格形态往往就是人们对市场看好或看淡的心理的直观体现，人们通过研究发现：相似的价格形态往往都能演变出相同的后期走势。基于这一原理，我们就可以通过研究价格的历史形态，并比照当前的运行形态，从而预测价格的未来走势，这一假设指出：打开未来之门的钥匙隐藏在历史中，或者说将来是过去的翻版。这一假设看似难懂，然而它却是以人类的心理为依据的，是对人类心理共通性的一种揭示。

以这三大假设为前提，技术分析法不再是无源之水，它有了自己的理论基础，第一条假设"市场行为涵盖一切"指出了技术分析的可行性；第二条假设"价格依趋势运行"指出了技术分析领域的核心内容；第三条假设"历史往往会重演"则为我们提供了开启技术分析大门的钥匙，为我们提供了行之有效的途径。

第二节　价格与量能——技术分析的两大重点

时、空、价、量是技术分析的四大要点，"时"代表时间，"空"代表空间，但这两点并不是我们要单独去分析的内容，而是我们在进行具体分析时所要考虑的内容。因此，只有在结合具体的技术分析方法时，我们才会去具体地讨论时间与空间，例如，趋势会持续多长时间、上升或下跌的空间还有多大等。除了时间与空间这两个要素外，"价"（价格走势）与"量"（成交量）则是我们在进行技术分析时所要研究的具体对象，本节中，我们就来简单介绍一下这两点要素。

无论是基本面分析，还是技术面分析，其最终的目的都是要预测出价格走势，因而，价格走势是技术分析的第一重点，这是很容易理解的。研究价格走势时，我们要从价格的历史走势、当前走势出发，通过一定的分析方法，预测出价格的未来走势，为了更好地理解价格走势，我们就要先了解

K线。

图1-1为单根K线形态示意图，每一根都可以描述相应时间段内的价格涨跌情况。在股市中，当用K线表示价格的走势时，一般是以"日"为时间单位的，每根K线由开盘价、收盘价、最高价、最低价四个价位构成，我们可以把中间的矩形部分称为实体部分，而把实体上下的部分称为影线部分，实体上方为上影线，实体下方为下影线。若当日交易结束后，收盘价高于开盘价，表明当日处于上涨状态，以阳线表示，多用红颜色；反之，若是收盘价低于开盘价，则表明当日处于下跌状态，以阴线表示，多用黑颜色。此外，单根K线还将当日的最高价与高低价包含进来，因而，仅仅透过K线，我们就可以对当日的涨跌情况有一个大致的了解，可以说，K线清晰直观地反映了价格的波动情况。将一根根的K线以时间为横轴、以价格为纵轴，在同一坐标系中连接起来，就构成了日K线图，而这个日K线图也就是价格的走势图。

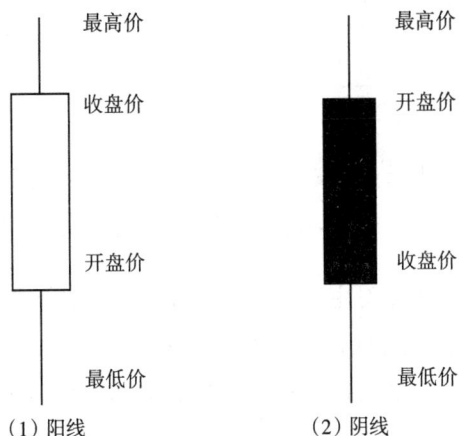

（1）阳线　　　　　　　　（2）阴线

图1-1　单根K线形态示意图

不同的K线形态往往蕴涵了截然不同的市场含义，单根K线、双根K线、三根K线可以反映出市场短期内的多空双方力量转变情况，而多日的组合K线形态往往是市场进入顶部区或是底部区的体现。

图1-2为天地科技（600582）2009年6月12日至2010年1月27日期间走势图，如图标注所示，此股在一波持续上涨后，于高位区出现了一个上影线极长的单日K线形态，这是市场短期内抛压极为沉重的表现，也是个股

随即将展开一波回调走势的预示，是我们短线卖股的信号。透过 K 线形态上的变化，我们就可以准确地把握市场多空力量的转变情况，从而及时做出买卖决策（注：本例只是强调 K 线形态的重要性，以求起到抛砖引玉的作用，由于本书专门讲解技术指标，因而，对于 K 线形态方面的知识不作过多介绍，有兴趣的读者可以阅读本系列中专门讲解 K 线的图书）。

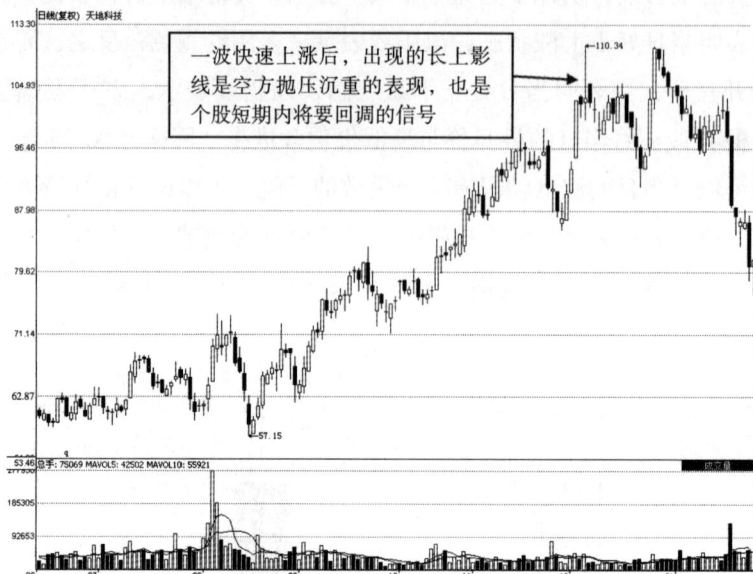

图 1–2　天地科技持续上涨后的长上影线示意图

在股市中，我们常说关注价格走势，在不考虑技术指标的前提下，我们可以将其理解为关注 K 线的运行，透过 K 线的运行、K 线的形态，我们可以很好地掌握多空双方力量的转变情况。除此之外，我们还可以运用技术指标的方法来把握市场多空双方力量的转变情况，此时，每个交易日的价格（如开盘价、收盘价、平均价等）会成为技术指标的具体输入参数，通过相应的计算程序，我们就可以用量化的方法把握价格的变动情况，进而在此基础上分析价格的后期走势。可以说，"价格"这一要素，无疑是技术分析方法的核心所在。

除了价格之外，技术分析中的第二大要素就是量能，量能也可以称为成交量，股市中的成交量通俗地讲就是某只股票在一段时间内，买方买进了多少股（或者说是卖方卖出了多少股），这种计算成交量的方法称为单边方式。

成交量在股市技术分析领域具有极为重要的作用，股市有谚语"量在价先"，这是因为价格走势仅仅是方向，代表着多空双方的交战结果，而决定其价格涨跌走势却体现在量能上。成交量是动力、是股票的元气，没有量能的放大或缩小，就说明市场的买卖盘力量对比情况并无实质性的改变，价格走势也难以出现持续的上涨或下跌，不会有较大的行情出现，可以说，成交量的变化是股价变化的前兆。在利用成交量分析并预测价格走势时，我们一方面要关注量能的变化形态，另一方面还要关注价格的走势情况，即将量能的变化形态与价格走势相结合，这种分析方法称为量价结合分析方法，是股市中的基本分析方法之一。为了让读者可以在最短的时间内更好地理解技术分析方法，我们将在随后的章节中单独介绍基本的量价配合关系，以帮助读者更好地理解价格走势。技术指标分析方法仅仅是技术分析方法中数学模型化、量化的分析方法，它所依据的原理仍是那些基本技术分析方法，如量价结合分析方法，因而，将成交量的变化方式具体化、数字化，也是相关技术指标的一大重点所在，可以说，成交量也是技术指标设计过程中所需要的一种重要盘面数据。

图 1-3 为上证指数 2008 年 10 月 28 日至 2009 年 3 月 16 日期间走势图，如图标注所示，我们可以看到大盘指数在一波快速上涨的过程中，其量能出

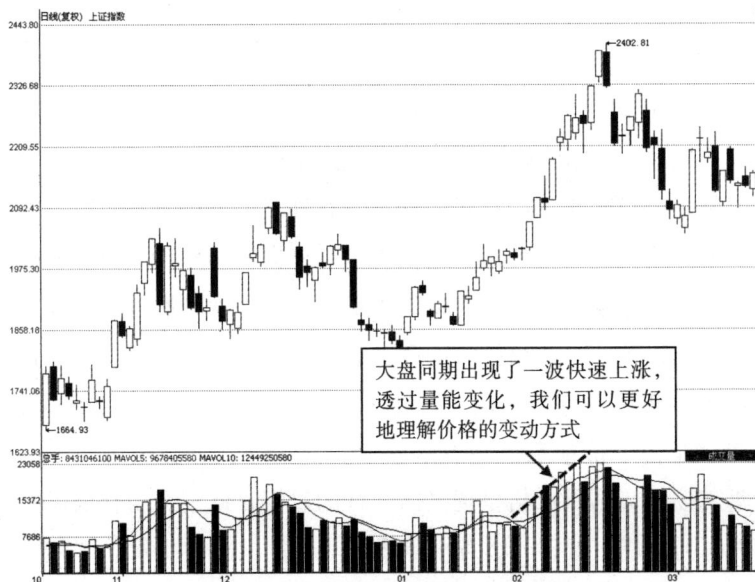

图 1-3 上证指数放量上涨形态示意图

现了快速放大的形态，借助于量能的变化形态，我们就可以对价格的涨跌情况有一个更好的理解了。

第三节　理解股市中的"趋势"

经济历史是由一幕幕的插曲构成的，它们都建立于谬误与谎言，而不是真理。这也代表着赚大钱的途径，我们仅需要辨识前提为错误的趋势，顺势操作，并在它被拆穿之前及时脱身。

——索罗斯

在技术分析领域，"趋势"占据着核心的地位，因为，无论是对于中长线操作，还是对于短线操作来说，如果我们不能对市场或个股当前的趋势运行状况有一个很好的把握，则我们的实盘操作就很难展开。

所谓趋势，就是指价格运行的大方向，依据价格的总体运行方向，我们可以把趋势分为三种：上升趋势、下跌趋势、横盘震荡趋势。上升趋势也称为牛市，它是价格总体向上运行的过程，只要每一个后续价位上升到比前一个价位更高的水平，而每一次上升途中的回调所创下的低点都高于近期前一次上升过程中回调的低点，这一趋势就是上升趋势。此外，我们也可以用"波峰"与"波谷"的概念来形象地描述上升趋势的运行过程，上升趋势就是一个价格走势呈现出一峰高于一峰、一谷高于一谷的运动过程。与上升趋势相反，下跌趋势也称为熊市，它是价格总体向下运行的过程，只要每一个后续价位下跌到比前一个价位更低的水平，而每一次下跌途中的反弹所创下的高点都低于近期前一次反弹时的高点，这一趋势就是下跌趋势。此外，我们也可以用"波峰"与"波谷"的概念来形象地描述下跌趋势的运行过程，下跌趋势就是一个价格走势呈现出一峰低于一峰、一谷低于一谷的运动过程。横盘震荡趋势则是价格呈现横向运行的过程，此时，价格波动过程中所产生的波峰与波峰、波谷与波谷会重叠在一起。

上升趋势、下跌趋势代表着市场运行方向趋于明朗，它们一旦形成，一般来说就会持续至少半年以上，并造成价格累计涨幅或跌幅至少超过 50% 的情况；而横盘震荡趋势一般被视为市场正处于选择方向的阶段，是一种趋势运行状态不明朗的体现，它一般出现在大幅上涨后的顶部区，或是大幅下跌后的底部区，或是上升趋势及下跌趋势的运行途中。在实盘操作中，能否准确地分析出趋势的运行状态将直接决定着我们技术分析能力的高低，以及操盘的成功与否。

图 1-4 为上证指数 2007 年 3 月至 2010 年 6 月期间走势图，如图标注所示，我们可以看到，股市在这期间大起大落，既有大幅下跌的大熊市行情，也有涨幅可观的小牛市行情，还有长期横向运行的盘整行情。这三种趋势运行形态清晰直观，而我们在面对当前的市场时，就是要通过技术分析的方法去准确地把握市场的当前趋势及随后可能出现的趋势转变。

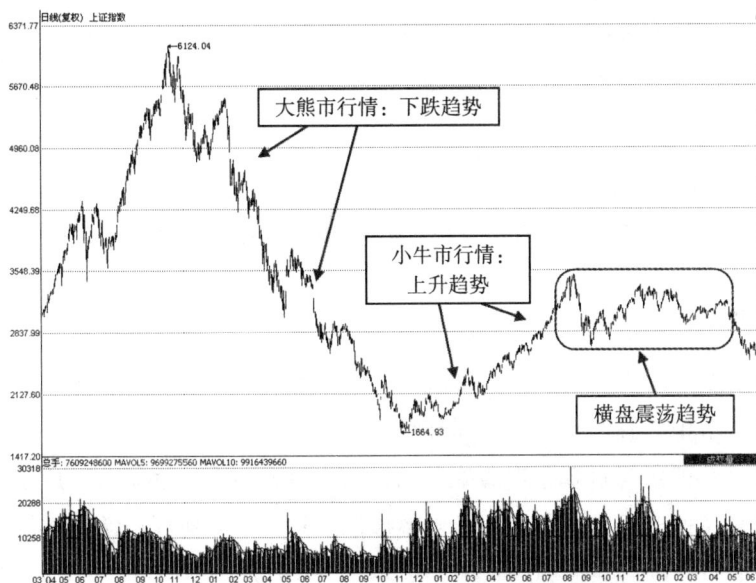

图 1-4　上证指数股市趋势的运行形态示意图

在不同的趋势运行状态下（上升趋势、下跌趋势、横盘震荡趋势），我们所采取的操作策略也是截然不同的，例如，在上升趋势中，我们主要以中长线的持股待涨，或者是短线的高抛低吸为主要操作方式。对于中长线投资者来说，他们的目标是尽可能在一个牛市中买入，只要他们确定基本趋势是上升的并且已经启动，他们便会买入，然后一直持有直到上升趋势已经终止，一个熊市即将开始的时候。中长线投资者如果认为上升趋势并没有结束，他们便可以很从容地忽略各种次等的回调及小幅波动，可以说中长线投资者是在一个相对时间较长的跨度内来把握投资策略。而在下跌趋势中，我们主要以中长线的持币观望或者是短线的博取反弹为主要的操作方式。在横盘震荡趋势中，我们既不宜采取持股待涨的操作，因为这种操作会使我们出现坐过山车，但无法获利的情况；也不宜采取持币观望的策略，因为此时有很多题材股、龙头股都会出现短期可观的涨幅，甚至是短期翻倍的走势，这时，我们宜采取积极的短线操作强势股的策略。可以说，准确地判断出趋势的运行状态及把握住趋势的变化，是我们在股市中利用技术分析法获利的关键所在。

趋势分析的重要性在技术指标中有很好的体现，在各种各样的技术指标中，有很多指标就是用于分析趋势运行状态的，例如，最为实用有效的移动平均线 MA、指数异动平滑平均线 MACD 等，对于这些指标的具体使用方法，我们将会在随后的章节里进行详细介绍。

第四节　看懂量价配合关系

了解股市中的基本量价配合关系有助于我们更为深入地掌握技术分析的精髓，本节中，我们将通过两部分来介绍股市中的量价配合关系，第一部分是结合趋势的运行过程来看看在趋势运行的不同阶段，其量能的形态如何；第二部分是通过经典的量价理论来系统地了解一下如何利用常见的量价配合关系预测价格的后期走势。

一、不同趋势运行阶段中的量能形态

1. 底部区的量能形态

我们首先假设股市或个股在前期经历了大幅下跌，并步入到了底部区间。底部区是一个多空双方处于胶着状态的阶段，由于前期的大幅下跌导致空方力量消耗殆尽，但是由于多方力量并没有快速聚集起来，因而，底部区往往以震荡盘整的走势呈现出来。那么，底部区一般呈现出什么样的量能形态呢？

一般来说，底部区的量能形态往往有两种，一种是放量，即底部区的量能明显大于前期下跌途中的成交量，我们把这种底部称为放量底部；另一种是不放量，即成交量与前期下跌途中的平均量能大小相差无几，我们把这种底部称为缩量底部。放量底部与缩量底部所具有的市场含义是完全不同的，放量底部说明市场多空双方交投较为激烈，既是空方力量快速消耗的表现，也是多方力量快速聚集的表现，因而，这种底部的持续时间往往较为短暂，且底部区的震荡幅度往往也较大；缩量底部则说明市场交投清淡，是市场人气较为冷清的体现，多方力量聚集速度较慢，由于只有多方在底部区聚集了较为充足的力量之后才会发起攻势，缩量底部往往持续时间较长。

图1-5为上证指数2008年5月23日至2009年2月26日期间走势图，如图标注所示，股市在经历了2008年的大幅下跌走势之后，于深幅下跌后的底部区出现了放量止跌企稳的形态，这说明买盘正加速涌入，是底部区做多动能快速积累的一种表现，也是底部区持续时间相对较短的一种标志。

图 1-5 上证指数底部放量形态示意图

图 1-6 为万通地产（600246）2005 年 3 月至 2007 年 3 月期间走势图，如图标注所示，此股在 2005 年 3 月前处于持续的下跌走势中，随后于 2005 年 3 月至 2006 年 3 月出现了长达近一年之久的低位区盘整走势。此股的这种筑底时间之所以可以维持这么久，期间的缩量形态是一个关键因素，底部区是一个多方力量积累能量的阶段，由于缩量形态限制了多方积累能量的速度，因而，缩量形态下的底部运行时间自然要远远长于放量形态下的底部。

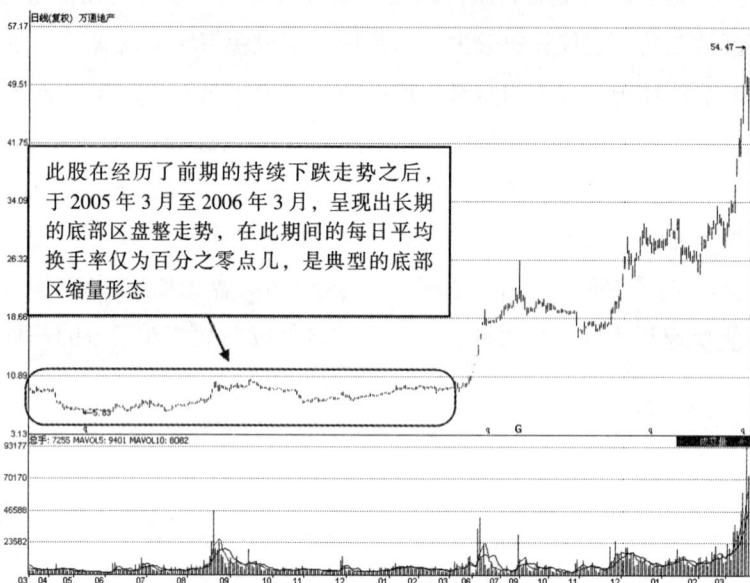

图 1-6　万通地产底部区缩量形态示意图

2. 上升趋势初期的量能形态

当市场或个股在经历了底部区积累能量的这一阶段之后，随着市场环境的回暖，宏观经济走势的企稳，股市的交投气氛也会活跃起来，前期仍处于低估状态下的个股自然会在投资者的积极参与下而开始步入到涨势之中。市场开始脱离底部区而出现一波明显的上涨，我们把这一阶段称为底部过后的一到两波微小的涨势，这多是在为随后发动的大幅上涨的主升浪而进行的准备。一般来说，在脱离底部区的这一波上涨走势中，成交量会再度放大，且量能要明显地大于前期底部区的平均成交量水平，这说明是充足的买盘在承接着底部区那些获利筹码的抛出，才使得市场脱离底部并开始上涨。而且，在随后的回调整理时，会出现相对上涨而言的明显相对缩量形态，且回调时间相对较短，这说明这一波回调仅仅源于少量获利抛压所致，并不是空方力量强大的表现，也无法改变市场已经出现的多方力量占据整体优势这一局面。

图1-7为上证指数2005年2月至2006年8月期间走势图，如图所示，股市在经历了2005年之前持续、漫长的下跌走势之后，开始出现筑底走势，随后于2006年3月之后出现了脱离底部区的上涨走势。如图标注所示，在这一波脱离底部区且正处于上升趋势初期的上涨走势中，我们可以看到这一阶段的量能呈放大形态，这说明股市的这一波脱离底部区的上涨是由充足的买盘推动所致，这也是这种涨势后期可以持续下去的保证。

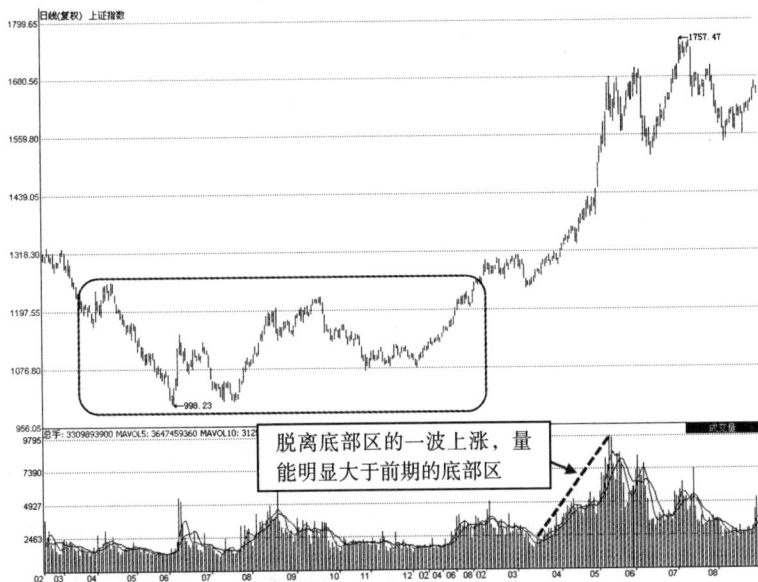

图1-7 上证指数2005年2月至2006年8月期间走势图

3. 上升趋势运行中的量能形态

当市场或个股正式步入上升趋势后，此时的市场人气完全被激活，股市的财富效应也会逐步获得越来越多投资者的认可，场外的资金也会加速涌入到这个市场中来，但市场的持续上涨走势自然要对这不断增加的获利抛压。此时，衡量市场上涨走势是否牢靠、是否能够持久的一个标准就是看买盘资源是否充足，这时我们就要看这种涨势是否呈现出量价齐升的形态。所谓的量价齐升形态，是指随着价格的步步上涨，成交量也会随着价格的不断升高而创出新高，即价格与量能呈同步的放大趋向。对于个股来说，也许会由于主力资金的介入，而使得其在上升趋势中可能不会呈现出明显的量价齐升形态；但对于股市整体来说，并不存在单一或多个主力控盘的情况，它是多空双方充分博弈的结果，其量价配合关系也更趋于"真实"。因而，在股市的上升趋势中，我们一般都会看到这种量价齐升形态，但在个股的涨势中，也许并不会呈现出量价齐升形态，这时我们就要具体情况具体分析了。

图1-8为上证指数2006年9月至2007年5月期间走势图，如图所示，股市在此期间处于上升趋势的主升浪阶段，如图标注所示，我们可以看到，在此期间的量价配合关系呈现出了量价齐升的形态，这说明股市的上涨是由持续加速涌入的充足买盘推动所致，是上升趋势正处于持续运行中的表现，也是上升趋势仍将持续下去的标志。

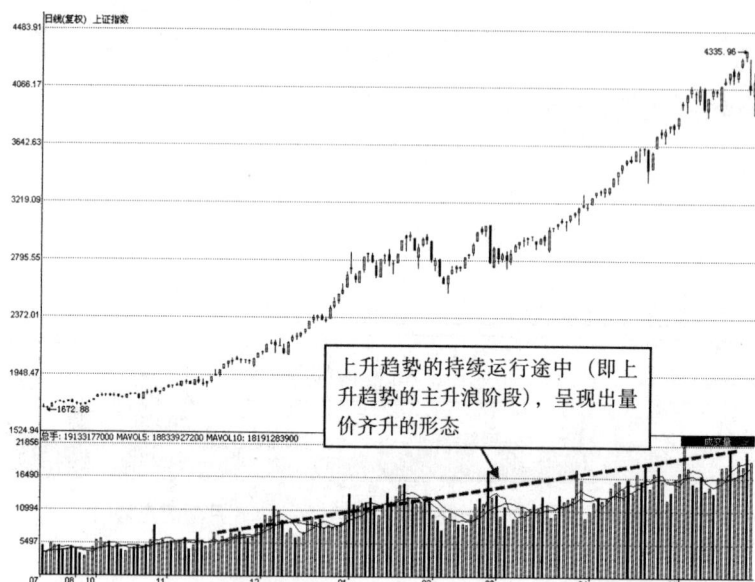

图1-8 上证指数2006年9月至2007年5月期间走势图

4. 上升趋势末期的量能形态

上升趋势之所以能持续运行下去是因为市场的买盘充足，这就体现在上升途中的量价齐升这种量价配合关系上。但场外的买盘资源终究有限，随着股市的持续上涨，股市估值中枢上移且风险开始加大，场外买盘介入的意愿就会随之降低。一般来说，在股市上涨末期，由于此时股市的上涨更多地源于前期持续上冲的惯性而非源于充足买盘推动所致，因而，上升趋势末期的量价配合关系一般会以"量价背离"形态呈现出来，即虽然价格走势再度在一波上涨走势中创出了新高，但这一波上涨走势中的成交量却要明显小于前期主升浪时的成交量。

图1-9为上证指数2006年9月至2007年11月期间走势图，如图所示，股市在2007年6月之后再度出现了一波上涨走势，并且使得指数再度创出了新高，但是这一波的成交量却要明显地小于前期主升浪时的量能，即在大幅上涨后高位区的一波上涨走势中，出现了明显的量价背离形态。这一形态出现在股市或个股的持续上涨走势之后，多说明市场买盘力量已开始减弱，是上升趋势即将见顶的明确信号。

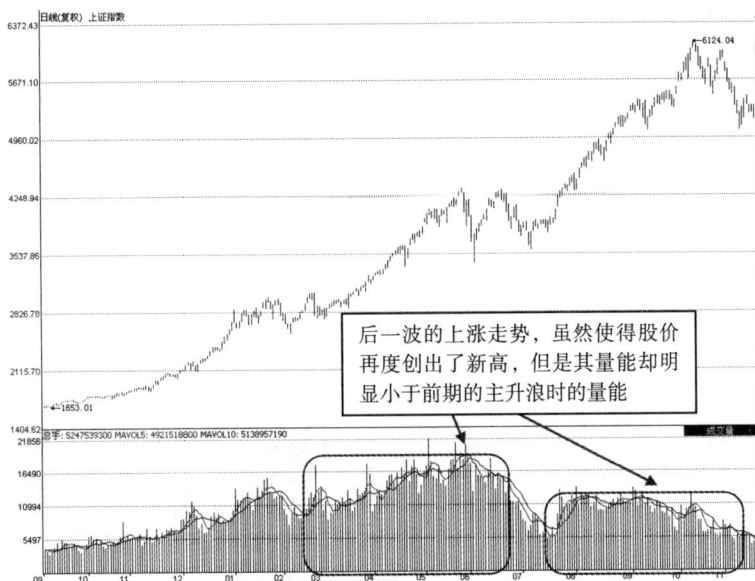

图1-9　上证指数2006年9月至2007年11月期间走势图

5. 顶部区的量能形态

与趋势运行中各个阶段相对应的市场内因即是：多空双方力量对比情况的变化。顶部区是一个多方力量由前期占优转而演变成为空方开始逐步占优的阶段，是一个多空双方力量开始发生实质性变化的阶段。一般来讲，股市或个股的筑顶时间可长可短，这既与周边市场的走势、宏观经济的走势、上市公司的基本面变化等因素有关，也与市场或个股的前期累计涨幅有关。若个股或市场的前期累计涨幅较为惊人时，其筑顶时间往往相对短暂（对于个股来说，还要结合当时的大盘走势进行分析，如果有大盘企稳向上的走势作为支撑，则个股的筑顶时间往往较长），若个股或市场的前期累计涨幅还算合理时，其筑顶时间往往相对较长。顶部区的成交量形态往往会延续上升趋势末期的量价背离关系，呈现出相对缩量形态，这是市场交投开始趋于委靡不振的表现，也是买盘资源开始枯竭，且无意入场再度发动上攻的标志。

图 1-10 为法拉电子（600563）2005 年 8 月 9 日至 2008 年 4 月 22 日期间走势图，如图所示，此股在经历长时间、持续且幅度巨大的上涨走势后，于高位区出现盘整走势。如图标注所示，在此期间的成交量呈现出明显的缩量形态，这是市场买盘资源开始趋于枯竭的标志，也是个股步入顶部区的标志。

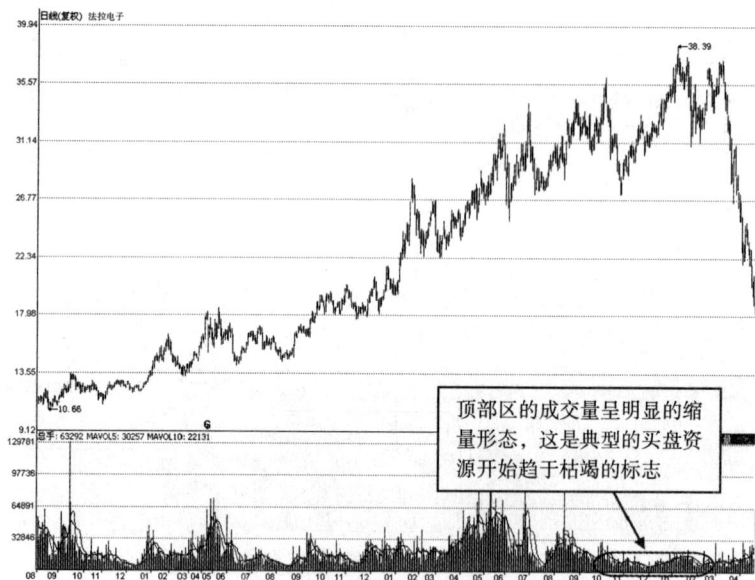

顶部区的成交量呈明显的缩量形态，这是典型的买盘资源开始趋于枯竭的标志

图 1-10　法拉电子顶部区量能形态示意图

6. 下跌途中的量能形态

价格很好能够出现缩量上涨，这是因为持股者往往有极强的获利愿望，因而上涨需要有充足的买盘介入才能在承接获利抛压的基础上再度推升价格走高；但却也完全可以出现缩量下跌，这是因为被套者与持股者往往更倾向

于反弹出局，只要市场不出现恐慌，持股者的抛压意愿不会很强，此时，在没有足够买盘承接的背景下，只要少量的抛压就足以大幅度地打低价格。因而，对于股市整体及大多数个股来说，下跌途中的量能形态往往是以缩量呈现出来的。

图1-11为东软集团（600718）2007年4月11日至2008年11月4日期间走势图，如图所示，此股在经历了顶部区的长期震荡走势之后，开始步入下跌趋势中。在下跌途中，我们可以看到它的量能呈现出明显的缩量形态，这说明促使股价节节走低并不需要充足的卖盘抛出，只要场外买盘仍无意大量入场买入，少量的、持续的抛盘就足以使个股步入深幅、长期的下跌趋势运行之中。

图1-11 东软集团下跌途中量能形态示意图

二、八种经典的量价配合关系

美国股市分析家格兰维尔认为：成交量是股市的元气与动力，成交量的变动，直接体现股市交易是否活跃，人气是否旺盛，而且体现了市场运作过程中供给与需求间的动态实况，没有成交量的发生，市场价格就不可能变动，也就无价格趋势可言，成交量的增加或萎缩都表现出一定的价格趋势。

通过对整个股票市场及个股走势的大量分析，他所著的《股票市场指标》对股市中的量价配合关系进行了系统性的总结，这些量价关系由于实用、常见且备受考验，因而，被称为经典的量价配合关系。格兰维尔总结出的量价配合关系一共有八种，其中有几种，如量价齐升形态、量价背离形态等，本书已在上文给出了讲解，故在此只简单提及，不再附以实例讲解，对于另外一些仍没接触到的量价配合关系，本书将结合实例进行较为详细的讲解。

（1）量价齐升形态说明市场买盘充足，是有价有市的表现，也是价格后期走势仍将强势上涨的明确信号。这一形态，本书在前面已经进行了详细的介绍。

（2）价格走势创出了新高，但是成交量却并没有创出新高，反而低于前期上涨时的量能，这种形态称为上升趋势中的量价背离形态，它多出现在持续上涨后的高位区，是上升趋势反转的信号，也是市场即将见顶的信号。这一形态，本书在前面已经进行了详细的讲解，故不再赘述。图1-12为上升走势中的量价背离形态示意图。

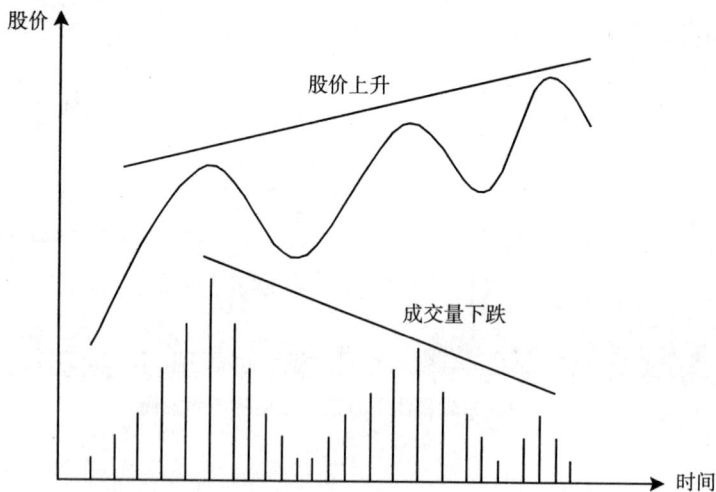

图1-12　上升走势中的量价背离形态示意图

（3）价格随成交量递减而回升，即价格的阶段性上涨走势中呈现出价涨量缩形态，这说明市场买盘在逐渐减弱、上涨动力不足，是随后价格即将出现下跌的信号。

图1-13为美克股份（600337）2009年4月7日至9月3日期间走势图，

如图标注所示，此股在一波快速上涨走势中，其成交量非但没有随着价格的上涨呈现出逐步放大的形态，反而是股价越往上涨量能越小，量能形态的变化与价格走势的变化方向刚好相反，这就是价涨量缩形态，它预示着这一波上涨难以持续下去，是随后一波大幅回调下跌走势即将展开的信号。

图 1-13 美克股份价涨量缩形态示意图

（4）起初价格稳步上涨、同期的量能也温和放大，接着，价格的涨势加快、量能也出现剧增形态，随后，价格急速下跌、量能也快速萎缩。这种量价配合关系多出现在涨势的末期，属于顶部区的典型量价配合关系之一。

解读：起初的温和放量上涨形态说明市场买盘力量在逐步增强，这是价格持续上涨的可靠保证；接着的量价井喷走势则说明多方力量快速集结，且出现集中释放的情形，当这种形态出现在大幅上涨后的高位区时，无疑是对多方力量的过度消耗；随后出现的量能萎缩、价格快速下跌，则说明少量的卖盘就可以大幅打低股价，是多方力量处于枯竭状态的再一次验证。

图 1-14 为 *ST 精伦（600355）2009 年 3 月 18 日至 12 月 22 日期间走势图，如图所示，我们可以看到，此股在前半程处于一种温和的放量上涨走势中；随后，如图标注所示，出现了量价井喷走势；再之后，就是快速的缩量下跌走势，这说明市场多方力量已经处于明显的枯竭状态，是其走势见顶

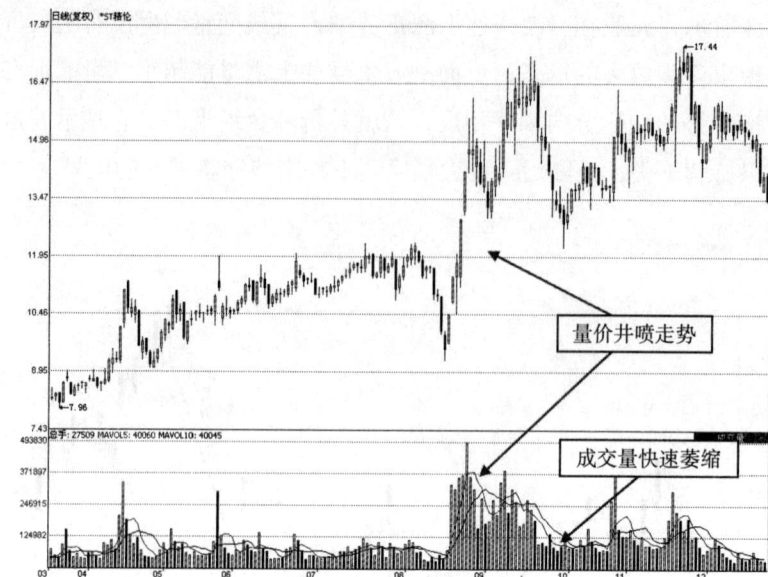

图 1-14　*ST 精伦缓升走势后量价井喷形态示意图

的信号，也是应于随后择机卖股离场的信号。

（5）起初呈现出价格上涨、量能温和放大的形态，随后，成交量出现快速放大，但这种放大的量能却并没有推动价格再度上涨，价格反而出现了滞涨走势，即呈现出放量滞涨形态。这说明市场短期内的空方抛压过重，是其即将展开一波回调下跌走势的信号，也是短线卖股离场的信号（注：在实盘操作中，我们可以依据这一放量滞涨形态所出现的位置区间，来做出是短线高抛，还是中长线卖股离场的不同决定）。

图 1-15 为上海机电（600835）2009 年 4 月 13 日至 8 月 13 日期间走势图，如图标注所示，此股在一波温和的放量上涨后，于相对高位区出现了明显的放量滞涨形态，这种形态说明个股短期内的市场抛压沉重，而这一位置区又正处于阶段性获利筹码较多的区域，在个股一波上涨后的相对高位区，放大的量能无法推动价格再度上涨，则将导致其下跌，因而，这一放量滞涨形态预示了此股随后出现的一波回调下跌走势，是我们阶段性高抛个股的信号。图 1-16 为此股在这一放量滞涨形态后的走势图，从图中可以看到，它随后出现了一波幅度较大的下跌走势。

图1-15 上海机电相对高位区的放量滞涨形态示意图

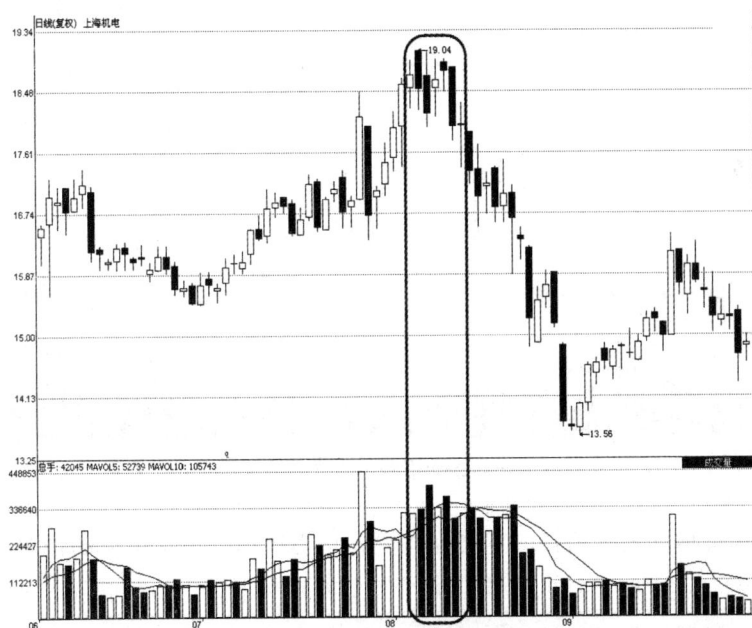

图1-16 上海机电放量滞涨形态后的走势图

（6）一波深幅下跌后或是持续地深幅下跌后，股市或个股往往会形成阶段性谷底或中长期谷底；随后，价格回升，成交量放大不明显，这说明买盘涌入量并不大，大幅反弹上涨行情不能一触而发；在少量抛盘的打压下，价格再度探至前期低点（或略高于前期低点）时，如第二谷底的成交量低于第一谷底，则表明市场抛压大幅减少，正趋于枯竭，是价格即将上涨的可靠信号。对于这种量价配合关系，我们可以将其称为二次探底缩量形态。

图1-17为海通证券（600837）2009年7月6日至2010年1月4日走势图，如图所示，此股在一波持续的深幅下跌走势后，出现了二次探底缩量形态。这种量价配合关系出现在个股深幅下跌后的相对低位区，是空方力量阶段性枯竭的信号，多预示着一波较强的反弹上涨行情即将出现，是买股的信号。

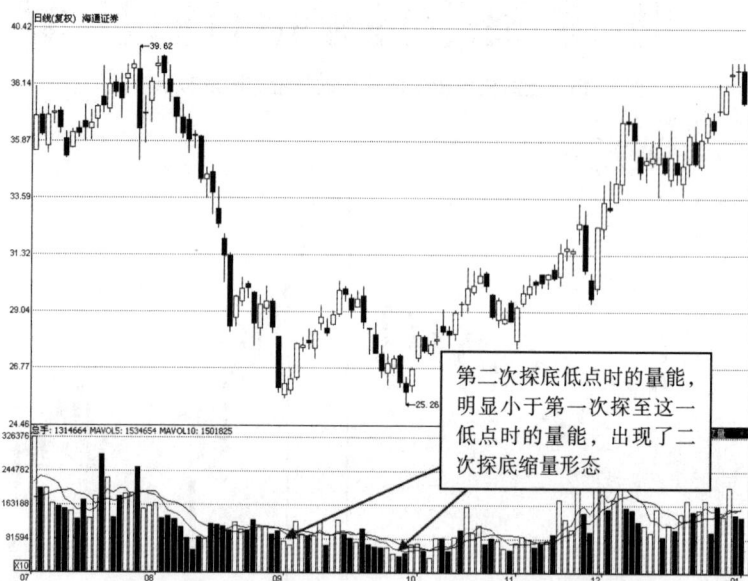

第二次探底低点时的量能，明显小于第一次探至这一低点时的量能，出现了二次探底缩量形态

图1-17　海通证券深幅下跌后二次探底缩量形态示意图

（7）价格下跌相当长的一段时间后，当再次出现放量走低的情况，多是恐慌性抛盘在下跌末期的集中释放，因恐慌性卖出后所创的低价不可能在极短时间内突破，故恐慌性抛盘后，往往标志着空头市场的结束。

图1-18为金山开发（600679）2008年5月20日至11月10日期间走势图，如图所示，此股在深幅下跌后的低位区，再度出现了一波明显地放量下

图 1-18 金山开发深幅下跌后放量走低形态示意图

跌走势，这一波的放量下跌走势可以说是对空方力量的一次大规模地集中释放，由于此股前期累计涨幅较大，在很大程度上已经消耗掉了较多的空方力量，因而，空方力量再一次经过这种集中释放之后，往往就意味着底部区出现，是下跌趋势结束的信号。图 1-19 为此股这一放量下跌形态后的走势图，从图中可以看到，随后，此股出现了趋势反转的走势。

（8）价格走势出现放量下跌形态，且下跌走势破坏了原有的均线形态，或是趋势线中的支撑位等具有趋向性意义的点位，这是市场抛压沉重的表现，也是价格破位下行的信号。

图 1-20 为上海汽车（600104）2009 年 6 月 24 日至 2010 年 6 月 11 日期间走势图，如图所示，此股在经历了大幅上涨后，于高位区出现了放量下跌走势，且价格快速向下跌破具有支撑上升趋势持续运行意义的中长期均线，这是市场抛压极其沉重的表现，也是空方开始占据绝对优势的表现，当它出现在个股持续上涨后的高位区间时，多预示着趋势反转的出现。

图 1-19　金山开发放量走低形态后的走势图

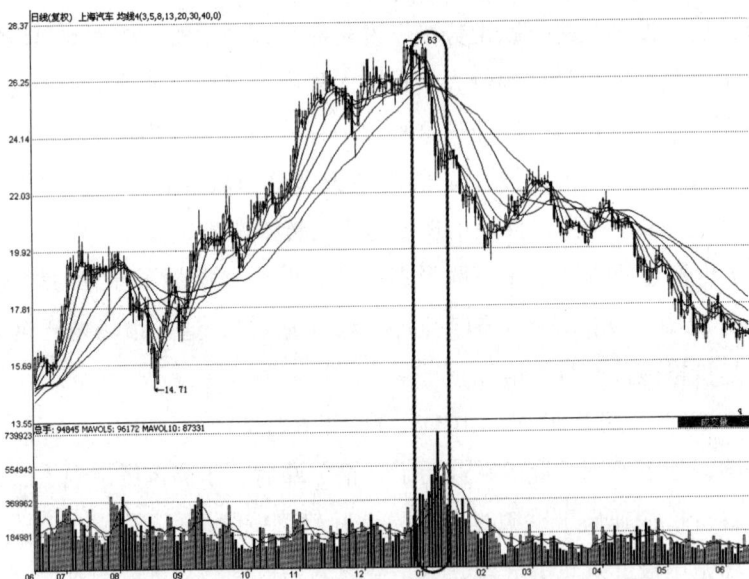

图 1-20　上海汽车大幅上涨后高位区放量下跌示意图

第五节 技术指标的种类

技术指标是技术分析方法的数学量化表现，它基于某一原理，通过将股市或个股的市场行为本身所呈现出来的盘面数据信息转化为具体可见的指标线、指标值，来反映价格走势，并指导投资者进行操作。虽然同为技术分析方法，但依据着手点不同、侧重点不同、所依据的技术原理不同等因素，我们可以把技术指标分为很多不同的种类，例如，基于道氏理论，我们可以从价格整体走势情况（即趋势运行规律）着手，这一类的技术指标就称为趋势类指标；基于市场短期内的超买超卖情况，我们可以从分析价格短期内的波动情况着手，这一类指示称为摆动类指标。一般来说，技术指标可以分为以下五大主要种类：趋势类指标、能量类指标、摆动类指标、成交量类指标、大盘类指标。下面我们就来分别介绍这五类指标。

1. 趋势类指标

"趋势"是股票市场中的核心概念，也是金融市场中的客观规律。所谓的趋势，就是指价格运行的总体方向，依据方向的不同，我们可以把股市中的趋势分为三种，即上升趋势、下跌趋势、横盘震荡趋势。趋势的基本特点是：持续时间长、持续力度大，一旦基本趋势的方向确立，价格就会沿着这一趋势持续运行，直到趋势遇到外来因素破坏而改变为止。上升趋势是价格走势整体向上推进的运动过程，即价格运行中呈现出来的一峰高于一峰、一谷高于一谷的走势；下跌趋势刚好相反，它是价格走势整体向下推进的运动过程；横盘震荡趋势则是价格横向运动的过程。

趋势，是我们判断价格后期走势的重中之重，也是我们展开实盘操作的基础，基于趋势运行特征的重要性，很多技术指标都具备反映趋势运行特征的性质，而且，一些指标的主要功能就是用于反映市场当前的趋势运行状态，这一类指标，我们将其称为趋势类指标。趋势类指标是以移动平均线为基础，移动平均线的原理是通过反映市场平均持仓成本的变化情况进而反映趋势的运行情况。趋势形成及延续具有一个较长的时间跨度且不易受人为控制，因而可以说反映趋势运行的趋势类指标具有明显的稳定性，是中长线投资者研判趋势状态、做出买卖决策的理想工具。趋势类指标主要包括：移动平均线（MA）、指数异动平滑平均线（MACD）、三重指数平滑指标（TRIX）、瀑布线（PBX）、动量指标（MTM）、趋向指标（DMI）、宝塔线（TWRF）等。

2. 能量类指标

价格的上涨或下跌源于买卖双方力量的对比情况，能量类指标正是反映买卖盘力量变化情况的指标，一般来说，能量类指标往往以价格的上涨幅度、上涨速度等数据来反映股市或个股的上涨能量，以价格的下跌幅度、下跌速度等数据来反映股市或个股的下跌能量。当市场的上涨能量强于下跌能量时，价格走势呈现出强势；反之，当下跌能量强于上涨能量时，价格走势则呈现出弱势。利用能量类指标线、指标值的变化情况，我们可以较好地识别出多空双方力量的变化情况，既可以把握个股中长期的走势，也能较为准确地把握个股的短期波动。能量类指标主要包括情绪指标（ARBR）、中间意愿指标（CR）、相对强弱指标（RSI）、心理线（PSY）、容量比率指标（VR）等。

3. 摆动类指标

摆动类指标是以统计学理论中的正态分布假设为基础，统计学认为事物在短期的变化过程中，总有向"平衡位置"靠拢的倾向，当价格明显地脱离平衡位置时，就表明市场短期内处于明显的超买状态（即短期的上涨使得市场抛压加重，上涨动能出现不足）或超卖状态（即短期的下跌使得市场抛压减轻，多方力量开始加强）。超买状态是一波下跌回调走势即将出现的信号，超卖状态则是一波反弹上涨走势即将出现的信号。基于这一观点，摆动类指标以"平衡位置"为核心，根据某一段时间内的价格波动区间及某一时间点处于这一价格波动区间的位置情况，来指出股市或个股当前的状态，指导投资者做出买卖判断。与其他的指标不同，摆动类指标主要用于盘整震荡行情中，此时，摆动类指标可以较好地提前预示价格在波动过程中的高点与低点，但是在典型的升势或跌势中，摆动类指标往往会出现钝化，指标的金叉、死叉并不能简单地作为买卖信号。摆动类指标主要包括随机摆动指标（KDJ）、乖离率（BIAS）、综极指标（UOS）等。

4. 成交量类指标

量价分析是股市中一种极为重要的分析方法，成交量的放大或缩小往往会提前预示出价格的运行方向，这也是我们常常说"量在价先"的原因所在。基于成交量在股市技术分析中的重要作用，为了更为方便地研判量能的变化，成交量类指标得以诞生。成交量类指标作为单独的一类指标，以"成交量"为核心，反映量能的变化趋势、买卖盘变化的程度等信息。但是，由于成交量类指标并不是以价格作为指标的直接参数，所以在使用成交量类指标时一般要结合价格走势来进行综合分析。成交量类指标主要包括成交量（VOL）、均量线（MAVOL）、量指数异同平滑平均线（VMACD）、量相对强弱指标（VRSI）等。

5. 大盘类指标

前面的几类指标都既适用于分析大盘指数的走势，也适用于分析个股的走势。与前面几类指标不同，大盘类指标仅适用于分析大盘指数走势，因为大盘类指标往往并非以开盘价、收盘价、最高价、最低价、成交量等这几个通用的数据作为计算参数，而多以反映股市整体的一些统计数据（如上涨的股票数量、下跌的股票数量）为计算参数，这就注定大盘类指标是专门为研究股市整体运行情况而量身定做的一类指标。大盘类指标主要包括上涨家数对比（A/D）、涨跌比率（ADR）、腾落指数（ADL）、绝对广量指标（ABI）、麦克连指标（MCL）、阿姆氏指标（ARMS）、超买超卖指标（OBOS）、麦氏综合指标（MSI）、指数平滑广量交易指标（STIX）等。

不同的技术分析理念促成了不同类型的技术指标的诞生，除了以上的五类指标外，还有一些指标基于不同的技术分析理念设计而出现，例如：基于上交所提供的 LEVEL2 收费服务，DDX 等指标可以反映出大单买卖的情况，还有反映主力持仓变动情况的指标；基于"股价在通道之中运行"这一理念，布林带（BOLL）及麦克指标（MIKE）通过反映价格在通道内的运行情况而自成一类。可以说，指标数量庞大、种类五花八门，但投资者的精力有限，我们没必要全部了解、全部学会，本书将在后续的章节中，依据其重要性、普及性等因素，有选择地介绍一些对投资者买卖操作更具实战指导性的技术指标。

第二章　涨跌比率

涨跌比率指标是一个专门用于分析股市整体强弱的指标，是一种专门用于研究股票市场价格指数走势的中长期技术分析工具。我们知道，由于股市是一个资金推动型的市场，因而，在强势市场中，股市中上涨个股的数量会相应地大于下跌个股的数量，这是股市资金流入量明显大于资金流出量的体现；反之，在弱势市场中，股市中上涨个股的数量会相应地小于下跌个股的数量，这是股市资金流出量明显大于资金流入量的体现。了解到上涨个股与下跌个股数量的比值变化情况，我们就可以更好地了解股市总体的强弱情况，那么，如何清晰快速地了解到股市中上涨个股与下跌个股数量的比值变化情况呢？涨跌比率指标（ADR）就可以直观快速地反映这一信息。

第一节　理解涨跌比率指标的设计原理

涨跌比率指标（Advance Decline Ratio，ADR），又称回归式的腾落指数、上升下降比指标，它的设计原理与计算方法都很简单。其中，计算方法就是：求出上涨股票数量与下跌股票数量的百分比数值，即 ADR＝（相应时间段内的上涨股票家数）÷（相应时间段内的下跌股票家数）。其设计原理就是：由于市场的运行具有趋势运行的特征，因而，在强势市场中，由于大多数的股票处于上涨状态，其 ADR 数值自然会在较长的时间内大于 1；反之，在弱势市场中，由于大多数的股票处于下跌状态，其 ADR 数值自然会在较长的时间内小于 1。

由于 ADR 指标是用于分析大盘中长期走势，反映市场总体多空力量的转化情况的，因而，其计算周期一般选择为 10 个交易日，这个时间跨度既可以很好地反映股市在这一段时间内的阶段性强势情况，也可以反映出多空力量的总体性转变情况。当 ADR 数值大于 1 时，表示在包括当前交易日在内的前 10 日内的上涨股票数量大于下跌股票数量；反之，当 ADR 数值小于 1 时，则表示在包括当前交易日在内的前 10 日内的下跌股票数量大于上涨股票数量。本章下面几节中，我们就来介绍如何利用 ADR 数值及形态的变化分析大盘走势。

第二节　运用涨跌比率识别"牛市"与"熊市"

　　ADR 指标的主要用途就是用于分析股市运行中强弱的状态，当股市长时间地处于强势状态时，买盘的力量要显著地大于卖盘的力量，股市会在买盘资金的推动下节节走高，对于股市的这种趋势运行状态，我们将其称为"牛市"。在牛市的市况中，股市中的上涨个股数量自然要显著地多于下跌个股数量，因而，ADR 数值会长时间地运行于 1 上方。

　　图 2-1 为上证指数 2006 年 11 月至 2007 年 10 月期间走势图，图中用虚线标注了 ADR 指标值为 1 的位置，如图所示，股市在此期间处于明显的上升趋势中，而上升趋势即是一个市场总体均处于上涨状态下的市况。此时，股市中的上涨个股数量会显著地多于下跌个股数量，因而，ADR 指标值在大多数时间内都在数值 1 上方震荡运行，这就是 ADR 指标运行形态对于牛市的直观反映。

　　图 2-2 为上证指数 2008 年 1 月 11 日至 10 月 17 日期间走势图，图中用虚线标注了 ADR 指标值为 1 的位置，如图所示，股市在此期间处于明显的下跌趋势中，而下跌趋势即是一个市场总体均处于下跌状态下的市况。此时，股市中的下跌个股数量会显著地多于上涨个股数量，从图中可以看到，除了在下跌途中偶然出现反弹行情时 ADR 指标会向上突破数值 1 所在位置区外，ADR 指标值在大多数时间内都是在数值 1 下方震荡运行，这就是 ADR 指标运行形态对于熊市的直观反映。

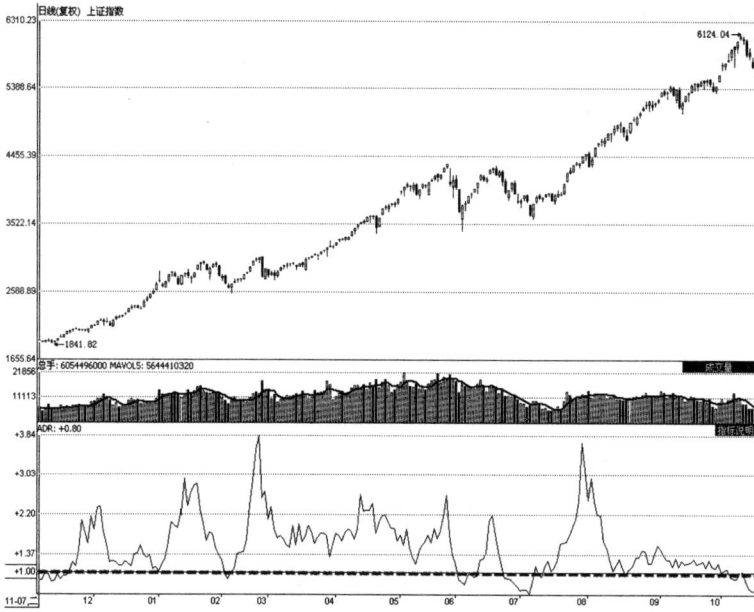

图 2-1　上证指数股市上升趋势中 ADR 指标形态示意图

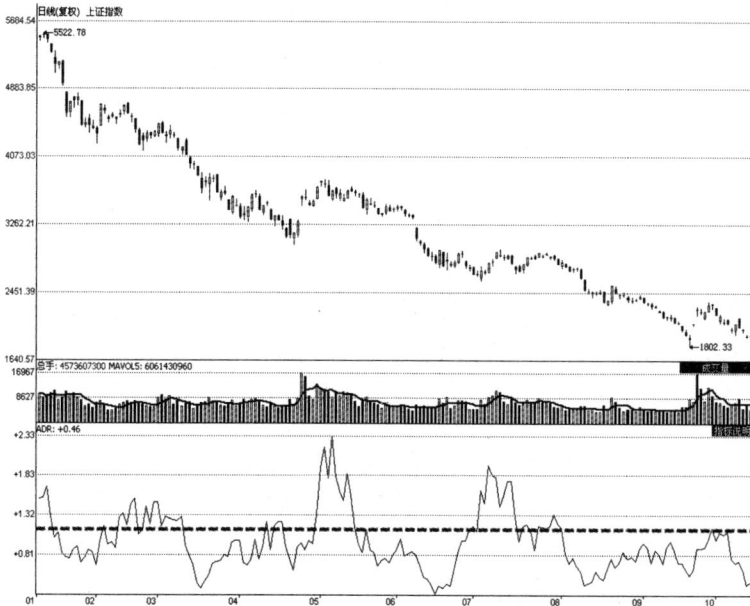

图 2-2　上证指数股市下跌趋势中 ADR 指标形态示意图

值得注意的一点是：在牛市中，即使股市出现了回调走势，ADR 数值一般也不会明显跌至数值 1 的下方，或是仅仅探底至数值 1 下方就会快速回升上来。但是在熊市中的情况却并不完全相同。在熊市中，股市的一波反弹走势往往能引发 ADR 数值明显跃升至数值 1 的上方。这其中的原因就在于：牛市的回调并不是普跌，它仅仅是一部分股票，而且多是大盘权重股带动股指回落的，因而使得 ADR 数值并不会明显低于 1；而熊市的反弹往往是普涨，它并非源于少数权重股的拉升，而是源于绝大多数个股均处于超跌状态，从而出现了超跌反弹的普涨状态，因而使得 ADR 数值明显高于 1。

第三节　运用涨跌比率把握牛熊转向

ADR 指标除了可以清晰直观地反映出趋势运行的状态外，还可以很好地反映出趋势的转向，若 ADR 指标由坚挺在数值 1 上方震荡运行形态转变为附着于数值 1，或开始在更多的时间内运行于数值 1 下方时，这就代表市场的做多动能已经枯竭，是上升趋势即将见顶的信号。

图 2-3 为上证指数 2007 年 3 月 16 日至 12 月 5 日期间走势图，图中用虚线标注了 ADR 指标值为 1 的位置，如图标注所示，我们可以看到，股市在经历了大幅度的上涨之后，于高位区出现了 ADR 指标线开始附着于数值 1 的运行形态，ADR 指标线的这种运行形态与它之前挺拔有力的运行于数值 1 上方的形态完全不同。这期间的股指虽然仍处于上涨状态，但 ADR 指标线形态的这种转变却向我们说明了一个问题，即股指的上涨已不是源于大多数个股上涨推动，它是源于少数权重指标股的拉动，而这并不是市场处于强势的表现，考虑到股市前期已经历了较大幅度的上涨，因而，ADR 指标形态的这种转变是升势即将结束，股市即将步入见顶阶段的表现。

同理，当股市经过持续的下跌之后，若 ADR 指标形态开始由震荡于数值 1 下方这一形态转变为稳稳地站于数值 1 上方，则此时就是股市见底的明确信号，也是中长线买入布局的信号。

图 2-3 上证指数股市上升趋势见顶 ADR 指标形态示意图

第四节 运用涨跌比率把握盘整后的趋势延续性

当股市开始步入到上升趋势或是下跌趋势后，总会在上升途中或是下跌途中出现一次或几次的盘整走势，对于这种盘整走势的性质，我们往往难以确定，因为它既有可能是途中的一次中继整理阶段，也有可能是股市见顶或见底的阶段。此时，利用 ADR 形态上的变化，我们就可以对这种盘整震荡行情进行定性，从而轻松地展开中长线的操作。

当股市处于上升趋势中的盘整震荡走势时，若此时的 ADR 指标形态在盘整走势中仍能较为稳健地运行于数值 1 的上方，且在盘整走势中创出新高（注：这一条件并不是必需的），则我们就可以认为股市当前仍处于买方市场，即多方仍然占有较大的优势，而股市的升势也仍将继续下去。

图 2-4 为上证指数 2006 年 8 月 28 日至 2007 年 3 月 13 日期间走势图，图中用虚线标注了 ADR 指标值为 1 的位置区，从图中走势可以看出，股市

在此期间处于明显的上升趋势中。如图标注所示，在上升途中出现了较长一段时间的盘整走势，但在这一段的盘整走势中，我们可以看到，ADR 指标线仍旧挺拔有力地运行于数值 1 的上方，并且在盘整走势中还创出了新高，这是上升趋势仍将延续的标志，它说明当前的盘整走势仅仅是上升途中的一次中继整理，并非是股市见顶的信号。

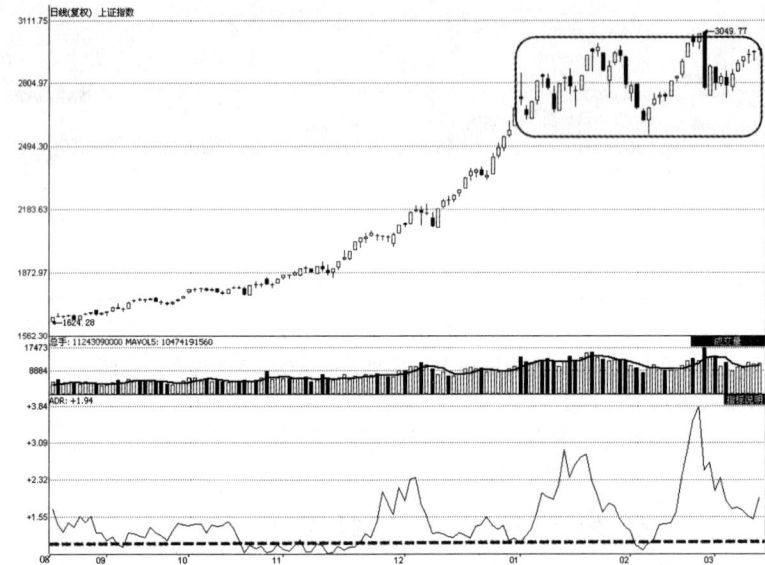

图 2-4 上证指数股市上升途中盘整走势中 ADR 指标形态示意图

图 2-5 为上证指数 2007 年 2 月 14 日至 8 月 27 日期间走势图，图中用虚线标注了 ADR 指标值为 1 的位置区，如图标注所示，股市在随后的上升走势中出现了宽幅震荡的盘整走势。通过对比图 2-4 中盘整走势中的 ADR指标运行形态，我们可以发现：股市此时的 ADR 指标形态呈现出软弱无力，这说明当前的市场做多动能已是大不如前，但这并不是股市明显的见顶信号（因为，ADR 指标并未在较多的时间内运行于数值 1 的下方，且股市整体重心也未见下移）；随后，指数在向上突破盘整走势时，其 ADR 指标线再度大幅向上攀升，这说明市场短期内仍有做多动能，是指数随后仍将惯性上行的预示，但由于股市在盘整阶段已显露出了多方进攻的疲态，因而，在股市随后的上涨走势中，我们就应留意其有可能出现的见顶走势了。

图 2-6 为上证指数 2007 年 12 月 28 日至 2008 年 6 月 18 日期间走势

图 2-5 上证指数股市上升途中盘整走势中 ADR 指标形态示意图

图，图中用虚线标注了 ADR 指标值为 1 的位置区，如图标注所示，股市在下跌途中出现了较长一段时间的横盘震荡走势，但是在此期间的 ADR 指标形态却仍然呈现出疲软无力，且在大多数时间内运行于数值 1 下方的形态。这是市场当前仍是空方力量占据主导地位的体现，也是下跌趋势在盘整后仍将延续的标志，在实盘操作中，我们不可以在此区间进行抄底买入操作。

图 2-6 上证指数股市下跌途中盘整走势中 ADR 指标形态示意图

第三章　广量冲力指标

广量冲力指标（The Breadth Thrust Index，BTI）是一种专门用于分析股市整体走向的指标，它属于动量类型的指标，由马丁·茨威格博士（Martin Zweig）所创，主要用于侦测市场是否有"大多头"行情将要出现。通过研究发现，在大多数的多头市场开始之前，都会出现这种强劲的"冲力"现象。据统计，美国股市自 1945 年以来，总共出现 16 次这种强劲的"冲力"现象，每一次冲力出现时，市场至少平均上升 25%以上，涨幅相当可观。

第一节　理解广量冲力指标的设计原理

广量冲力指标（BTI）的设计原理是基于物理学中的动量现象，我们知道，物理学中的动量等于质量与速度的乘积，某一物体在某一位置上的动量越大，则它随后所运行的距离就越长，可以说，运动起点的动量大小是决定其后期运行距离长短的重要因素。

很多股票分析师认为，股市也存在着一种"相对力量"，这种"相对力量"即是股市中的"动量"，也称之为"冲力"。当股市在某一位置上的冲力越大时，则它随后出现大幅上涨走势的概率也就越大，因此，判断市场是否将产生"大多头"行情，起涨点的强势与否，至关重要。广量冲力指标用"上涨家数/（上涨家数+下跌家数）"来表示股市中的这种"冲力"，以其数值的变化、再结合股指的总体走势，即可以较为准确地捕捉市场随后是否将有"大多头"行情出现。与 ADR 指标的时间周期设定相似，BTI 指标同样是以10 个交易日作为其计算周期的。

通过 BTI 指标的计算方法，我们可以看出，它与 ADR 指标的不同之处就在于：它是以百分比的形式来表示股市中上涨股票数量与下跌股票数量之间的关系，而 ADR 指标则是以比值的方式来表示股市中上涨股票数量与下跌股票数量之间的关系，但两者的核心原理是相同的，因而，在利用它们分析股市的趋势运行情况、把握趋势转向等方面，其用法也是相似的。

第二节　运用广量冲力识别"牛市"与"熊市"

当股市处于上升趋势中时，此时在某一时间段内（例如，BTI 指标是以 10 个交易日作为计算周期）的上涨股票数量会大于期间的下跌股票数量，BTI 指标数值会大于 50%，因而，体现在 BTI 指标线的运行形态上就是，BTI 指标线在绝大多数时间内都运行于 50% 上方。

图 3-1 为上证指数 2006 年 11 月 22 日至 2007 年 10 月 23 日期间走势图，图中用虚线标注了 BTI 指标数值为 50% 的位置，如图所示，股市在此期间处于上升趋势中，即我们常说的"牛市"。上升趋势是指一个市场总体均

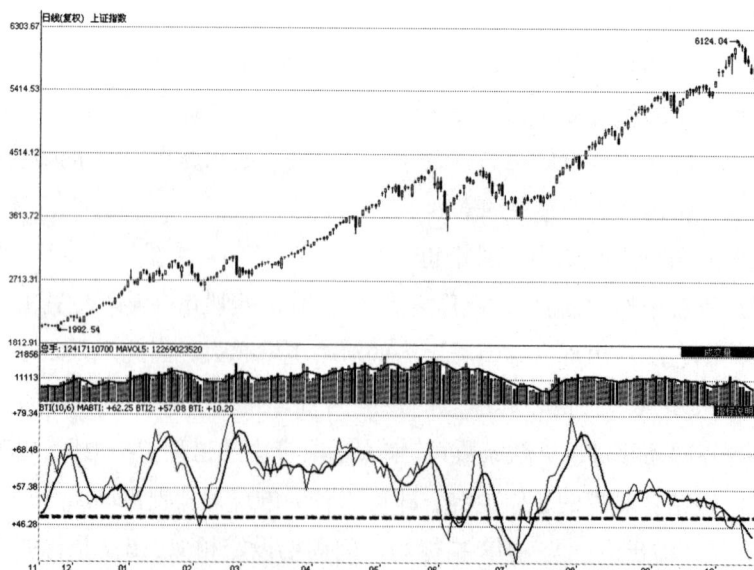

图 3-1　上证指数股市上升趋势中 BTI 指标形态示意图

处于上涨状态下的市况，此时，股市中的上涨个股数量会显著地多于下跌个股数量，因而，BTI 指标值在大多数时间内都在数值 50% 的上方震荡运行，这就是 BTI 指标运行形态对牛市的直观反映。

图 3-2 为上证指数 2008 年 1 月 16 日至 10 月 13 日期间走势图，图中用虚线标注了 BTI 指标数值为 50% 的位置，如图所示，股市在此期间处于下跌趋势中，即我们常说的熊市。下跌趋势是指一个市场总体均处于下跌状态下的市况，此时，股市中的下跌个股数量会显著多于上涨个股数量，因而，BTI 指标值在大多数时间内都在数值 50% 的下方震荡运行，这就是 BTI 指标运行形态对于熊市的直观反映。

图 3-2　上证指数股市下跌趋势中 BTI 指标形态示意图

第三节　运用广量冲力波动形态
把握 "大多头" 行情

BTI 指标的设计原理就是为了可以更好地体现出股市的 "冲力" 如何，

当一个"大多头"行情将要出现或是仍将强势运行下去的时候，一般来说，股市这时会具有强大的"冲力"出现，而这种"冲力"就体现在 BTI 指标形态的变化上。本节中，我们介绍两种情况下 BTI 指标的这种"冲力"是如何预示"大多头"行情出现的：一是在上升趋势本已确立的情况下，利用 BTI 指标线的形态变化来预测股市后期的上升持续性如何；二是在股市深幅下跌后的趋势反转情况下，利用 BTI 指标线的形态变化来预测股市后期是否将有"大多头"行情出现。

图 3-3 为上证指数 2006 年 11 月 9 日至 2007 年 8 月 3 日期间走势图，如图所示，股市在此期间处于明确的上升通道中，这时，我们可以利用 BTI 指标的形态来判断股市后期的上升持续性如何。如果 BTI 指标形态呈现出一波高于一波的形态，则代表股市当前仍有较强的冲力，是上升趋势仍将强势运行的体现；反之，若是随着股市的节节走高，BTI 指标线不断出现滑落，则股市后期的上升持续性就会较差。如图标注所示，我们可以看到，在上升途中，BTI 指标线呈现出一波高于一波的形态，这说明整个市场冲力十足，是上升趋势后期仍将强势运行的直观反映。

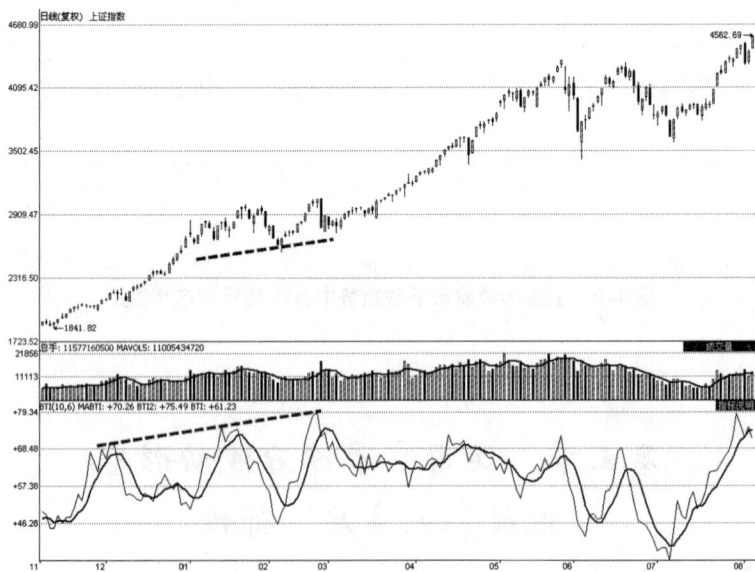

图 3-3　上证指数预示股市"大多头"行情强势运行的 BTI 指标形态示意图

　　图 3-4 为上证指数 2008 年 4 月 25 日至 2009 年 1 月 15 日期间走势图，图中用虚线标注了 BTI 指标值为 50% 的位置。如图标注所示，股市在深幅下跌后出现了较长时间的止跌企稳走势，且同期的 BTI 指标线开始由运行于 50% 的下方，向上攀升至 50% 的上方，这预示着下跌趋势的结束，但 BTI 指标线攀升至 50% 的上方仅仅是底部出现的信号，它并不必然代表着一轮"大多头"行情即将出现，此时，我们应结合 BTI 指标线的具体变化形态来分析。对于本例来说，我们可以看到，BTI 指标线在向上攀升至 50% 的上方后，出现了强势攀升的形态，并创出了几个月以来的新高，这说明市场当前的冲力十足，预示着跌势结束后的新一轮"大多头"行情即将展开，是我们进行中长线买入操作的明确信号。图 3-5 为上证指数 2009 年 1 月 19 日后的走势图，从图中可以看到，股市在经历了前期的"冲力"十足的止跌企稳走势后，就展开了一轮强势的"大多头"行情，随后的累计涨幅接近翻倍，而这一次的"大多头"行情早已由底部区的 BTI 指标线的形态变化得以反映。

图 3-4　上证指数深幅下跌后预示股市"大多头"行情将出现的 BTI 指标形态示意图

图 3–5　上证指数 2009 年 1 月 19 日后的走势图

第四章　移动平均线

移动平均线（MA，Moving Average）是最为重要的一种趋势类指标，顾名思义，它的主要作用是用于研判价格的总体趋势运行情况，但这只是移动平均线的功能之一，除此之外，它可以帮助投资者把握短期的买点与卖点。由于股市中的很多技术指标都是以移动平均线为基础的，因而，在本章中，我们将对其进行详细的介绍，读者在学习这一部分的内容时，也应将其视为重点。

第一节　理解移动平均线的设计原理

移动平均线（MA）以道氏理论中的移动平均成本概念为核心，采用统计学中"移动平均"的原理，将一段时期内的价格平均值连成曲线，借以观察价格的趋势运行情况。

要想很好地理解移动平均线的原理，我们就要明确两个问题：一是什么是移动平均？二是"市场的平均持仓成本变化情况"与"价格的趋势运行情况"两者之间的关系。

对于"移动平均"这一概念来说，它涉及的是移动平均值的计算方法，在各式各样的技术指标中，"移动平均"是一个极为重要的概念，不仅移动平均线的计算方法涉及它，还有很多其他的技术指标，如指数异动平滑平均线（MACD）、乖离率（BIAS）、动力线（MTM）等，都要涉及"移动平均"这一概念。所谓移动平均，就是指对处于不断变化之中的某一组数值进行算数平均求值，例如，第一组为 1~10 这 10 个自然数，则其移动平均值即为：

$(1 + 2 + 3 + \cdots + 10) \div 10 = 5.5$；第二组为 2~11 这 10 个自然数，则其移动平均值就为：$(2 + 3 + \cdots + 11) \div 10 = 6.5$。在进行移动平均值计算时，有两点是值得我们注意的：一是移动平均值计算中的周期选择，上面的例子中，我们选取 10 为计算周期；二是移动平均值处于不断变化之中，由于每一组数字都在不断的变化之中，因而，其计算得来的相应移动平均值自然也是不断改变的。

对于"市场的平均持仓成本变化情况"与"价格的趋势运行情况"两者之间的关系这一问题来说，我们要明确两点：一是价格的趋势运行过程其实也就是市场平均持仓成本不断变化的过程，当上升趋势持续运行时，由于这是一个价格逐步上涨的过程，因而，市场的平均持仓成本也会不断升高；当下跌趋势持续运行时，由于这是一个价格逐步下跌的过程，因而，市场的平均持仓成本也会不断下降。二是市场的持仓成本状态对于市场未来走势有50%的影响力，另外的 50%则由场外陆续进场交易的多空双方决定，所以研究市场成本状况对于研究市场价格的未来走势非常关键。

正是基于以上的原理，移动平均线通过反映市场平均持仓成本的变化情况，进而直接反映出趋势的运行情况，那么，移动平均线又是如何反映市场平均持仓成本的变化情况呢？移动平均线通过选定不同的计算周期，并以收盘价作为计算市场平均持仓成本的依据，来描述不同时间周期内的市场平均持仓成本的变化情况（注：以收盘价、开盘价或是当日的平均价都可以较为准确地反映当日市场的平均持仓成本）。

下面我们以 5 个交易日作为计算周期，来看看移动平均值的计算方法。其中，以 C_n 来代表第 n 日的收盘价，以 MA5（n）代表在第 n 日计算所得的 5 日移动平均值：

$$MA5(n) = (C_n + C_{n-1} + C_{n-2} + C_{n-3} + C_{n-4}) \div 5$$

将每一日这些数值连成曲线，便得到了我们经常见到的 5 日移动平均线（计算周期为 5 个交易日），即 MA5。移动平均线 MA5 就是直观反映时间周期为 5 个交易日的市场平均持仓成本变化情况的曲线。依此方法，我们还可以计算出 MA60、MA30、MA15，它们分别反映了不同时间周期内的市场平均持仓成本的变化情况。

价格运行只是表象，市场的平均持仓成本的变化情况才是本质，移动平均线直观形象地反映出了周期长短不一的市场平均持仓成本的变化情况。借助移动平均线，我们可以清晰地看到市场长期、中期和短期平均持仓成本的变化情况，进而来识别趋势、把握趋势。本章下面的几节中，我们就结合实例来介绍如何利用周期长短不一的移动平均线形态的变化来识别趋势、把握趋势。

第二节　运用多头排列形态识别上升趋势

上升趋势是一个价格不断走高的过程，也是一个市场平均持仓成本不断升高的过程，且计算周期较短的市场平均持仓成本会相应地高于周期相对较长的市场平均持仓成本，这体现在移动平均线的形态上就是：周期相对较短的移动平均线会运行在周期相对较长的移动平均线上方，且整个均线系统呈现出向上发散的形态，这种形态称之为移动平均线系统的多头排列形态。它是均线对于上升趋势的直观反映，也是我们透过均线形态识别上升趋势的一种重要方法。

图 4-1 为长城电脑（000066）2008 年 12 月 4 日至 2009 年 8 月 5 日期间走势图，图中列出了四条均线，它们由细到粗分别为：MA5、MA15、MA30、MA60，这四条均线较为典型地代表了长短不一的时间周期，其中的 MA5 和 MA15 我们可以将其看做是短期均线，MA30 则可以被视为中期均线，MA60 被视为长期均线。此外，也有一些投资者将 MA120 视为长期均线，但是由于 MA120 的时间周期过长，其形态变化过于迟缓，因而，在本书的实盘操作中，我们将以 MA60 作为长期均线。

如图 4-1 所示，我们可以看到，此股在此期间处于上升趋势中，如果我们在趋势形成之初还无法识别上升趋势的出现，则不妨观察一下移动平均线的排列形态。如图标注所示，可以看到，在上升趋势的形成初期、运行途中，整个移动平均线系统呈现出了多头排列形态，这种多头排列形态直观清晰地向我们展示了上升趋势的出现，是我们识别趋势、把握趋势，并在实盘操作中做到顺势而为的重要工具之一。其实，移动平均线的这种多头排列形

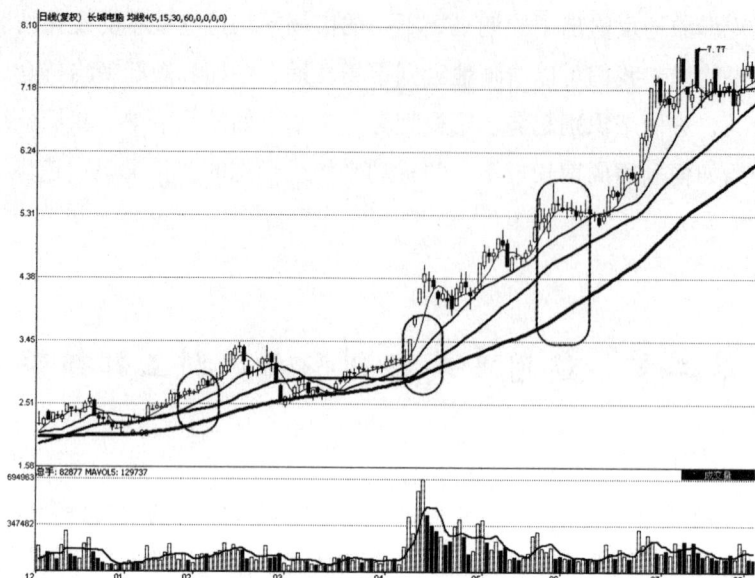

图 4-1　长城电脑上升趋势中移动平均线多头排列形态示意图

态背后的真实市场含义是，市场的多方力量开始强于空方力量，且多方力量有强烈的攻击意图。

图 4-2 为华侨城 A（000069）2009 年 1 月 16 日至 7 月 28 日期间走势图，如图标注所示，我们可以看到，此股在此期间处于上升趋势中，其均线

图 4-2　华侨城 A 上升趋势中移动平均线多头排列形态示意图

系统呈现出明显的多头排列形态，透过均线的这种多头排列形态，我们就可以很好地识别出此股的上升趋势这一趋势运行状态。

第三节　运用空头排列形态识别下跌趋势

下跌趋势是一个价格不断走低的过程，也是一个市场平均持仓成本不断降低的过程，且计算周期较短的市场平均持仓成本会相应地低于周期相对较长的市场平均持仓成本，这体现在移动平均线的形态上就是：周期相对较短的移动平均线会运行在周期相对较长的移动平均线下方，且整个均线系统呈现出向下发散的形态，这种形态称之为移动平均线系统的空头排列形态。它是均线对于下跌趋势的直观反映，也是我们透过均线形态识别下跌趋势的一种重要方法。

图4-3为中国铁建（601186）2009年6月12日至2010年5月31日期间走势图，图中列出了四条均线，它们由细到粗分别为：MA5、MA15、MA30、MA60，如图标注所示，我们可以看到，此股在步入到下跌趋势中后，其均线系统呈现出明显的空头排列形态。这种空头排列形态正是市场中卖方力量显著强于买方力量的体现，也是市场抛压沉重的表现，而且，空头排列一旦形成，就意味着市场总体性的多空力量对比情况已经发生转变，其随后将是长时间的空方占据主导局面。在这种情况下，下跌趋势也自然会顺理成章地持续运行下去。

图4-4为大杨创世（600233）2007年12月28日至2008年11月10日期间走势图，图中列出了四条均线，它们由细到粗分别为：MA5、MA15、MA30、MA60，如图标注所示，此股在经历了顶部区长时间的震荡之后，其均线系统开始呈现出空头排列形态，这预示着下跌趋势已经展开，透过移动平均线系统形态的变化，我们可以在下跌趋势形成之初即将其揭示出来，从而为后期的实盘操作打好基础。因为，如果我们不能很好地识别出市场随后的趋势运行状态，则我们的操作就不能做到有的放矢，不仅很难获利，反而极有可能出现大幅度的亏损。但是有了移动平均线这一有力的工具，我们就

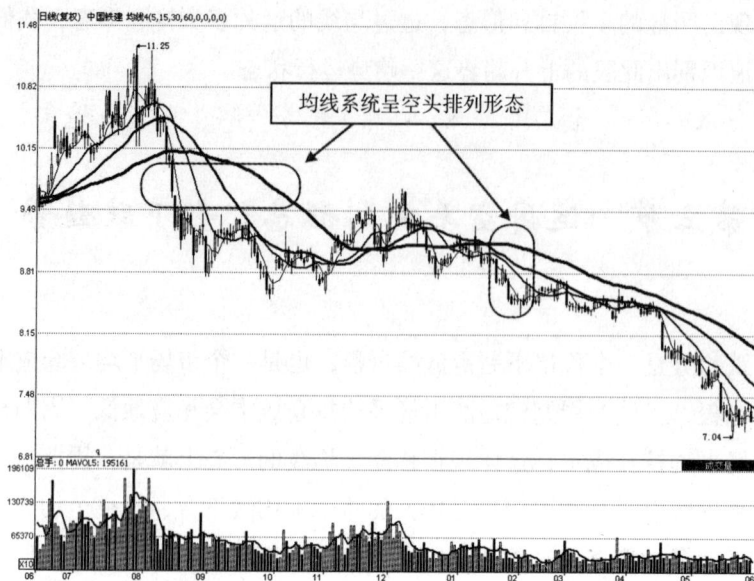

图 4-3　中国铁建下跌趋势中移动平均线空头排列形态示意图

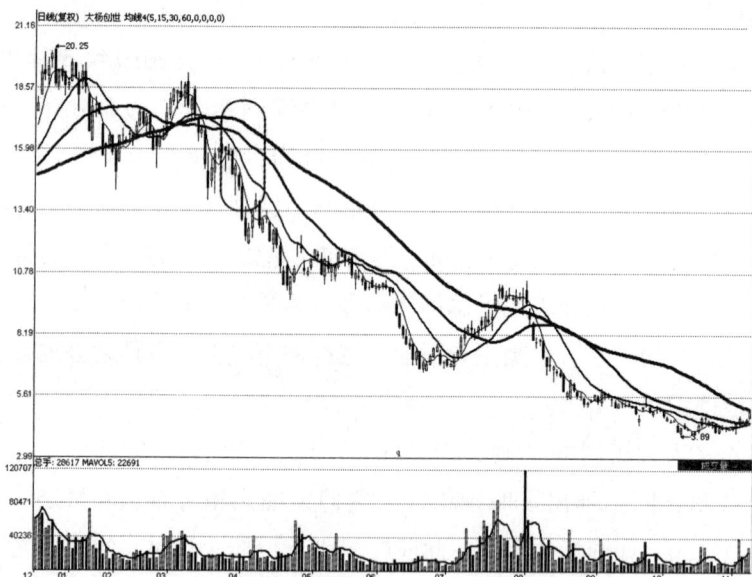

图 4-4　大杨创世下跌趋势中移动平均线空头排列形态示意图

可以在一轮趋势形成的早期及时发现它。

第四节 运用缠绕形态识别横盘震荡趋势

横盘震荡趋势是一个价格反复起落且总体上处于横向运动的走势过程，一般来说，它多是一种趋势运行不明朗的体现，往往出现在顶部、底部、上升或下跌趋势的途中。长期的横盘震荡走势，会使得市场的短期的与中长期的平均持仓成本趋于一致，因而，在移动平均线系统的排列形态上，就会呈现出交叉缠绕的形态。

图 4-5 为中国软件（600536）2008 年 11 月 24 日至 2010 年 3 月 23 日期间走势图，图中列出了四条均线，它们由细到粗分别为：MA5、MA15、MA30、MA60，如图所示，此股在经历了大幅度的上涨后，于高位区出现了长时间的横向走势，同期的均线系统开始呈现出横向缠绕形态，透过均线的这种横向缠绕形态，我们可以轻松地识别出此股在高位区出现的横盘震荡趋势。

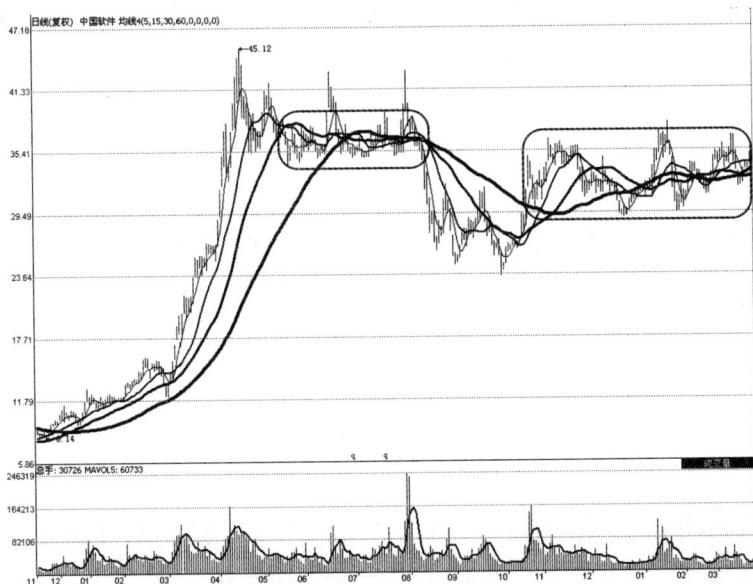

图 4-5 中国软件横盘震荡趋势中移动平均线缠绕形态示意图

图 4-6 为上证指数 2009 年 5 月 13 日至 2010 年 4 月 23 日期间走势图，图中列出了四条均线，它们由细到粗分别为：MA5、MA15、MA30、MA60，如图标注所示，我们可以看到，股市在经历了一轮上涨走势后，于相对高位区出现了长时间的横盘震荡走势，而期间的均线横向缠绕形态就是对这一种盘整趋势的直观体现。

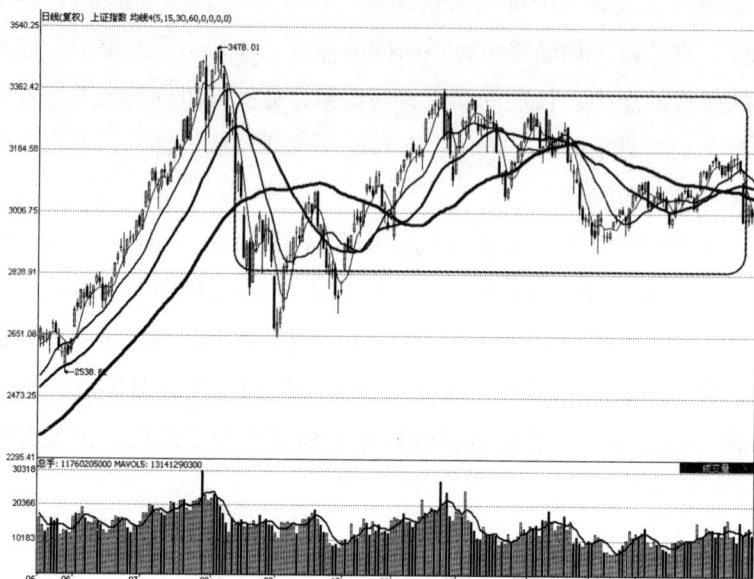

图 4-6　上证指数横盘震荡趋势中移动平均线缠绕形态示意图

第五节　运用均线形态的变化把握趋势反转

通过前面几节的讲述，我们了解到，移动平均线的多头排列形态是上升趋势的反映，空头排列形态是下跌趋势的反映，横向缠绕形态则是横盘震荡趋势的反映。可以说，透过移动均线系统的排列形态，我们可以很好地把握当前的趋势运行状态，但移动平均线的功能绝不止这些，透过移动平均线排列形态的变化，我们还可以准确地把握住趋势的反转。

当股市或个股经历了长时间的大幅度上涨后，中长期均线开始走平，均线系统开始由原来的多头排列形态转变为横向缠绕形态，且此时的短期均线往往会经常性地运行于中长期均线下方，这多代表市场的多空力量对比情况已经发生了转变，是升势见顶的信号。

图 4-7 为大众公用（600635）2008 年 10 月 30 日至 2009 年 10 月 20 日期间走势图，图中列出了四条均线，它们由细到粗分别为：MA5、MA15、MA30、MA60，如图标注所示，此股在经历了前期的大幅上涨之后，中长期移动平均线 MA30 及 MA60 开始走平，且均线系统的排列形态开始由原来的多头排列形态转变为横向缠绕形态，短期均线开始更多地运行于中长期均线的下方。这说明市场的做多动能已经不足，上升趋势难以维系，是升势见顶的信号，也预示着当前的运行区间为顶部区。

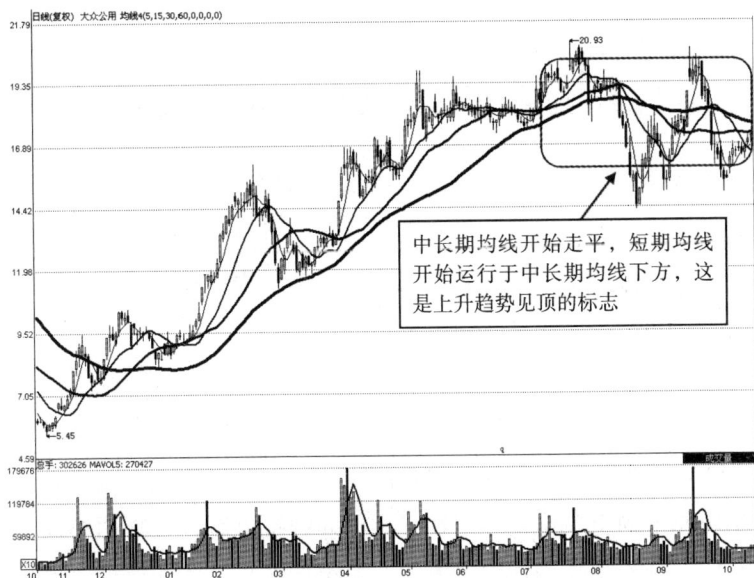

图 4-7　大众公用顶部区的移动平均线形态示意图

图 4-8 为安徽合力（600761）2006 年 10 月至 2008 年 5 月期间走势图，图中列出了四条均线，它们由细到粗分别为：MA5、MA15、MA30、MA60，如图标注所示，可以看到，此股在大幅上涨后，于高位区出现了均线排列形态转变的情况，中长期均线开始走平，且整体均线系统由原来的多头排列形态转变为横向缠绕形态。均线排列形态的这种转变正是市场见顶的信号，也是我们中长线离场的明显信号。

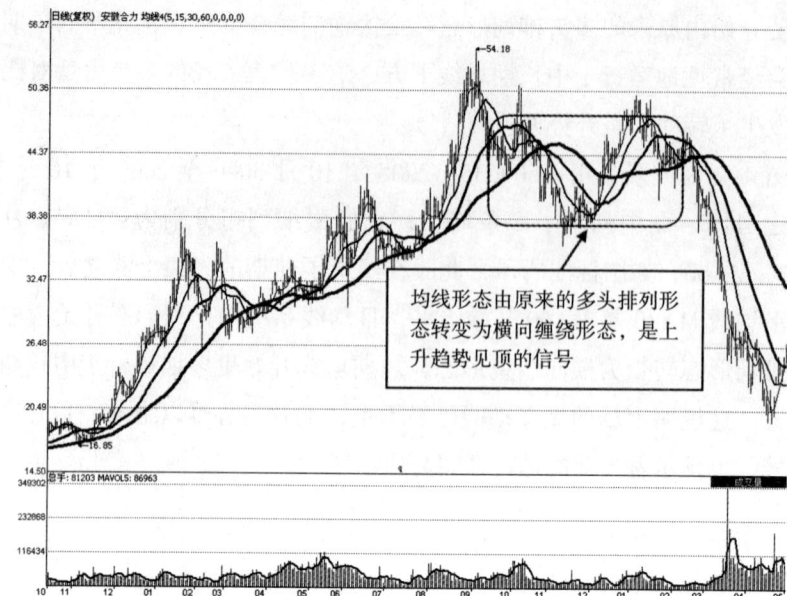

图 4-8　安徽合力顶部区的移动平均线形态示意图

当股市或个股经历了长时间的大幅度下跌后，中长期均线开始走平，均线系统开始由原来的空头排列形态转变为横向缠绕形态，且此时的短期均线往往会经常性地运行于中长期均线上方，这多代表市场的多空力量对比情况已经发生了转变，是跌势见底的信号。

图 4-9 为东阳光铝（600673）2007 年 10 月 10 日至 2008 年 2 月 9 日期间走势图，图中列出了四条均线，它们由细到粗分别为：MA5、MA15、MA30、MA60，如图标注所示，此股在经历了长期深幅的下跌之后，其均线系统开始由原来的空头排列形态转变为横向缠绕形态，且短期均线开始在更多的时间内运行于中长期均线上方。这是市场跌势见底的标志，也是我们中长线买入布局的信号。

图 4-10 为双钱股份（600623）2008 年 2 月 20 日至 2009 年 2 月 11 日期间走势图，图中列出了四条均线，它们由细到粗分别为：MA5、MA15、MA30、MA60，如图标注所示，此股在经历了前期的大幅下跌走势之后，中长期移动平均线 MA30 及 MA60 开始走平，且均线系统的排列形态开始由原来的空头排列形态转变为横向缠绕形态。短期均线开始更多地运行于中长期均线的上方。这说明市场的做空动能已经不足，下跌趋势难以为继，是跌势

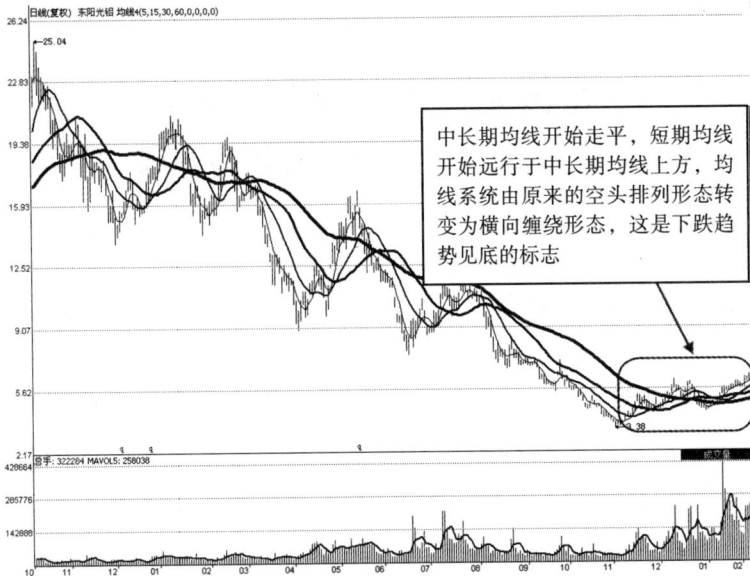

日线(复权) 东阳光铝 均线4(5,15,30,60,0,0,0,0)

中长期均线开始走平，短期均线开始远行于中长期均线上方，均线系统由原来的空头排列形态转变为横向缠绕形态，这是下跌趋势见底的标志

图4-9 东阳光铝底部区的移动平均线形态示意图

日线(复权) 双钱股份 均线4(5,15,30,60,0,0,0,0)

图4-10 双钱股份底部区的移动平均线形态示意图

见底的信号，也预示着当前的运行区间为底部区，是我们中长线入场买入的信号。

第六节　运用均线之间的
"吸引——排斥"特性把握短线买卖点

　　移动平均线的最主要功能在于研判趋势的运行状况，除此之外，我们也可以利用移动平均线进行短线操作。这主要是利用了短期移动平均线与中长期移动平均线之间的"吸引——排斥"特性。移动平均线只是相应时间周期内市场平均持仓成本变化情况的一种直观体现，我们知道，中长期的市场平均持仓成本的变化是引导价格上涨或下降的主脉络。可以说，中长期移动平均线在价格处于上升趋势中时，它对价格的回调起到支撑作用；反之，在下跌趋势中，中长期均线则对价格的反弹起到阻挡作用。

　　但是，市场在短期内的走势往往会呈现出迅速的上升或下跌，但这种短期的快速上升或下跌往往并不具有持续性，随着多方力量或空方力量在短期内的快速消耗，价格就会随之出现回调或反弹。这种走势可以说是中长期市场平均持仓成本对于短期市场平均持仓成本具有较强的牵制力的一种表现，体现在移动平均线的形态上就是：在上升趋势中，若个股的一波快速上涨使得短期均线向上明显远离中长期均线，由于中长期均线对于短期均线具有强大的吸引力，因而，短期均线随后会有再度向下靠拢中长期均线的倾向；反之，在下跌趋势中，若个股的一波快速下跌使得短期均线向下明显远离中长期均线，由于中长期均线对于短期均线具有强大的吸引力，因而，短期均线随后会有再度向上靠拢中长期均线的倾向。这就是中长期均线对于短期均线的"引力"作用。但是，当个股的短期均线再度靠拢中长期均线后，由于其仍有沿原有趋势运行的动力，因而，短期均线势必会再度向上或向下运行，使整个均线仍旧保持原有的多头排列形态（上升趋势中）或是空头排列形态（下跌趋势中），这就是中长期均线对于短期均线的"排斥"作用。利用短期移动平均线与中长期移动平均线之间的这种"吸引——排斥"特性，再结合价格的具体走势情况，我们就可以在上升趋势或下跌趋势中把握好低吸高抛的节奏。下面我们结合实例来看看如何利用均线之间的这种特性展开实盘操作。

图 4-11 为新潮实业（600777）2008 年 12 月 22 日至 2009 年 5 月 14 日期间走势图，图中列出了四条均线，它们由细到粗分别为：MA5、MA15、MA30、MA60，如图所示，此股在此期间处于上升趋势，透过均线的多头排列形态，我们可以清晰地看出这种趋势运行状态，在明确的上升趋势这一总体运行背景之后，我们就可以明确操盘策略，既可以是较为保守的中长线持股待涨，也可以是较为积极的高抛低吸短线操作。如图标注所示，此股在一波快速上涨走势中，短期均线快速上扬、并迅速脱离中长期均线，但由于中长期均线对短期均线有着较强的吸引力，因而，我们可以提前预知，此股随后会出现一波回调走势，于是，短期均线迅速向上脱离中长期均线、且开始走平后，就是我们短线高抛的最好时机。随后，当短期均线再度靠拢中长期均线时，由于个股的上升趋势并没有改变，因而，我们一样可以预知，此股随后仍将再度上涨，从而使得短期均线与中长期均线形成多头排列形态，于是，短期均线再度靠拢中长期均线时，就是我们短期内的逢低买入时机。

图 4-11 新潮实业均线多头排列形态下短线买卖点示意图

图 4-12 为中金黄金（600489）2008 年 11 月 18 日至 2009 年 5 月 13 日期间走势图，图中列出了四条均线，它们由细到粗分别为：MA5、MA15、MA30、MA60，如图所示，此期在此期间处于上升趋势中，均线呈多头排列形态。如图标注所示，个股在短期内的一波快速上扬使得短期均线向上明显脱离中长期均线，若短期均线开始走平，就是我们短期内的逢高抛售时机；随后，当短期均线再度靠拢中长期均线时，则是我们短期内的逢低买入时机。

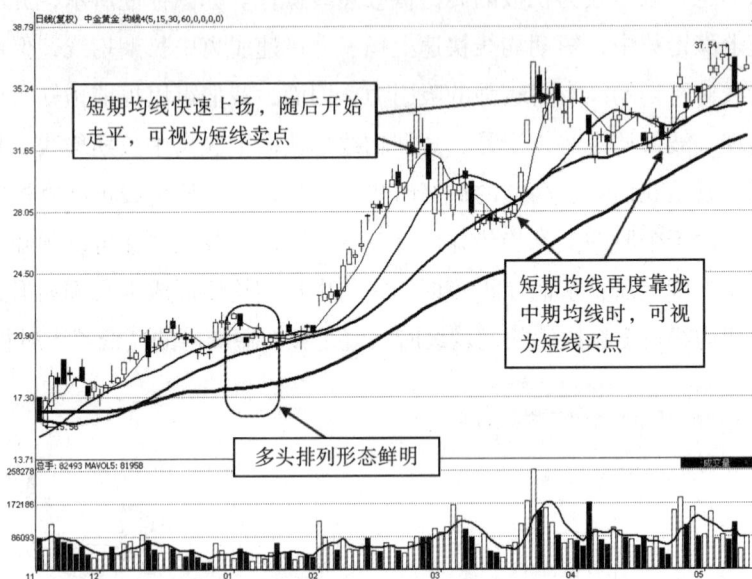

图 4-12　中金黄金均线多头排列形态下短线买卖点示意图

图 4-13 为广东明珠（600382）2008 年 3 月 5 日至 10 月 27 日期间走势图，图中列出了四条均线，它们由细到粗分别为：MA5、MA15、MA30、MA60，如图所示，此股在此期间处于下跌趋势，透过均线的空头排列形态，我们可以清晰地看出这种趋势运行状态，在明确的下跌趋势这一总体运行背景之后，我们就可以明确操盘策略，既可以是较为保守的中长线持币观望，也可以是较为积极的博取反弹行情的短线操作。如图标注所示，此股在一波快速下跌走势中，短期均线快速下降、并迅速脱离中长期均线，但由于中长期均线对短期均线有着较强的吸引力。因而，在随后短期均线开始走平时，我们可以展开短线的博取反弹操作，此时是短期买入时机；随后，当个股经一波反弹上涨至中长期均线附近时，则是我们短期内的反弹高点卖出时机。

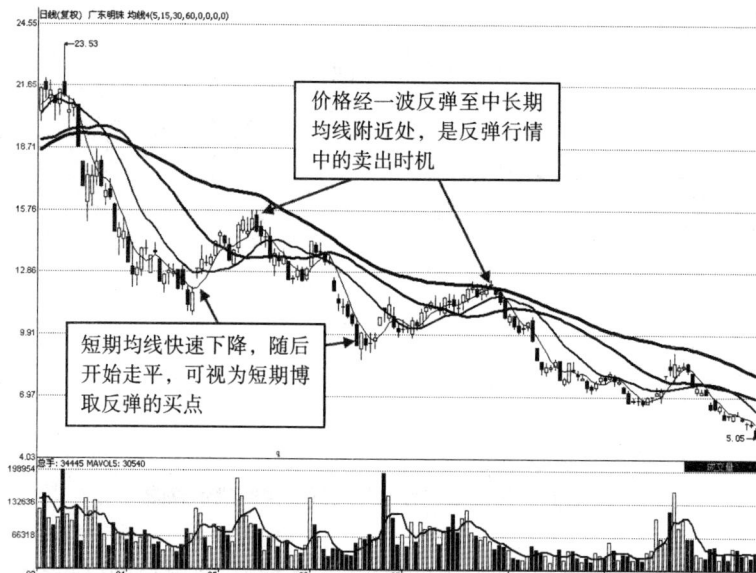

图 4-13 广东明珠均线空头排列形态下短线买卖点示意图

第七节 格兰维尔移动平均线买卖法则

美国证券投资分析家格兰维尔对移动平均线的买入与卖出时机进行了较为系统的总结，它包括 4 个买入时机与 4 个卖出时机。图 4-14 为格兰维尔移动平均线买卖时机示意图，图中标示了这 8 个买卖时机，图中的虚线代表中长期移动平均线，短实线则代表短期移动平均线。下面我们依据此图，在结合实例的基础上逐一解读这 8 个买卖时机。

买点①：在价格经历了深幅下跌之后，中长期均线开始走平，短期均线由下向上交叉并穿越中长期均线时，这表明均线系统即将呈现出多头排列形态，是上升趋势即将展开的信号，也是中长线买入布局的信号。

图 4-15 为兰州民百（600738）2008 年 11 月 7 日至 2009 年 3 月 24 日期间走势图，图中列出了三条均线，它们由细到粗分别为：MA5、MA30、MA60，其中的 MA5 代表短期均线，而 MA30、MA60 则代表中长期均线。如图标注所示，此股在经历了低位区的均线横向缠绕形态之后，出现了短期均

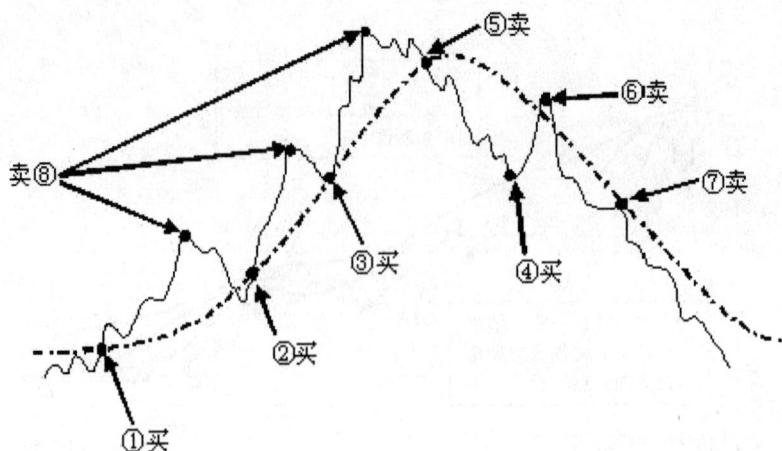

图4-14　格兰维尔移动平均线买卖时机示意图

线向上交叉并穿越中期均线 MA30 的形态，这使得均线排列开始呈现出多头排列形态，此时即是我们中长线入场买入的信号，这一买点对应于格兰维尔移动平均买卖法则中的买点①。

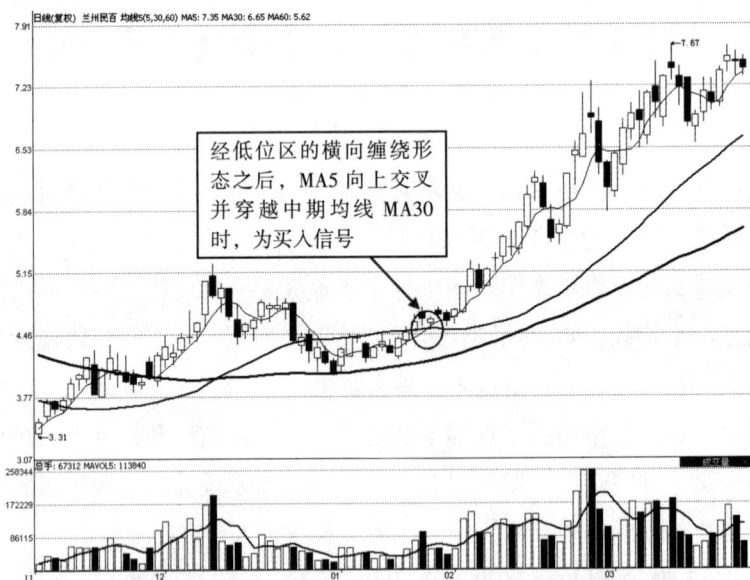

经低位区的横向缠绕形态之后，MA5 向上交叉并穿越中期均线 MA30 时，为买入信号

图4-15　（兰州民百）格兰维尔均线买点①示意图

买点②：在上升趋势中，均线系统呈现出多头排列形态，若价格的一波回调走势使得短期均线回调至中长期均线下方，则当短期均线再度向上交叉

并穿越中长期均线时为买入信号。

图 4-16 为 XD 吉恩镍业（600432）2008 年 12 月 24 日至 2009 年 5 月 18 日期间走势图，图中列出了三条均线，它们由细到粗分别为：MA5、MA30、MA60，其中的 MA5 代表短期均线，而 MA30、MA60 则代表中长期均线。如图标注所示，此股在前期呈现多头排列形态，即个股处于上升趋势中，一波回调之后，当 MA5 再度向上交叉穿越 MA30，预示着新一波的涨势即将展开，是买入信号，这一买点对应于格兰维尔移动平均买卖法则中的买点②。

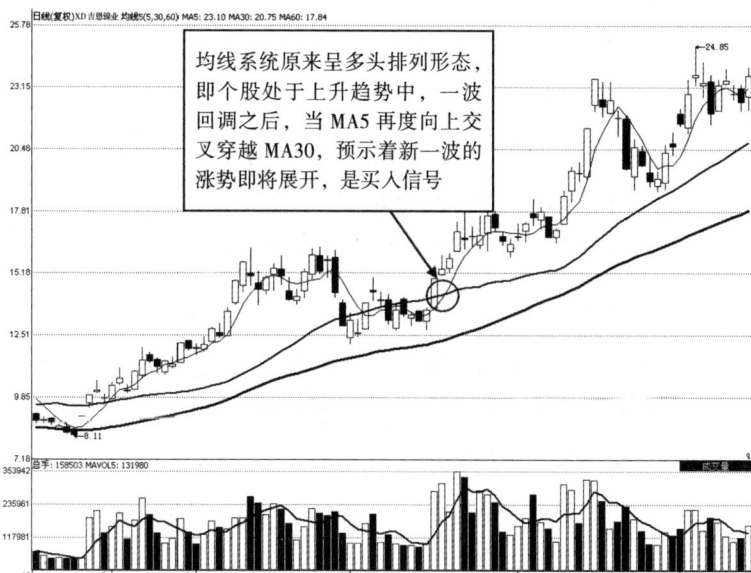

图 4-16　（XD 吉恩镍业）格兰维尔均线买点②示意图

买点③：在上升趋势中，均线系统呈现出多头排列形态，若价格的一波回调走势使得短期均线回调至中长期均线附近，且中长期均线对短期均线构成了有力支撑，此时为买入信号。

图 4-17 为航天长峰（600855）2009 年 1 月 15 日至 8 月 5 日期间走势图，图中列出了三条均线，它们由细到粗分别为：MA5、MA30、MA60，如图标注所示，此股在前期呈现多头排列形态，即个股处于上升趋势中，一波回调之后，MA5 向下靠拢至 MA30，但 MA30 对其构成了有力的支撑，此时即为上升趋势中一波回调走势后的买入信号，这一买点对应于格兰维尔移动平均买卖法则中的买点③。

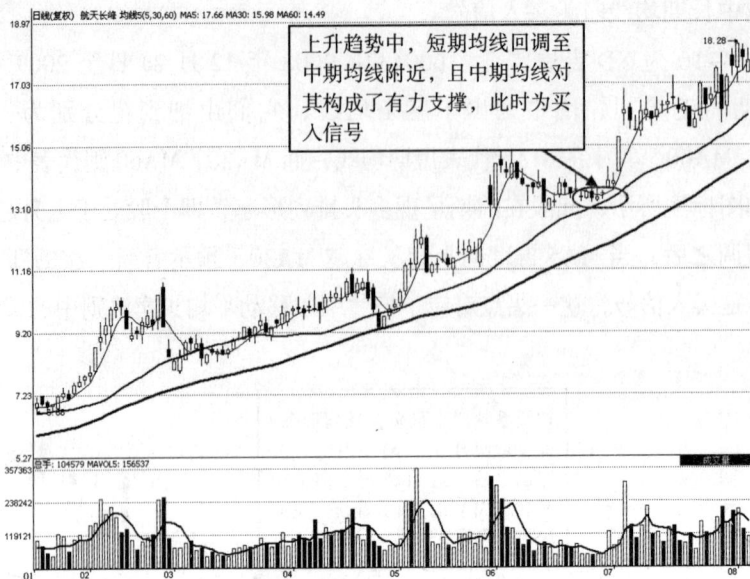

图 4-17 （航天长峰）格兰维尔均线买点③示意图

买点④：当个股经历了长期上涨后，于高位区开始呈现出空头排列形态，随后个股展开了一波快速下跌，这使得短期均线向下迅速脱离中长期均线，若这时短期均线有走平的迹象，则是我们短线买入的信号。这一买点出现在下跌趋势初期的第一波快速下跌走势中。

图 4-18 为有研硅股（600206）2007 年 7 月 12 日至 2008 年 3 月 5 日期间走势图，图中列出了三条均线，它们由细到粗分别为：MA5、MA30、MA60，如图标注所示，此股在经历了高位区的均线横向缠绕形态后，开始呈现出向下发散的空头排列形态。与此同时，短期均线也向下快速脱离中长期均线，但由于趋势的反转并不是一蹴而就的，顶部区的短期快速下跌势必会引发短线抄底盘的涌入，毕竟市场还存在着一部分的做多力量。此时，若是短期均线在这一波快速下降后开始走平，则多意味着一波反弹走势即将出现，是我们短期内的买入信号，这一买点对应于格兰维尔移动平均买卖法则中的买点④。

图4-18 （有研硅股）格兰维尔均线买点④示意图

卖点⑤：在价格经历了大幅上涨之后，中长期均线开始走平，短期均线由上向下交叉并穿越中长期均线时，这表明均线系统即将呈现出空头排列形态，是下跌趋势即将展开的信号，也是中长线卖出离场的信号。

图4-19为海信电器（600060）2009年9月8日至2010年5月6日期间走势图，图中列出了三条均线，它们由细到粗分别为：MA5、MA30、MA60，其中的MA5代表短期均线，而MA30、MA60则代表中长期均线，如图标注所示，此股在经历了高位区的均线横向缠绕形态之后，出现了短期均线MA5向下交叉并穿越中期均线MA30、MA60的形态，这使得均线排列开始呈现出空头排列形态，此时即是我们中长线卖出离场的信号，这一卖点对应于格兰维尔移动平均买卖法则中的卖点⑤。

卖点⑥：在下跌趋势中，均线系统呈现出空头排列形态，若价格的一波反弹走势使得短期均线反弹至中长期均线上方，则当短期均线开始走平时，就是我们短线的卖出信号。

图4-20为鼎盛天工（600335）2008年3月25日至10月13日期间走势图，图中列出了三条均线，它们由细到粗分别为：MA5、MA30、MA60，如图所示，此股经顶部区的震荡之后，开始呈现出空头排列形态，随后，在下

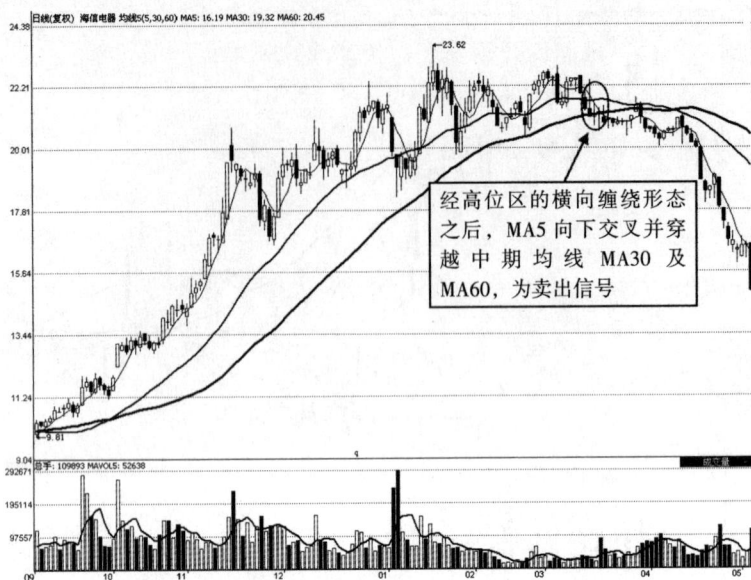

经高位区的横向缠绕形态之后，MA5 向下交叉并穿越中期均线 MA30 及 MA60，为卖出信号

图 4-19　（海信电器）格兰维尔均线卖点⑤示意图

跌途中经一波反弹走势，使得 MA5 反弹至 MA30 及 MA60 上方。如图标注所示，此时 MA5 开始走平即是我们短线卖出时机，这一卖点对应于格兰维尔移动平均买卖法则中的卖点⑥。

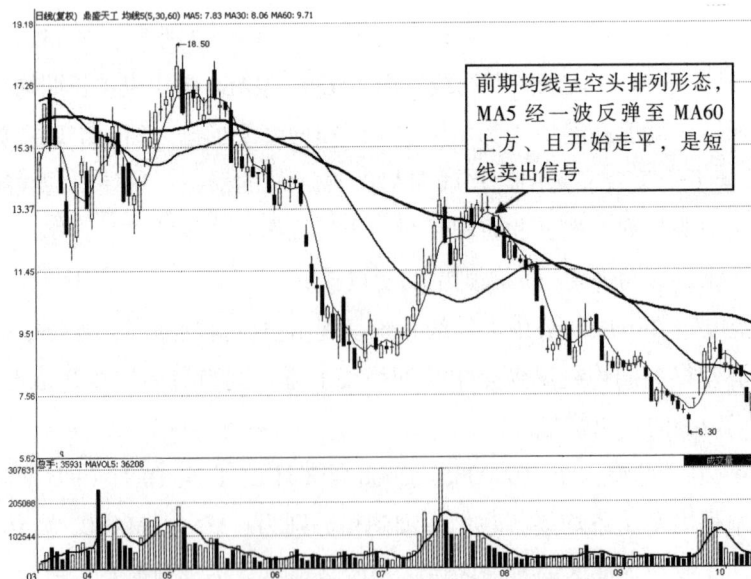

前期均线呈空头排列形态，MA5 经一波反弹至 MA60 上方、且开始走平，是短线卖出信号

图 4-20　（鼎盛天工）格兰维尔均线卖点⑥示意图

卖点⑦：在下跌趋势中，此时均线系统呈现出空头排列形态，若价格的一波反弹走势使得短期均线反弹至中长期均线附近，且中长期均线对短期均线形成了有力阻挡时，就是我们短线的卖出信号。

图4-21为S仪化（600871）2007年11月13日至2008年9月24日期间走势图，图中列出了三条均线，它们由细到粗分别为：MA5、MA30、MA60，如图标注所示，此股在下跌趋势已完全形成后，于下跌途中出现了一波反弹走势。当个股经一波反弹走势使得MA5向上反弹至MA60处受阻时，就是我们在反弹走势中的卖出信号，这一卖点对应于格兰维尔移动平均买卖法则中的卖点⑦。

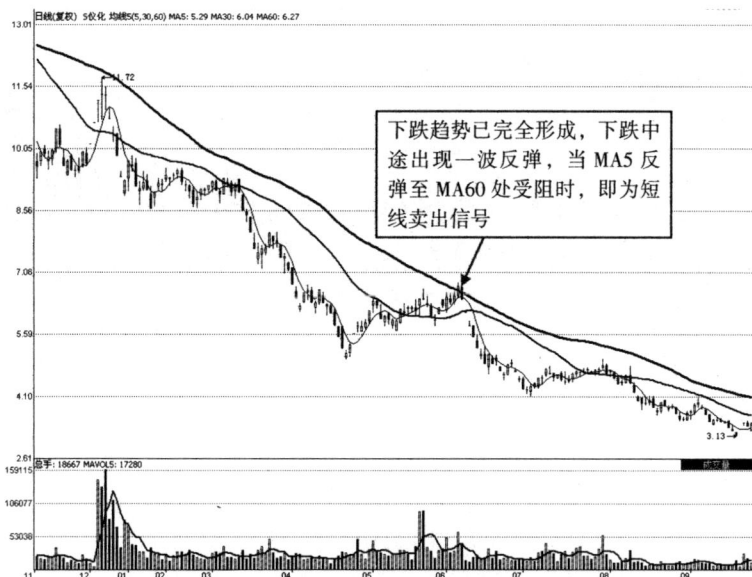

图4-21 （S仪化）格兰维尔均线卖点⑦示意图

卖点⑧：在上升趋势中，当个股短期内经一波快速上涨，使得短期均线快速向上脱离中长期均线，这说明近期内持股者获利丰厚，随时都会产生获利回吐的卖压。若短期均线在明显脱离中长期均线后开始走平，此时，就是我们在上升趋势中，短期逢高抛售的信号。

图4-22为西部资源（600139）2008年12月18日至2009年8月19日期间走势图，图中列出了三条均线，它们由细到粗分别为：MA5、MA30、MA60，如图标注所示，在上升趋势中，个股短期内的快速上涨，使得MA5

快速向上脱离 MA30，若 MA5 开始走平，则可视为短期内的逢高抛售信号，
这一卖点对应于格兰维尔移动平均买卖法则中的卖点⑧。

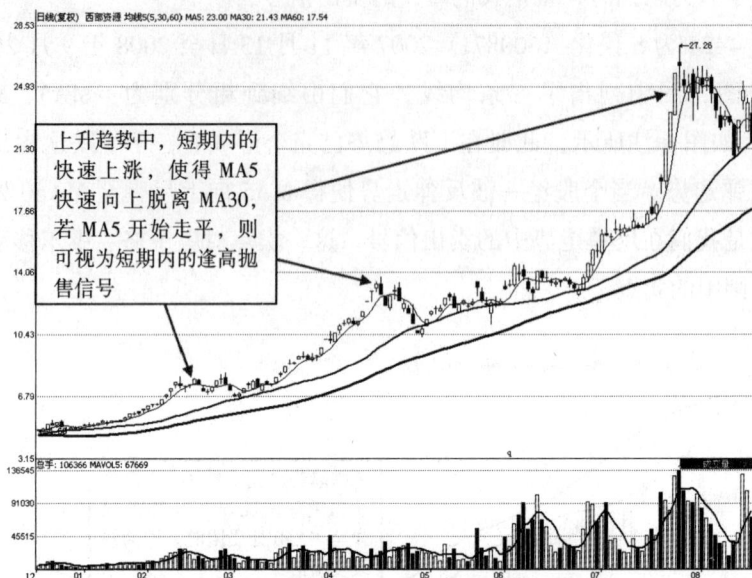

图 4-22 （西部资源）格兰维尔均线卖点⑧示意图

第五章　指数平滑异动平均线

指数平滑异动平均线（MACD，Moving Average Convergence Divergence）是一种基于移动平均线而产生的指标，它不仅继承了移动平均线反映趋势这一特点，而且还摒弃了移动平均线的一些缺点，例如：在趋势并不是处于明朗的上升或下跌趋势中时，移动平均线往往难以准确而有效地发出买卖信号。可以说，MACD 是一种既适合研判价格运行大趋势，也适合判断价格短期走势的指标。

第一节　理解指数平滑异动平均线的设计原理

指数平滑异动平均线（MACD）由查拉尔德·阿佩尔（Gerald Appel）最先提出，通过对移动平均线的研究，Gerald Appel 发现周期长短不一的均线具有这样一种特性：在价格的一波快速上涨或下跌走势中，周期较短的均线往往迅速脱离周期相对较长的均线，随后，当价格走势趋缓的时候，短期移动平均线又会再度向中长期移动平均线靠拢，但是在靠拢之后，短期均线往往还有再度脱离中长期均线的倾向。对于移动平均线的这种特性，我们可以将其简称为"分离—聚合—再分离"特性，在上一章的讲解中，我们利用移动平均线在上升趋势或下跌趋势中展开的短线买卖操作，正是基于这一特性。MACD 指标正是利用短期与中长期的均线之间的这一特性，通过计算得出这两条移动平均线之间的差值——正负差（DIFF），以此来表示两条均线之间的位置关系如何，两条均线是处于明显的分离状态？还是处于相对靠拢在一起的状态？短期均线是运行在中长期均线上方，还是运行于其下方？这些问题均可以通过 DIFF 值的变化来得到解答,而这正是 MACD 指标研判价格波动的根据。

虽然本书中并没有给出所有指标的计算方法,但是对于重要的、基础类的指标来说,了解其计算方法是有助于我们更好地理解这一指标的市场原理的。下面我们来看看 MACD 指标的构成及计算方法:

在通常的股票软件中的 MACD 指标窗口中,我们可以看到 MACD 指标由两条指标线及位于零轴上方或下方的柱状线组成,这两条指标线一条为 DIFF 线,DIFF 值也称为离差价。它是快速平滑移动平均线(EMA1)和慢速平滑移动平均线(EMA2)的差值,其数值大小代表了这两条移动平均线之间的距离大小。当 DIFF 为正值且快速向上攀升时,说明短期均线运行于中长期均线上方、且正向上快速脱离中长期均线;反之,当 DIFF 为负值且快速下降时,说明短期均线运行于中长期均线下方、且正向下快速脱离中长期均线。另一条指标线为 DEA 线,它是 DIFF 的移动平均线(即对 DIFF 线进行平滑移动后所得的曲线,这种对相应指标线进行平滑移动处理的方式,可以在一定程度上去掉指标线形态过于"突兀"的现象,使相应的指标线产生平滑效果,以使我们更好地看清相应指标线的运行趋势)。之所以要引入 DEA 线,读者不妨联想一下移动平均线,此时的 DIFF 线就相当于移动平均线系统中的短期均线,而 DEA 线则相当于移动平均线系统中的中长期均线,这样,我们就可以把移动平均线的分析方法应用于 DIFF 线与 DEA 线之间的运行形态上。除此之外,MACD 还有一个辅助指标——柱状线(BAR),BAR 值是 DIFF 与 DEA 差值的两倍,它将 DIFF 线与 DEA 线的分离、聚合情况立体化、形象化,通过 BAR 线的变化,我们就可以清晰地看到 DIFF 线与 DEA 线之间的位置关系。BAR 线是有颜色的,高于零轴以上为红色,代表买盘大于卖盘;低于零轴以下为绿色,代表卖盘大于买盘。在实盘操作中,我们可以将 DIFF 线与 DEA 线的交叉穿越情况,及两者之间的分离、聚合程度作为研判买卖的信号。

MACD(26、12、9)代表其所选择的两条移动平均线的时间周期分别为:26 日、12 日,其中的 26 日移动平均线代表中长期均线,而 12 日移动平均线则代表短期均线;9 为 DIFF 线的平滑周期。其计算过程如下:

(1)计算移动平均值(EMA):

EMA（26）= 前一日 EMA（26）× 25/27 + 今日收盘价 × 2/27

EMA（12）= 前一日 EMA（12）× 11/13 + 今日收盘价 × 2/13

（2）计算离差值（DIFF）：

DIFF = 今日 EMA（12）– 今日 EMA（26）

（3）计算 DEA：

DEA = 周期为 9 日的 DIFF 的移动平均值 = 最近 9 日的 DIFF 之和/9

（4）计算柱状值（BAR），也是 MACD 指标窗口中的 MACD 数值：

BAR = 2 ×（DIFF – DEA）

第二节　运用指数平滑异动平均线识别趋势的持续

　　MACD 指标以移动平均线为基础，它很好地继承了移动平均线的优点，透过 MACD 指标线形态，我们可以清晰直观地识别出当前市场的运行趋势。我们知道，在上升趋势中，均线系统呈现出多头排列形态，此时，周期相对较短的均线会运行于周期相对较长的均线上方，这时，MACD 指标计算所得的 DIFF 数值就会大于 0。因而，在上升趋势中，MACD 指标中的 DIFF 线与其移动平均线 DEA 会运行于零轴上方，这就是 MACD 指标对于上升趋势的直观反映。

　　图 5-1 为 *ST 伊利（600887）2009 年 1 月 16 日至 2010 年 5 月 5 日期间走势图，如图所示，此股在此期间处于上升趋势中，如果我们对于趋势的运行状态无法把握的话，不妨看一下 MACD 指标线的运行形态。从 MACD 指标窗口中可以看到，在此期间的 MACD 指标线运行于零轴上方，其实 MACD 指标线的这种运行状态恰好间接地反映了均线系统中的周期相对较短的均线运行于周期相对较长的均线上方这一形态，而这种均线的运行形态正是其对上升趋势的直观体现。因而，我们说 MACD 指标线很好地继承了移动平均线反映趋势运行状态这一特点。

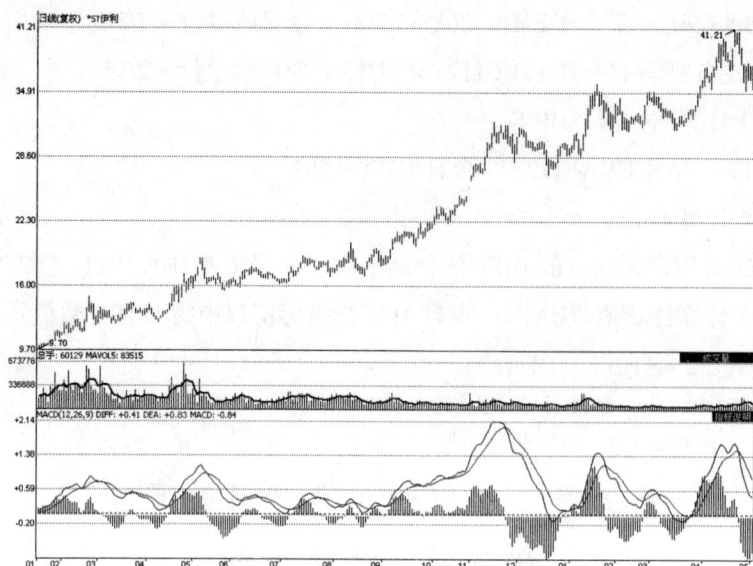

图5-1　*ST伊利上升趋势中MACD指标线运行形态示意图

图5-2为彩虹股份（600707）2008年12月2日至2010年1月19日期间走势图，如图所示，此股在此期间处于上升趋势中，在MACD指标窗口中，我们可以看到DIFF指标线与其移动平均线DEA均运行于零轴上方，而这正是MACD指标对于上升趋势的直观反映。换句话说：透过MACD指标线

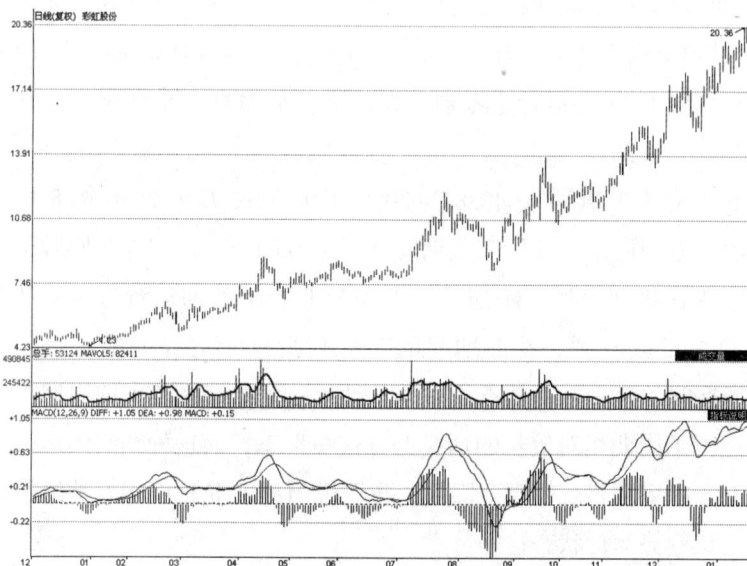

图5-2　彩虹股份上升趋势中MACD指标线运行形态示意图

运行于零轴上方这种形态，我们可以直观地了解到此股正处于上升趋势中。

图 5-3 为招商银行（600036）2007 年 12 月 27 日至 2008 年 11 月 11 日期间走势图，如图所示，此股在此期间处于下跌趋势中，与这种趋势运行状态相对应的就是 MACD 指标线运行于零轴下方这种形态。透过 MACD 指标线运行于零轴下方这种形态，我们就可以很好地识别出此股的趋势运行状态。

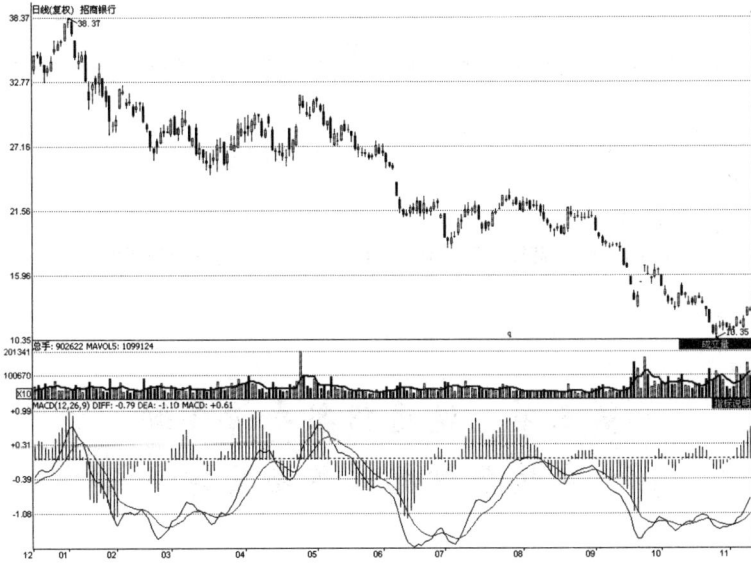

图 5-3 招商银行下跌趋势中 MACD 指标线运行形态示意图

图 5-4 为歌华有线（600037）2008 年 1 月 24 日至 12 月 3 日期间走势图，如图所示，此股在此期间处于下跌趋势中，对于这种趋势运行状态，MACD 指标线可以直观形象地反映出来，从 MACD 指标窗口中可以看到，在下跌趋势开始后及持续途中，MACD 指标线是一直运行于零轴下方的。这正是 MACD 指标线运行形态对于下跌趋势的直观反映。

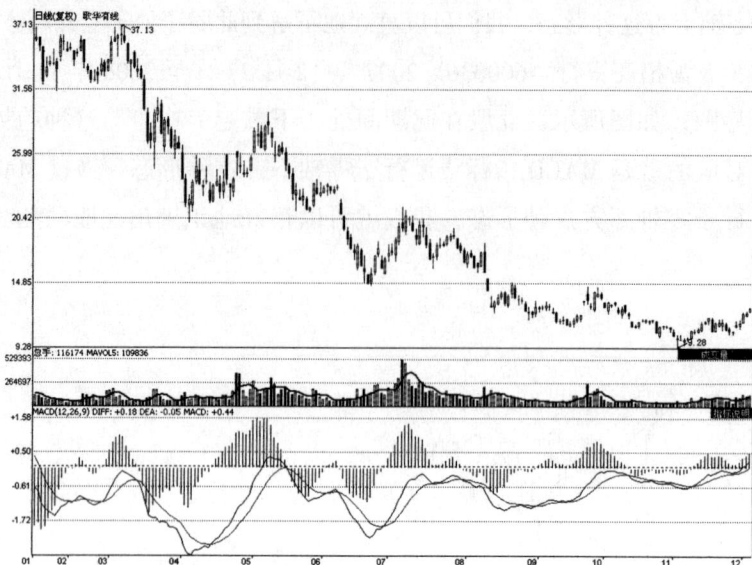

图 5-4　歌华有线下跌趋势中 MACD 指标线运行形态示意图

第三节　运用指数平滑异动平均线把握趋势的反转

运用 MACD 指标线形态的变化及其与零轴之间的位置关系，我们还可以很好地把握住趋势的转向。利用 MACD 指标线研判趋势转向时，我们可以重点关注两个要素：一是 MACD 指标线波动形态的变化，例如：个股大幅上涨或大幅下跌后，若 MACD 指标线出现"底背离"形态或"顶背离"形态，则这往往是底部或顶部即将出现的信号；二是 MACD 指标线与零轴之间位置关系的变化，例如：MACD 指标线开始由零轴下方向上穿越并站稳于零轴上方，则多是底部出现的信号，反之，则是顶部出现的信号。在实盘操作中，我们应将这两点要素结合起来进行综合分析，以此得出的结论才能不失偏颇。

首先，我们来看看如何利用底背离形态来把握个股的底部出现。当个股经历了大幅下跌之后，虽然其股价在 K 线图中出现了一谷低于一谷的走势，但是 DIFF 指标线与 DEA 指标线却没有随着股价而创出新低，反而走出了一谷高于一谷的形态，这种运行形态我们将其称之为 MACD 指标线的底背离形态。底背离形态的出现，说明市场买盘开始增强，但这并不是底部出现的准确信号，我们还需观察 DIFF 指标线与 DEA 指标线与零轴之间的位置关系如何，若 DIFF 指标线与 DEA 指标线是由零轴下方穿越至零轴上方、并站稳于零轴上方，则此时就是可靠的底部出现的信号，是我们中长线买入布局的信号。

　　图 5-5 为中江地产（600053）2008 年 3 月 12 日至 2009 年 2 月 2 日期间走势图，如图标注所示，此股在大幅下跌之后，虽然股价在一波下跌走势中又创出了新低，但是其 MACD 指标线形态却开始走高，呈现出底背离形态；随后，MACD 指标线又开始向上突破零轴，并在较长时间内稳站于零轴上方，这说明下跌趋势已趋于结束，是个股见底的信号，也是我们中长线买入布局的信号。

图 5-5　中江地产底部区的 MACD 指标线形态示意图

　　其次，我们再来看看如何利用顶背离形态来把握个股的顶部出现。当个股经历了大幅上涨之后，虽然其股价在 K 线图中出现了一峰高于一峰的走势，但是 DIFF 指标线与 DEA 指标线却没有随着股价而创出新高，反而走出了一峰低于一峰的形态，这种运行形态我们将其称之为 MACD 指标线的顶背离形态。顶背离形态的出现，说明市场卖盘开始增强，但这并不是顶部出现的准确信号，我们还需观察 DIFF 指标线与 DEA 指标线与零轴之间的位置关系如何，若 DIFF 指标线与 DEA 指标线是由零轴上方穿越至零轴下方，且在较多的时间内开始运行于零轴下方，则此时就是可靠的顶部出现的信号，是我们中长线卖出离场的时机。

图 5-6 为宁波联合（600051）2009 年 2 月 12 日至 2010 年 3 月 31 日期间走势图，如图标注所示，此股在大幅上涨之后，虽然股价在一波上涨走势中又创出了新高，但是其 MACD 指标线形态却开始走低，呈现出顶背离形态；随后，MACD 指标线又开始向下跌破零轴，并在较长时间内运行于零轴下方，这说明上升趋势已趋于结束，是个股见顶的信号，也是我们中长线离场出局的信号。

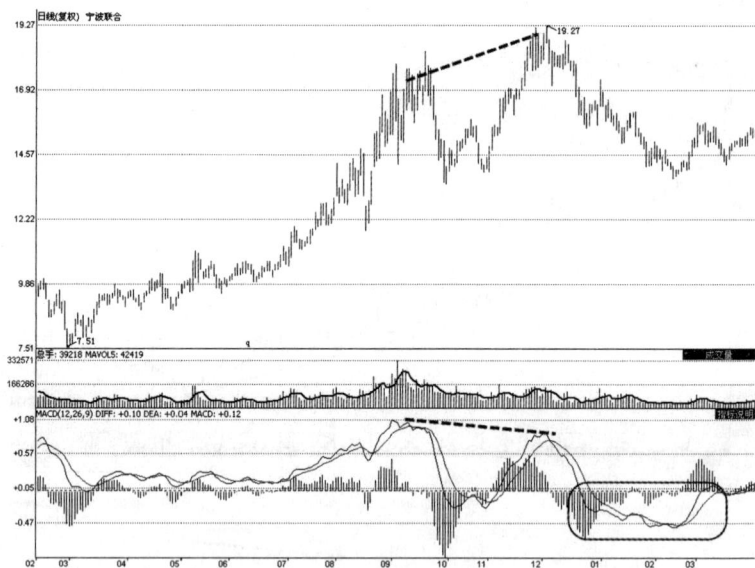

图 5-6　宁波联合顶部区的 MACD 指标线形态示意图

第四节　运用柱状线的变化把握短期买卖点

在 MACD 指标窗口，我们可以看到红、绿色的柱状线，红色柱状线出现时，表明个股或市场当前处于上涨状态；绿色柱状线出现时，则表明个股或市场当前处于下跌状态。利用红绿柱状线的变化，我们可以很好地把握价格波动过程中的短期买卖点（注：红色柱状线在零轴上方，绿色柱状线则在零线下方）。

当个股出现一波快速上涨走势时，红色柱状线的长度会逐渐增长，这说明买盘正加速涌入，正是加速涌入的买盘才促使个股快速上涨，但是买盘资源毕竟有限，随着短期内买盘力量的减弱、获利抛压的加重，个股随后就会出现回调走势，此时利用红色柱状线的变化形态，我们就可以很好地把握住短线高抛的时机。当红色柱状线无法再度增长、而开始变短时，多意味着短期内的买盘力量已开始减弱，若此时的个股正好处于一波快速上涨后的相对高位区，则此时就是短线高抛的时机。

图 5–7 为万东医疗（600055）2009 年 8 月 26 日至 12 月 24 日走势图，如图标注所示，我们可以看到，此股在一波快速上涨走势中，MACD 指标窗口的红色柱状线也快速增长，这说明买盘正加速涌入，此时可持股待涨；随后，当个股经短期的大幅上涨之后，红色柱状线开始变短，这说明买盘力量正在减弱，而抛压却在加强，是短期内卖出此股的信号。

当个股出现一波快速下跌走势时，此时绿色柱状线的长度会逐渐增长，这说明卖盘正加速涌入，正是加速涌入的卖盘才促使个股快速下跌，但是，随着短期内抛盘力量的减弱、买方力量的增强，个股随后就会出现反弹上涨走势，此时利用绿色柱状线的变化形态，我们就可以很好地把握住短线低吸的时机。当绿色柱状线无法再度增长、而开始变短时，多意味着短期内的卖盘力量已开始减弱，若此时的个股正好处于一波快速下跌后的相对低位区，则此时就是短线低吸的时机。

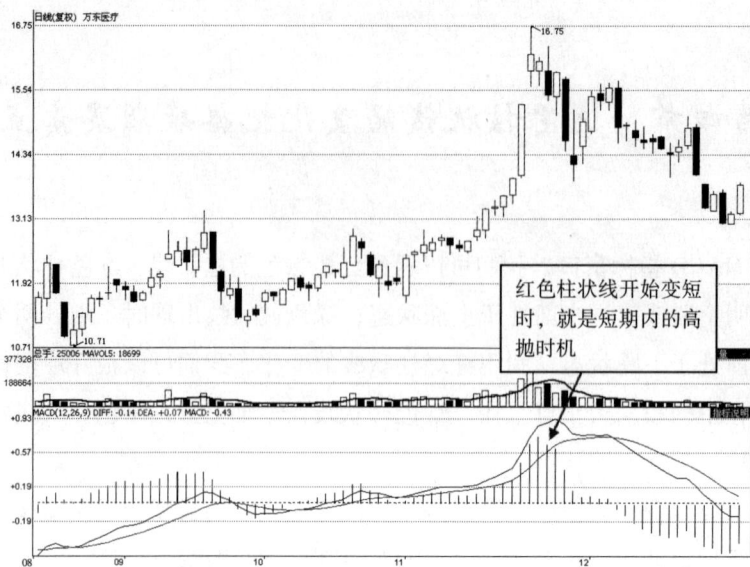

图 5-7　万东医疗上涨走势中 MACD 柱状线高抛时机示意图

图 5-8 为皖维高新（600063）2008 年 11 月 17 日至 2009 年 5 月 13 日走势图，如图所示，此股在上升途中出现了一波深幅回调走势，如图箭头标注所示，在这一波回调走势后，我们可以看到 MACD 窗口中的绿色柱状线开始逐渐变短，这说明短期内的市场抛压正在逐步减轻，一波反弹上涨走势即将

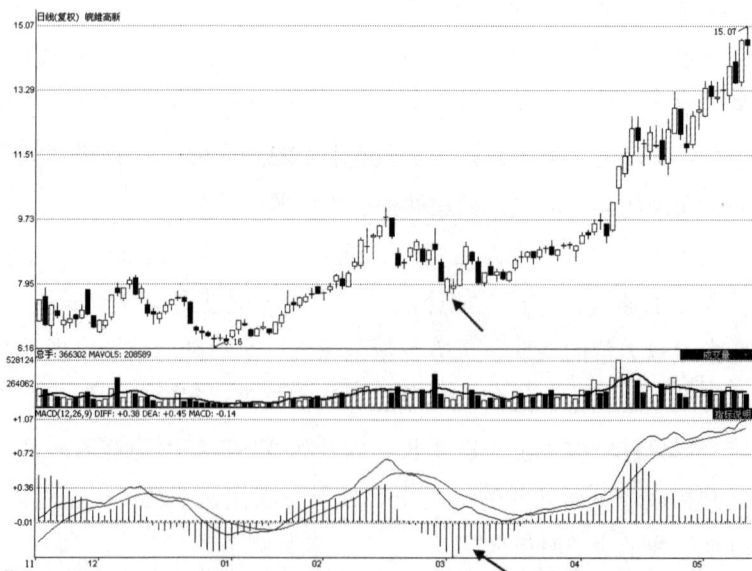

图 5-8　皖维高新回调走势下 MACD 柱状线低吸时机示意图

出现，此时就是短期内逢低买入的时机。

第五节　运用指数平滑异动平均线的交叉形态把握短期买卖点

"金叉"形态与"死叉"形态是技术指标分析法中极为重要的形态。金叉形态又可称为黄金交叉，是指周期相对较短的指标线由下向上交叉并穿越周期相对较长的指标线（同一类型的指标线），多预示着短线买入时机的出现。如果金叉形态出现在上升途中的盘整走势后、上升途中的一波回调走势后或是下跌途中的短期快速下跌走势后，即当金叉形态出现在阶段性的低点时，则是更为可靠的买入信号。

死叉形态又可称为死亡交叉，是指周期相对较短的指标线由上向下交叉并穿越周期相对较长的指标线（同一类型的指标线），多预示着短线卖出时机的出现。如果死叉形态出现在下跌途中的盘整走势后、上升途中的一波反弹上涨走势后或是上升途中的短期快速上涨走势后，即当死叉形态出现在阶段性的高点时，则是更为可靠的卖出信号。

在理解了金叉形态与死叉形态后，我们可以来具体看看 MACD 指标线的金叉形态与死叉形态。在 MACD 指标窗口中，其金叉形态是指离差值 DIFF 线由下向上穿越离差平均值 DEA 线，当 MACD 指标出现金叉形态或者是 DIFF 线出现向上拐头欲形成金叉形态时，若此时个股处于阶段性的相对低点位，则是短线的买入时机。

图 5-9 为岳阳纸业（600963）2009 年 3 月 9 日至 11 月 20 日走势图，如图所示，此股在此期间处于震荡盘升走势中，此时我们采用逢低买入的短线操作策略。如图标注所示，在一波深幅回调之后，当 MACD 指标线出现金叉形态时，意味着这一波回调走势已经结束，并预示着随即将展开一波反弹上涨走势，是短期内的买入信号。

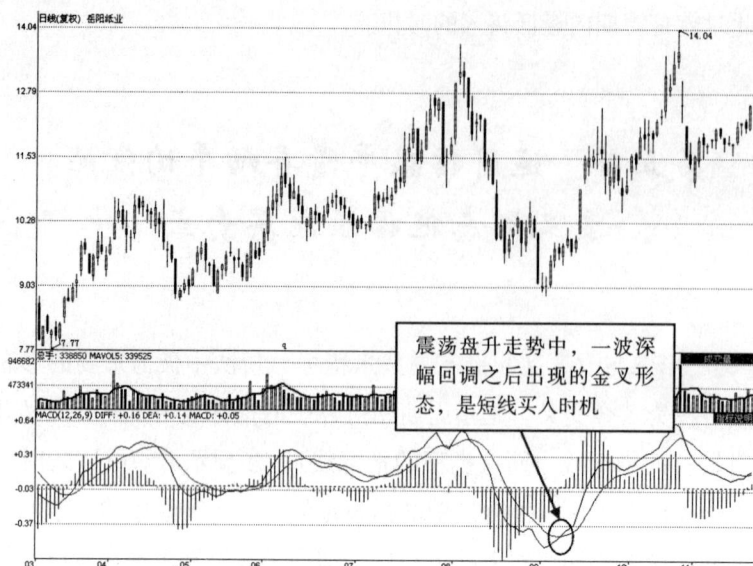

图 5-9　岳阳纸业震荡盘升走势中 MACD 指标金叉形态示意图

图 5-10 为恒源煤电（600971）2008 年 1 月 11 日至 6 月 11 日走势图，如图所示，此股在此期间处于下跌趋势中，如图标注所示，此股在短期的深幅下跌之后，MACD 指标线开始出现金叉形态，但下跌趋势中利用金叉博取反弹操作时，我们不宜在金叉形态形成之初就买入，而应等随后个股二次下探，且 DIFF 线站稳于 DEA 线上方时再介入，这样可以避免参与那些假反弹操作，毕竟下跌途中博取反弹操作的难度与风险都要更大一些。因而，在用 MACD 指标金叉形态展开短线买入操作时，我们应更为保守些，而不是盲目的激进，这与上升途中利用金叉形态买入是有所区别的，因为，在上升途中的一波回调走势后，若个股出现明显的金叉形态，则是可以大胆抄底买入的。

在 MACD 指标窗口中，死叉形态是指离差值 DIFF 线由上向下穿越离差平均值 DEA 线，当 MACD 指标出现死叉形态或者是 DIFF 线出现向下拐头欲形成死叉形态时，若此时个股处于阶段性的相对高点位，则是短线的卖出时机。

图 5-11 为南京高科（600064）2009 年 2 月 27 日至 9 月 1 日走势图，如图标注所示，此股在此期间处于上升趋势中，在一波快速上涨后，股价位于阶段性的高位区，而这时的 MACD 指标线又出现了死叉形态，此时即是我们

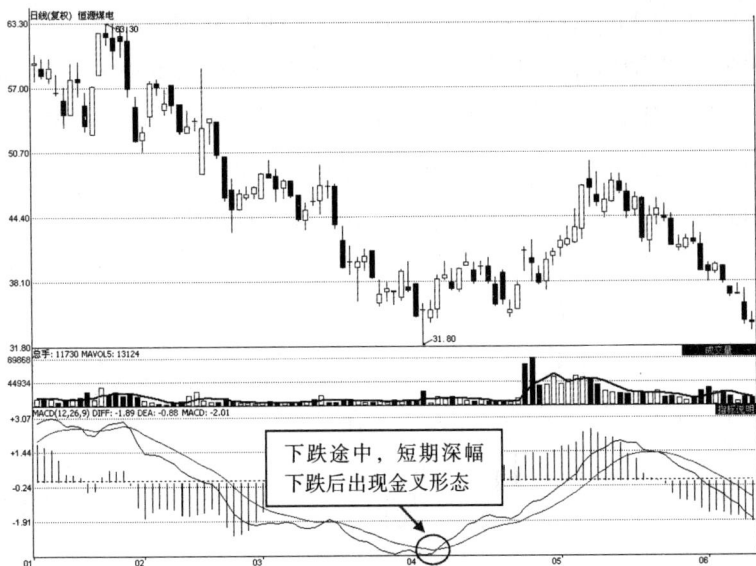

图 5-10 恒源煤电下跌途中 MACD 指标金叉形态示意图

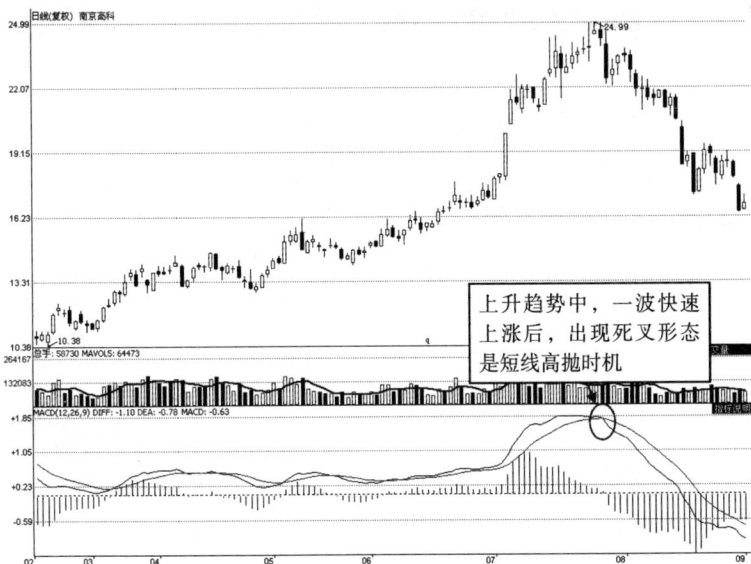

下跌途中，短期深幅下跌后出现金叉形态

图 5-11 南京高科上升趋势中 MACD 指标死叉形态示意图

上升趋势中，一波快速上涨后，出现死叉形态是短线高抛时机

短线逢高抛售的信号。但只要上升形态未被明显破坏，在实盘操作中，还应在随后的相对低点择机买回，这时可以利用回调后的金叉形态选择随后的低点买入时机。

　　图 5-12 为 XR 兴业银行（601166）2009 年 6 月 16 日至 2010 年 2 月 1 日走势图，如图所示，此股在此期间处于高位区的震荡走势中，原有的上升形态已被彻底破坏。如图标注所示，经一波震荡反弹上涨之后，MACD 指标线出现死叉形态，这说明短期内的市场抛压开始加重、买盘力量开始减弱，是随后将要出现下跌走势的征兆，也是短线卖股的信号。

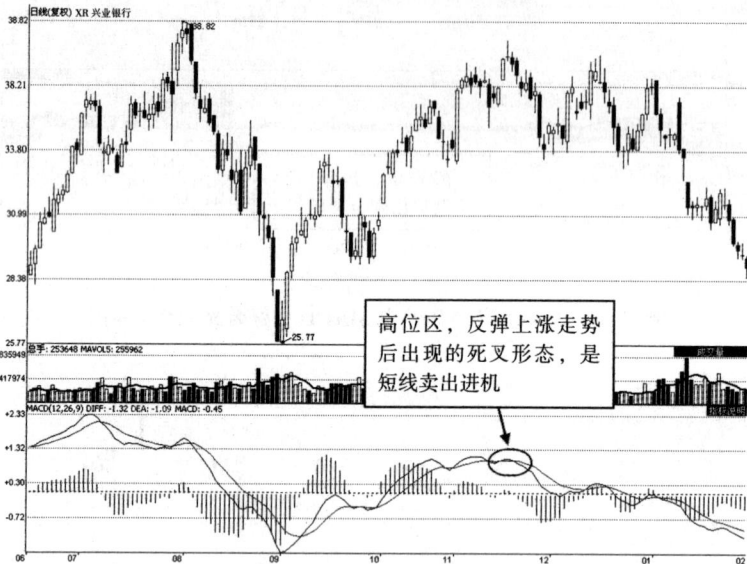

图 5-12　XR 兴业银行高位震荡区 MACD 指标死叉形态示意图

第六章　动向指标

动向指标（DMI，Directional Movement Index）也是一种用于分析趋势运行状态的指标。在前面讲解移动平均线时，我们知道，移动平均线是以收盘价的移动平均值作为分析趋势运行的依据，这种取值方法的不足之处在于它没有考虑到价格波动过程中的震荡幅度，与此不同，DMI 指标在充分考虑了价格波动过程中的震荡幅度，并通过选取"平衡点"的方式来作为研判趋势走向的依据。

第一节　理解动向指标的设计原理

动向指标（DMI）也称为动向指数、趋向指标、趋向指数，它是由美国技术分析大师威尔斯·威尔德（Wells Wilder）所创造的一种分析、研判价格中长期走势的股市技术分析指标。Wells Wilder 认为在行情发展趋向不明确时，投资者不宜盲目入场，而应静待趋势明朗时再择机买入或卖出。在对于趋势的研判上，Wells Wilder 认为价格的短期波动是向其"平衡点"靠拢的，"平衡点"会随着价格的波动而变化，通过观察"平衡点"的变化趋向，我们就可以较好地把握价格的总体运行趋势。

在股票的涨跌过程中，多空双方的力量对比情况往往会随着价格的波动而发生变化，呈现出一种由"失衡"到"均衡"、再到"失衡"的过程。例如：随着价格的一波上涨走势出现，此时，多方力量占据明显优势，这是多空双方力量对比的"失衡"状态；但随着价格短期内的走高、致使短期内的获利抛压开始增强，多方的力量就不会再占有明显优势，个股会在空方的抛压下出现回调或是盘整，此时，多空双方力量开始趋于"均衡"状态或是空方略占优势；但这种多空双方局部力量的转变并不能改变多空双方整体力量的对比情况，若个股处于上升趋势中，随后，个股仍会在多方力量的再度攻击下而出现上涨，此时，又会出现多方力量占据主导地位的"失衡"状态。正是在这种"失衡"与"均衡"状态不断转化的背景下，个股才得以走出一个完整的上升行情或下跌行情。DMI 指标正是借助于多空双方力量的变化受价格波动的影响而发生由均衡到失衡的循环过程，通过研究买方力量与卖方力量的"平衡点"的位置变化情况，而指示出趋势的运行方向。

绝大多数的技术指标都是以单一的收盘价或开盘价等数据作为分析的依据，这种方式得出的结果往往具有片面性，例如：一只个股在收盘价相同的情况下，其单日波动幅度超过 10% 与单日仅仅出现小幅波动（如 2%）其所蕴含的市场含义是明显不同的。与这些指标设计方式不同，DMI 指标还考虑了每一日的高低点之间的波动幅度，从而更加准确地反映行情的走势及更好地预测行情未来的发展变化。

在 DMI 指标窗口中，DMI 指标由四条线构成，它们分别是：上升方向指标+DI（或者表示为 PDI）、下降方向指标–DI（其中的负号仅表示方向，不表示负值，–DI 也表示为 MDI）、平均趋向指数 ADX 和它的缓动线 ADXR。一般来说，上升方向指标+DI、下降方向指标–DI、平均趋向指数 ADX 的计算周期均可以取 14 日，缓动线 ADXR 的计算周期可以取值 6 日。

下面我们来看看动向指标 DMI 的运算程序。

（1）计算当日的趋向值（DM）：

趋向指标把价格波动的趋向分为三种：上升趋向、下降趋向、无趋向。

上升趋向（+DM）=（当日的最高价）–（上一日的最低价）；这一数值为正趋向变动值。在利用上升趋向值时，我们应注意：上升趋向值必须大于 0（当日最低价与上一交易日最低价的差值的绝对值），否则 +DM 取值为 0。

下降趋向（–DM）=（当日的最低价）–（上一日的最低价），这一数值为负趋向变动值。在利用下降趋向值时，我们应注意：下降趋向值必须大于 0（当日的最高价与上一交易日最低价的差值的绝对值），否则–DM 取值为 0。

无趋向，指当日的+DM 和–DM 同时等于零。

（2）计算当日真实波幅值（TR）：

TR 指当日价格较前一日价格的最大变动值，其取值为以下三者中的最大值（取绝对值），即 TR 是 A、B、C 中的数值最大者。

A =|当日的最高价 – 当日的最低价|

B =|当日的最高价 – 前一日的收盘价|

C =|当日的最低价 – 前一日的收盘价|

（3）计算 14 日的 TR，+DM，–DM：

在选取计算周期时（即 TR、+DM、–DM 这三者的计算周期，上面我们只是计算了个股当日所产生的这三个数值，其计算周期为 1 日，这主要是为了后面方便讲解），一般是以 14 日采样作为运算的基础天数，这样，既可以避免采样天数过少造成指数摆动过于敏感的情况，也可以避免采样天数过多造成指数摆动过于平滑的情况。此时，我们用 TR14 表示这 14 天的 TR 之和，同样，±DM14 则表示为 14 天的±DM 之和。为简化计算过程，在第一个 TR14 计算出来之后，TR14 的计算方法可改为： 当日 TR14 = 上日 TR14–（上日 TR14÷14）+当日 TR，+DM14 和–DM14 的简化方法以此类推。

（4）计算上升指标+DI 和下降指标–DI：

+DI14 = +DM14 ÷ TR14

–DI14 = –DM14 ÷ TR14

（5）计算平均趋向指数 ADX：

通过前面计算得出的 DI 数值进一步求得平均趋向指数 ADX 值：

DX = [（+DI14）–（–DI14）] ÷ [（+DI14）+（–DI14）]× 100%，计算一定周期下 DX 的移动平均值——ADX，其平滑周期一般为 6 日，即：ADX = DX 的 6 日移动平均值。

（6）计算 ADX 的缓动线 ADXR 的值：

ADXR 的计算公式为：ADXR =（当日的 ADX + 前一日的 ADX）÷2。

第二节　运用上升指标+DI和下降指标–DI
把握买卖点

　　+DI曲线表明了上升趋向的强弱，–DI曲线表明了下降趋向的强弱，即+DI与价格走势方向相同，–DI则与价格走势方向相反。当价格上涨时，+DI上扬，–DI下降；当价格下跌时，+DI下降，–DI上扬。当走势维持某种趋势时，+DI和–DI的交叉突破信号相当准确，当+DI曲线快速上行时，–DI曲线多会呈下降状态，若+DI向上交叉并穿越–DI，则说明买盘力量在不断增强，是一波涨势即将出现的信号，也是我们短期内入场买股的时机；反之，当–DI曲线快速上行时，此时+DI曲线多会呈下降状态，若+DI向下交叉并穿越–DI，则说明卖盘力量在不断增强，是一波跌势即将出现的信号，也是我们短期内离场卖股的时机。

　　在运用上升指标+DI和下降指标–DI的交叉关系进行短期内买股卖股操作时，我们应关注价格当前的运行趋势是否较为明确，一般来说，在个股震荡上行的上升趋势中，运用上升指标+DI和下降指标–DI的交叉关系进行短线买股卖股操作最为准确；在下跌趋势及盘整趋势中，由于下跌趋势中的反弹行情不仅时间较短、而且也较为短促，盘整行情中的反弹上涨或下跌回调也过于快速，因而，并不是运用上升指标+DI与下降指标–DI的交叉关系买股卖股的好时机。

　　图6–1为兴业银行（601166）2008年11月4日至2009年6月9日期间走势图，如图所示，此股在此期间处于震荡上升走势中，为了便于讨论，我们只在DMI指标窗口中显示了+DI和–DI两条指标线，其中的细线为+DI指标线，粗线为–DI指标线。如图指标窗口中的圆圈标注所示，当个股经一波回调后出现+DI向上交叉并穿越–DI时，就意味着一波涨势即将开始，此时是我们展开短线买入的时机。

　　在实盘操作中，我们还可以结合价格走势灵活地运用这种交叉形态，例如：当个股经一波回调走势后，处于回调后的相对低位区，此时若出现+DI

开始上扬、–DI 开始下降的形态时，就代表多方力量已经开始增强、空方力量则开始减弱，是随后一波上涨走势即将展开的信号；随后，随着股价的上扬，+DI 必然会向上交叉–DI，因而，我们不必等+DI 和–DI 的交叉时再买入，完全可以提前布局。此外，我们也可以在+DI 向上交叉并穿越–DI 后、且站稳于–DI 上方时，再逢低买入，这时买入是更为可靠的短线买入时机，因为，+DI 运行于–DI 上方这种形态表明市场当前的多方力量强于空方力量，若此时的个股正处于一波回调后的相对低位区，则此时买入就是最好的时机。

图 6–1　兴业银行上升走势中+DI 和–DI 交叉形态示意图

图 6–2 为中国太保（601601）2008 年 11 月 23 日至 2009 年 7 月 28 日期间走势图，如图所示，此股在此期间处于上升趋势中，如图指标窗口标注，当此股在一波回调走势之后，出现了+DI 向上交叉并穿越–DI 的形态，随后+DI 站稳于–DI 上方，这种形态说明市场当前处于买方市场，多方力量强于空方力量，由于此时的个股正处于下一波回调走势后的相对低位区，因而，此时是一个极好的短线买入时机。

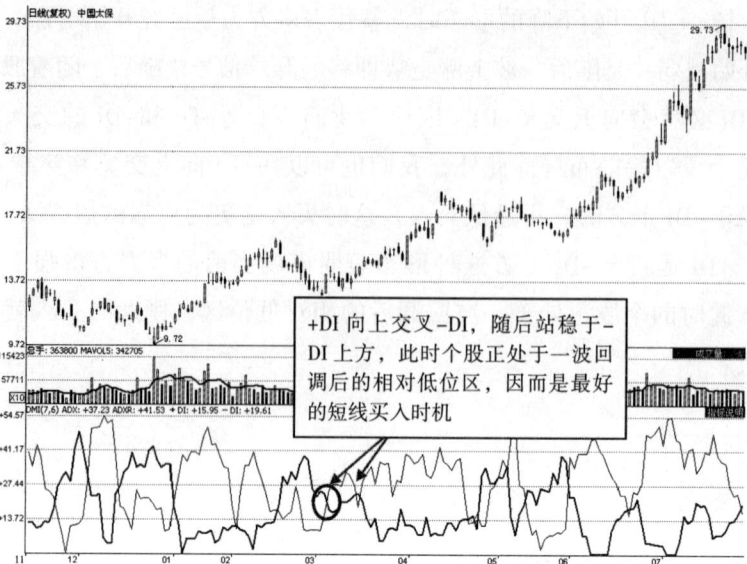

> +DI 向上交叉-DI，随后站稳于-DI 上方，此时个股正处于一波回调后的相对低位区，因而是最好的短线买入时机

图 6-2　中国太保上升走势中+DI 和-DI 交叉形态示意图

　　个股在经历了大幅上涨走势后，往往有一个顶部区的震荡筑顶过程，此时利用+DI 和-DI 的交叉形态展开短线买卖就是一种较为理想的选择。当个股在顶部区经一波深幅回调之后，若出现+DI 向上交叉并穿越-DI，往往意味着一波反弹上涨走势即将展开，是短线买入的时机；反之，若当个股经历了一波反弹上涨走势后，若出现-DI 向上交叉并穿越+DI 的形态，则多意味一波反弹走势的结束及随即展开的震荡下跌走势的出现，是短期内的卖股信号。

　　图 6-3 为平煤股份（601666）2007 年 8 月 8 日至 2008 年 4 月 2 日期间走势图，如图所示，此股在经历了大幅上涨走势后，于高位区出现了一波深幅回调走势，这种深幅回调走势打破了此股原有的上升形态。因而，我们就应意识到个股的上升趋势已经结束，取而代之的是随后即将出现的高位震荡盘整走势，此时利用指标窗口+DI 和-DI 的交叉形态，我们可以很好地把握住短线买股的时机。如图圆圈标注所示，一波深幅回调走势之后出现了+DI 向上交叉并穿越-DI 的形态，此时即是我们短线买股的最好时机。而随后一波反弹上涨走势后出现的-DI 向上交叉+DI 形态，则预示着这一波反弹上涨走势的结束，是我们短线卖股的信号。

图 6-3 平煤股份高位震荡走势中+DI 和-DI 交叉形态示意图

图 6-4 为中国铝业（601600）2009 年 3 月 12 日至 8 月 31 日期间走势图，在 DMI 指标窗口中，其中的细线为+DI 指标线，粗线为-DI 指标线。从图中走势可以看到，此股处于清晰的上升走势中，如图标注所示，在一波快速上涨走势后，出现了-DI 向上交叉并穿越+DI 指标线的形态，这说明空方

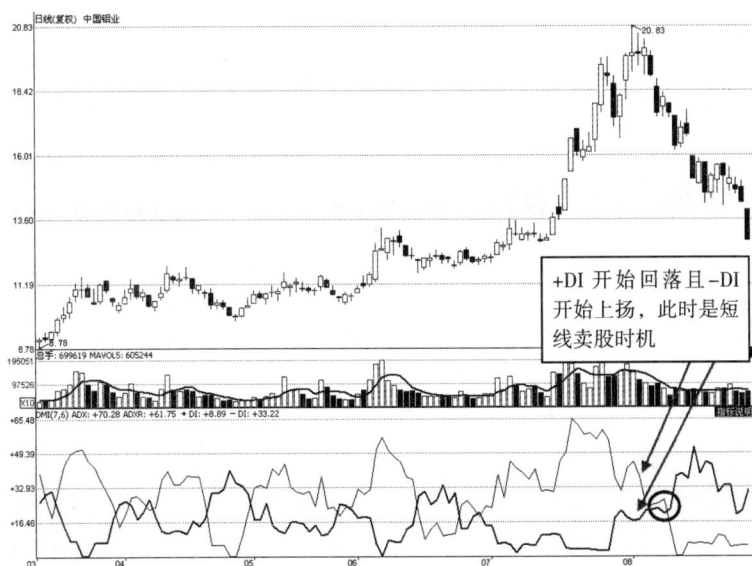

图 6-4 中国铝业上升走势中+DI 和-DI 交叉形态示意图

力量正在增强且空方力量占优，因而，当个股又正处于阶段性的高点，则一波回调走势即将展开，是我们短期内的卖股信号。

在实盘操作中，我们还可以结合价格走势灵活地运用这种交叉形态，例如：当个股经一波快速上涨走势后，处于短期快速上涨后的相对高位区，此时若出现-DI 开始上扬、+DI 开始下降的形态时，就代表空方力量已开始增强、多方力量则开始减弱，是随后一波下跌回调走势即将展开的信号；随后，随着股价的下跌，-DI 必然会向上交叉+DI，因而，我们不必等-DI 和+DI 交叉时再卖出，完全可以提前卖出。

图 6-5 为潞安环能（601699）2009 年 4 月 15 日至 8 月 28 日期间走势图，如图指标窗口标注所示，此股在一波快速上涨走势后出现了-DI 向上交叉并穿越+DI 的形态，虽然此时的个股仍处于一波快速上涨走势后的阶段性高位区，但是一波回调走势却是不可避免的，因为这种-DI 向上交叉+DI 的指标运行形态，说明空方力量已开始占据优势、而多方力量则明显不足。

图 6-5 潞安环能上升走势中+DI 和-DI 交叉形态示意图

第三节 运用 ADX 分析市场的涨跌力度

在 DMI 指标窗口中，还有一个平均趋向指数 ADX，它的主要作用是用于反映市场的涨跌力度。当价格出现一波上涨走势或是一波下跌走势时，我们都可以发现 ADX 指标线出现上扬形态，因为，ADX 指标线既可以反映上涨力度，也可以反映下跌力度，短期内的上涨力度越大或下跌力度越大，则 ADX 指标线的上扬形态就越明显。

在实盘操作中，我们可以将价格走势、ADX 指标线运行形态、+DI 和–DI 指标线运行形态三者相结合，来分析价格的后期走势，并预测股市的趋势发展方向。

当个股在相对低位区出现一波快速上涨，此时，若 ADX 指标线创出了阶段性的新高，且+DI 指标线呈现出快速上扬形态，这多说明市场的做多动能十分充足，个股上涨力度强，是价格后期仍将持续上涨的信号，也是上升趋势出现、或上升趋势仍将持续运行下去的标志。

图 6-6 为 ST 三星（000068）2008 年 4 月 15 日至 2009 年 3 月 2 日期间走势图，在 DMI 指标窗口中，我们列出了三条指标线，它们由细到粗分别为+DI、–DI、ADX，如图标注所示，我们可以看到，此股在上升途中出现了 ADX 指标线逐波走高的形态，并且在上升途中的一波快速上涨走势后，再度创出了阶段性的新高，这说明市场的做多动能非常充足，是升势仍将持续下去的信号。

在低位区的盘整走势中，若 ADX 指标反复出现快速上扬且达到阶段性高点的运行形态，而与这一形态相对的就是一波价格上涨走势，则多说明市场多方力量已占据优势，而空方力量却处于明显较弱状态，是底部区出现的标志，也是我们中长线买入布局的信号。

图 6-7 为宜华地产（000150）2008 年 7 月 29 日至 2009 年 3 月 4 日期间走势图，在 DMI 指标窗口中，我们列出了三条指标线，它们由细到粗分别为+DI、–DI、ADX，如图所示，此股在经历了前期的深幅下跌之后，于低位

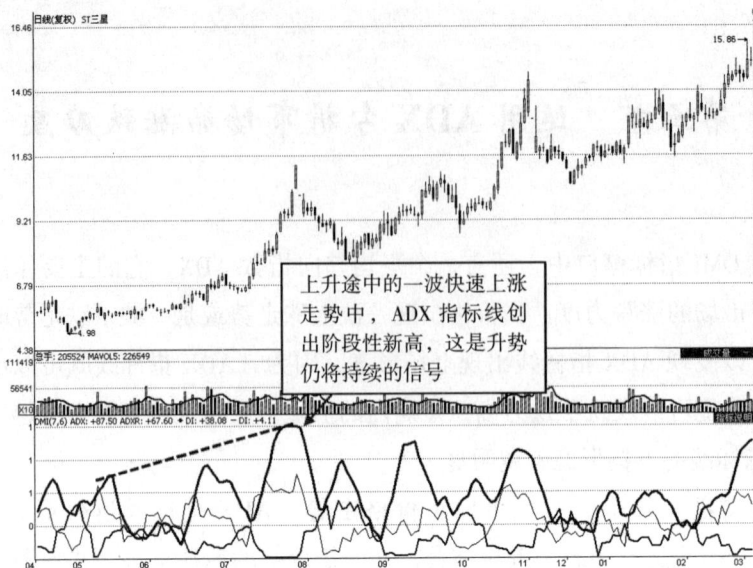

图 6-6　ST 三星上升途中 ADX 指标线运行形态示意图

图中标注：上升途中的一波快速上涨走势中，ADX 指标线创出阶段性新高，这是升势仍将持续的信号

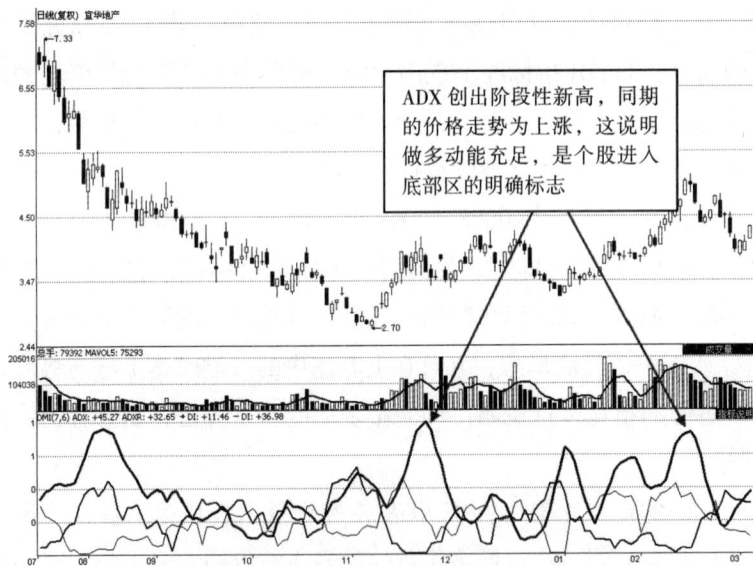

图 6-7　宜华地产底部区的 ADX 指标线运行形态示意图

图中标注：ADX 创出阶段性新高，同期的价格走势为上涨，这说明做多动能充足，是个股进入底部区的明确标志

区出现止跌企稳走势，但这一低位区的盘整走势是否是个股进入底部区的明确标志呢？透过 ADX 指标线的运行形态，我们可以一窥端倪，如图标注所示，在低位区的盘整走势中，ADX 多次创出阶段性的新高，且同期的价格走势为上涨，+DI 指标线处于上扬形态，这说明市场多方力量开始占据明显优

势，这是较为可靠的底部信号，在实盘操作中，我们可以在随后的回调走势中逢低布局。

在高位区的盘整走势中，若 ADX 指标反复出现快速上扬且达到阶段性高点的运行形态，而与这一形态相对的就是一波价格下跌走势，则多说明市场空方力量已占据优势，而多方力量却处于明显较弱状态，是顶部区出现的标志，也是我们中长线卖出离场的信号。

图 6-8 为长城电脑（000066）2007 年 8 月 8 日至 2008 年 7 月 27 日期间走势图，在 DMI 指标窗口中，我们列出了三条指标线，它们由细到粗分别为+DI、-DI、ADX，此股在经历了前期的大幅上涨走势后，于高位区出现了宽幅震荡走势。如图标注所示，在高位区的宽幅震荡走势中，ADX 多次创出阶段性的新高，但在 ADX 快速上扬且创出阶段性新高的一波走势中，个股是处于快速下跌状态的，且-DI 指标线与 ADX 指标呈同步快速上扬形态，这说明市场做空动能充足，且在这一震荡区中的做空动能明显强于做多动能，考虑到此股前期的巨大涨幅，我们有理由认为这是个股顶部区，因而，在实盘操作中，应选择逢高卖出离场的操作策略。

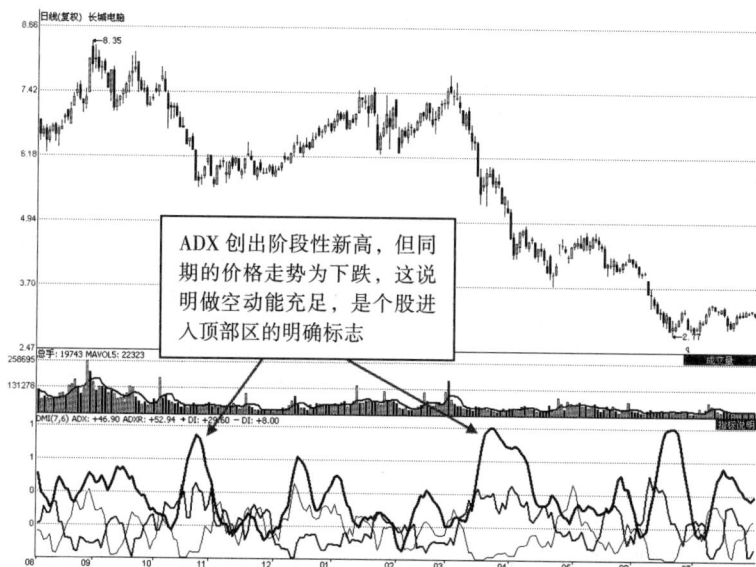

图 6-8 长城电脑顶部区的 ADX 指标线运行形态示意图

当个股在相对高位区出现一波快速下跌，此时，若 ADX 指标线创出了阶段性的新高，且－DI 指标线呈现出快速上扬形态，这多说明市场的做空动能十分强大，个股下跌力度强，是价格后期仍将持续下跌的信号，也是下跌趋势出现、或下跌趋势仍将持续运行下去的标志。

图 6-9 为南玻 A （000012）2008 年 2 月 19 日至 10 月 30 日期间走势图，在 DMI 指标窗口中，我们列出了三条指标线，它们由细到粗分别为+DI、－DI、ADX，如图标注所示，我们可以看到，此股在下跌途中的一波快速下跌走势中，ADX 指标线再度创出了阶段性的新高，这说明市场的做空动能非常充足，是跌势仍将持续下去的信号。

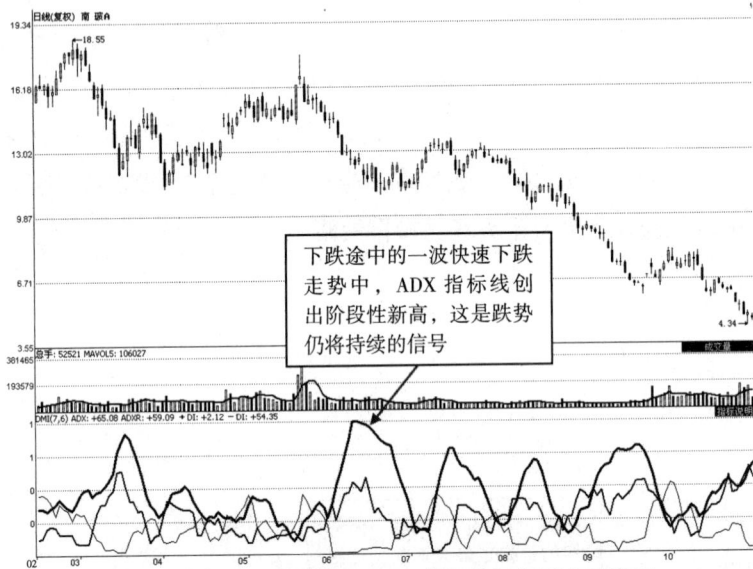

图 6-9 南玻 A 下跌途中 ADX 指标线运行形态示意图

第七章　平均线差

平均线差（DMA，Different of Moving Average）是一种中短期的技术分析指标，既适用于分析价格的总体运行趋势，也适用于分析价格的短期波动情况。它基于移动平均线系统中呈现出来的"分离—聚合—再分离"这一运行特点，通过利用两条时间周期不同的移动平均线之间的差价来判断当前买卖能量的大小，并分析预测价格的未来走势。

第一节　理解平均线差的设计原理

在前面讲解移动平均线时，我们介绍过，周期长短不一的均线在价格运行过程中往往呈现出"分离—聚合—再分离"的特性，即在价格的一波快速上涨过程中，短期均线往往会向上或向下迅速脱离中长期均线，但由于中长期均线代表了中长期的市场平均持仓成本，它对个股的走势具有较强的牵制力，因而，短期均线在快速脱离中长期均线后，还会再度向它靠拢；反之，当短期均线靠拢至中长期均线后，由于趋势的运行仍将持续，短期均线往往还会在多方力量或空方力量的推动下沿原有趋势再度运行，即短期均线再一次地与中长期均线出现分离形态。

DMA 指标正是为了更好地展现短期均线与中长期均线之间的分离程度而设计的，透过 DMA 指标线的运行形态，我们可以清晰直观地了解到两条均线之间的分离、聚合程度，进而以此来判断当前市场买盘与卖盘的强弱关系，并进行价格走势的预测。

DMA 指标的设计原理与计算方法都较为简单，在 DMA 指标窗口中，我们可以看到两条指标线，即 DDD 指标线与 AMA 指标线，其中 DDD 指标线的数值直接反映了短期均线与中长期均线之间的差值，AMA 指标线为 DDD 指标线的移动平滑值曲线。在实盘操作中，我们可以利用 DDD 指标线的运行形态及 DDD 指标线与 AMA 指标线的交叉关系来分析价格走势。

在选取移动平均线的计算周期时，DMA 指标一般以 50 日作为中长期均线的计算周期，以 10 日作为短期均线的计算周期，即 DDD = MA10 − MA50；然后，再以 10 日作为平滑周期，求出 DDD 的 10 日移动平均数值 AMA，即 AMA = DDD 的 9 日移动平均值。

第二节　运用平均线差识别"牛市"与"熊市"

"牛市"是一个价格不断走高的过程，也是一个市场平均持仓成本不断升高的过程，且计算周期较短的市场平均持仓成本会相应地高于周期相对较长的市场平均持仓成本，这体现在移动平均线的形态上就是：周期相对较短的移动平均线会运行在周期相对较长的移动平均线上方，且整个均线系统呈现出向上发散的形态。此时，计算得到 DDD 指标线数值大于零，因而，在上升趋势中，我们可以看到 DDD 指标线在零轴上方运行，这就是 DMA 指标对于上升趋势（即牛市）的直观的反映。

图 7-1 为紫江企业（600210）2008 年 11 月 6 日至 2009 年 12 月 14 日期间走势图，在 DMA 指标窗口中，我们用虚线标注了零轴所在位置区，如图所示，此股在此期间处于持续上涨的牛市状态下，因而，周期较短的均线会运行于周期较长的均线上方。这体现在 DMA 指标中，就是 DDD 指标线会持续地运行于零轴上方，透过 DDD 指标线与零轴的位置关系，我们可以对此股的趋势运行状态一览无余。

"熊市"是一个价格不断走低的过程，也是一个市场平均持仓成本不断降低的过程，且计算周期较短的市场平均持仓成本会相应地低于周期相对较长的市场平均持仓成本，这体现在移动平均线的形态上就是：周期相对较短的移动平均线会运行在周期相对较长的移动平均线下方，且整个均线系统呈

图 7-1 紫江企业上升趋势中 DMA 指标线形态示意图

现出向下发散的形态。此时，计算得到 DDD 指标线数值小于零，因而，在下跌趋势中，我们可以看到 DDD 指标线在零轴下方运行，这就是 DMA 指标对于下跌趋势（即熊市）直观的反映。

图 7-2 为中国铝业（601600）2007 年 12 月 10 日至 2009 年 1 月 19 日期间走势图，在 DMA 指标窗口中，我们用虚线标注了零轴所在位置区，如图所示，此股在此期间处于持续下跌的熊市状态下，因而，周期较短的均线会运行于周期较长的均线下方。这体现在 DMA 指标中，就是 DDD 指标线会持续地运行于零轴下方，透过 DDD 指标线与零轴的位置关系，我们可以清晰直观地了解到当前市场的趋势运行状态。

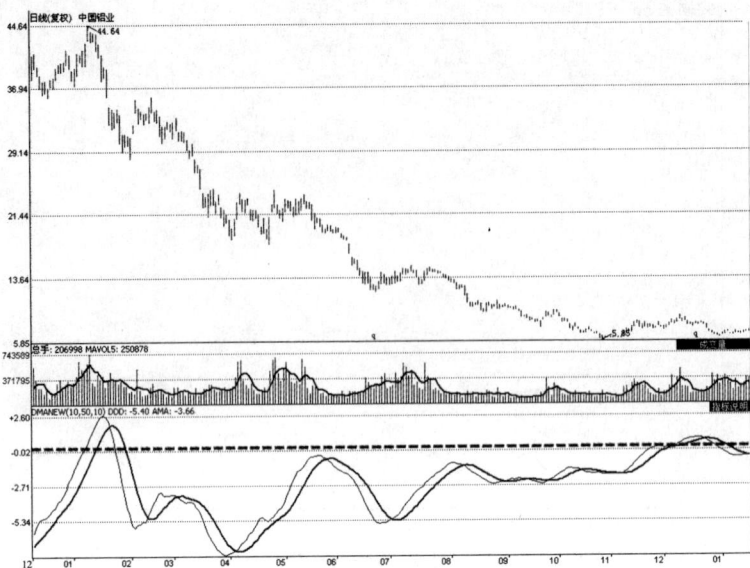

图 7-2　中国铝业下跌趋势中 DMA 指标线形态示意图

第三节　运用平均线差形态的变化把握趋势反转

利用 DMA 指标线与零轴之间的位置关系，我们不仅可以很好地识别出市场当前的趋势运行状态，还可以及时地把握住趋势的转向。

当个股经历了深幅下跌之后，若在低位区出现 DDD 指标线与 AMA 指标线由下向上穿越至零轴上方，并且在随后较长一段时间内站稳于零轴上方，则多说明市场多方力量在逐步增强，是下跌趋势见底的信号，也是我们中长线入场布局的信号。

图 7-3 为中煤能源（601898）2008 年 3 月 27 日至 2009 年 3 月 17 日期间走势图，在 DMA 指标窗口中，我们用虚线标注了零轴所在的位置区，如图所示，此股在深幅下跌后的低位区，出现了震荡止跌企稳的走势，且同期的 DDD 指标线与 AMA 指标线开始由零轴下方向上穿越至零轴上方，并且在随后较长的一段时间内站稳于零轴上方，这是下跌趋势结束的信号，也是我们中长线买股的信号。

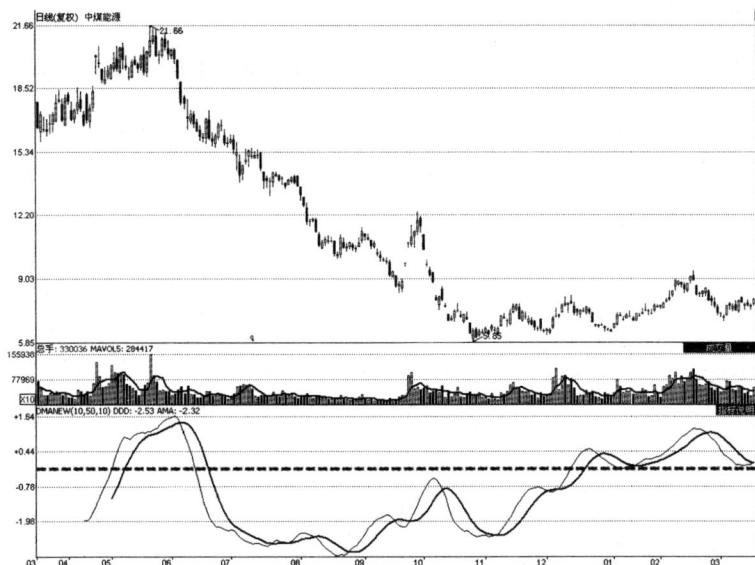

图 7-3　中煤能源熊市见底 DMA 指标线形态示意图

图 7-4 为中恒集团（600252）2007 年 10 月 17 日至 2009 年 2 月 4 日期间走势图，如图所示，此股在深幅下跌后的低位区，出现了震荡止跌企稳的走势，且同期的 DDD 指标线与 AMA 指标线开始由零轴下方向上穿越至零轴上方，并且在随后较长一段时间内站稳于零轴上方，这是下跌趋势结束的信

图 7-4　中恒集团熊市见底 DMA 指标线形态示意图

号，也是我们中长线买股的信号。

当个股经历了大幅上涨之后，若在高位区出现 DDD 指标线与 AMA 指标线由上向下穿越至零轴下方，并且在随后较长一段时间内运行于零轴下方，则多说明市场空方力量在逐步增强，是上升趋势见顶的信号，也是我们中长线离场出局的信号。

图 7-5 为 *ST 国发（600538）2009 年 1 月 7 日至 2010 年 6 月 3 日期间走势图，在 DMA 指标窗口中，我们用虚线标注了零轴所在的位置区，如图标注所示，可以看到，此股在大幅上涨后，于高位区出现震荡滞涨的走势，且同期的 DMA 指标线开始出现持续走低，出现了由零轴上方向下跌至零轴下方的形态，并且在较长时间内运行于零轴下方。这说明市场空方力量抛压正在逐步加强，考虑到此股前期的巨大上涨幅度，因而，我们可以认为这是牛市见顶的信号，也是我们中长线卖股离场的时机。

图 7-5　*ST 国发牛市见顶 DMA 指标线形态示意图

图 7-6 为天威保变（600550）2008 年 10 月 27 日至 2010 年 2 月 9 日期间走势图，在 DMA 指标窗口中，我们用虚线标注了零轴所在的位置区，如图标注所示，可以看到，此股在大幅上涨后，于高位区出现震荡滞涨的走势，并且 DMA 指标线开始持续走低且向下跌破零轴，并于随后在较长时间

图 7-6　天威保变牛市见顶 DMA 指标线形态示意图

内于零轴下方运行。这是个股筑顶的表现，也是下跌趋势即将展开的信号，在实盘操作中，我们应选择卖股离场。

第四节　运用平均线差运行形态把握短线买卖点

在 DMA 指标窗口有两条指标线，一条为 DDD 指标线，它的数值大小及运行形态直接反映了短期均线与中长期均线的分离聚合程度；另一条为 AMA 指标线，它为 DDD 指标线的移动平均曲线。利用 DDD 指标线的运行形态及与 AMA 指标线之间的交叉穿越关系，我们还可以准确地把握价格短期内的波动节奏。

在价格的一波快速上涨过程中，DDD 指标线与 AMA 指标线都会快速上扬，这说明移动平均线系统中的短期均线正快速向上脱离中长期均线，若随后 DDD 指标线开始走平或向下交叉 AMA 指标线，则多代表短期上涨走势结束，一波回调走势即将展开，是我们短期内的卖股信号。

图 7-7 为西藏天路（600326）2009 年 3 月 2 日至 8 月 18 日期间走势图，

如图所示，此股在此期间处于上升途中，如图中圆圈标注所示，在此股的一波快速上涨走势后，可以看到，出现了 DDD 指标线向下交叉并穿越 AMA 指标线的形态。这说明一波上涨走势已结束，随即展开的将是一波回调走势，此时的这种 DDD 指标线向下交叉并穿越 AMA 指标线的形态称为 DMA 指标线的死叉形态，它一般出现在个股的一波快速上涨走势后，是我们短期内的卖股信号。

图 7-7　西藏天路上升途中 DDD 指标线向下交叉 AMA 指标线示意图

图 7-8 为华发股份（600325）2009 年 4 月 28 日至 2010 年 1 月 29 日期间走势图，如图所示，此股在此期间处于高位区震荡走势中，如图中圆圈标注所示，此股在高位区间的一波反弹上涨走势后出现了 DDD 指标线向下交叉并穿越 AMA 指标线的形态。这说明阶段性的反弹上涨走势已结束，随即展开的将是一波回调下跌走势，利用 DMA 指标线的这种死叉形态，我们可以很好地把握住盘整走势中的相对高点，从而展开卖出操作。

在价格的一波快速下跌过程中，DDD 指标线与 AMA 指标线都会快速下降，这说明移动平均线系统中的短期均线正快速向下脱离中长期均线，若随后 DDD 指标线开始走平或向上交叉 AMA 指标线，则多代表短期下跌走势结束，一波反弹上涨走势即将展开，是我们短期内的买股信号。

图7-8　华发股份震荡走势中 DDD 指标线向下交叉 AMA 指标线示意图

图7-9为宏达股份（600331）2008年11月13日至2009年4月20日期间走势图，如图所示，此股在此期间处于上升途中，如图中圆圈标注所示，在此股的一波回调走势之后，可以看到，出现了DDD指标线走平且向上交叉并穿越AMA指标线的形态。这说明一波回调走势已结束，随即展开的将是新一轮的上涨走势，此时的这种DDD指标线向上交叉并穿越AMA指标线的形态称之为DMA指标线的金叉形态，它出现在个股的一波快速下跌之后，多预示着短期买股时机的出现。

图7-10为航天动力（600343）2009年1月14日至8月3日期间走势图，如图所示，此股在上升途中出现了较长时间盘整震荡走势，如图标注所示，在长期盘整走势后，出现了DDD指标线向上交叉并穿越AMA指标线的金叉形态，这是盘整走势后突破上行的信号，也是我们短线买股的好时机。

图 7-9　宏达股份上升途中 DDD 指标线向上交叉 AMA 指标线示意图

图 7-10　航天动力盘整走势后 DDD 指标线向上交叉 AMA 指标线示意图

第八章　三重指数移动平均指标

三重指数移动平均指标（TRIX，Triple Exponentially Smoothed Average），是一种主要用于研判价格中长期走势（即趋势运行情况）的指标。它以移动平均线为基础，通过对一条均线进行三次平滑处理，从而有效地忽略了价格短期波动的干扰，避免了移动平均线频繁发出假信号的缺陷，是我们在分析价格中长期走势时的有力工具之一。

第一节　理解三重指数指标的设计原理

三重指数移动平均指标（TRIX）的主要作用在于分析价格的中长期走势，属于趋势类指标中的一种。我们在前面介绍过，趋势类指标多以移动平均线为核心，同样，三重指数移动平均指标也同样是以均线为基础，但与其他指标不同的是，TRIX 指标是通过对一条移动平均线进行三次平滑处理而得到的，这种处理方法可以较好地摒弃掉价格短期波动所带来的干扰。此外，由于三重指数移动平均指标较好地保留了移动平均线所具有的呈现出趋势运行情况的优点，因而，利用三重指数移动平均指标，可以使投资者更好地看清价格的中长期走势，从而避免进行频繁交易，让投资者真正在中长期的尺度上做到顺势而为地操作。

在 TRIX 指标窗口中，我们可以看到两条指标线，其中的一条为 TRIX 指标线，它是 TRIX 指标对移动平均线进行平滑处理后所直接得到的；另一条为 TRMA 指标线，它是 TRIX 指标线的移动平均值曲线。

第二节 运用三重指数把握趋势的运行与反转

TRIX 指标是一种指示趋势运行的中长期趋势类指标，在实盘操作中，它的用法与 MACD 指标存在着较大的相似之处。在本节中，我们首先介绍如何利用 TRIX 指标来识别趋势运行状况、把握趋势转向。

在上升趋势中，移动平均线应呈现出稳步上扬的形态，此时，在 TRIX 指标窗口中，我们会看到 TRIX 指标线与 TRMA 指标线均运行于零轴上方，这就是 TRIX 指标对于上升趋势的直观反映。

图 8-1 为中恒集团（600252）2008 年 6 月 23 日至 2010 年 6 月 3 日期间走势图，在 TRIX 指标线窗口中，我们用虚线标注了零轴所在的位置区，如图所示，我们可以看到，此股在经历了 2008 年的大幅下跌走势之后，于 2009 年开始步入到上升趋势中；随后，在长达一年多的时间中，此股处于稳步的上升趋势运行中，而 TRIX 指标通过其指标线稳健地运行于零轴上方就将这一趋势运行状态直观清晰地反映了出来。透过 TRIX 指标线稳健地运行

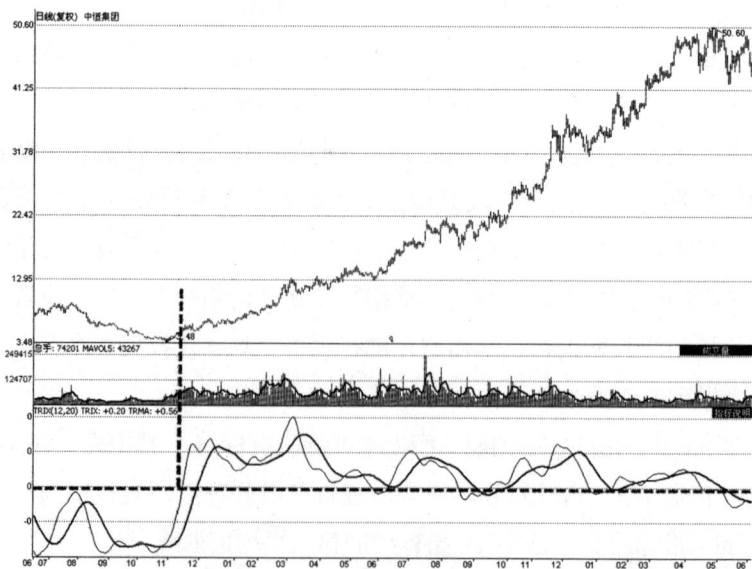

图 8-1 中恒集团上升趋势中 TRIX 指标线形态示意图

于零轴上方这一形态，我们可以很好地把握住当前上升趋势运行形态。

图 8-2 为天方药业（600253）2009 年 2 月 6 日至 2010 年 6 月 4 日期间走势图，在 TRIX 指标线窗口中，我们用虚线标注了零轴所在的位置区，如图所示，如果仅从此股的走势图中，我们在身处当时的市场环境中时，可能会较难把握此股当前的趋势运行情况，但是如果我们查看 TRIX 指标的运行形态，就可以清晰直观地看出当前的市场趋势运行形态——上升趋势，因为在此期间的 TRIX 指标一直是稳健地运行于零轴上方的，而这正是 TRIX 指标对于上升趋势的直观形象反映。

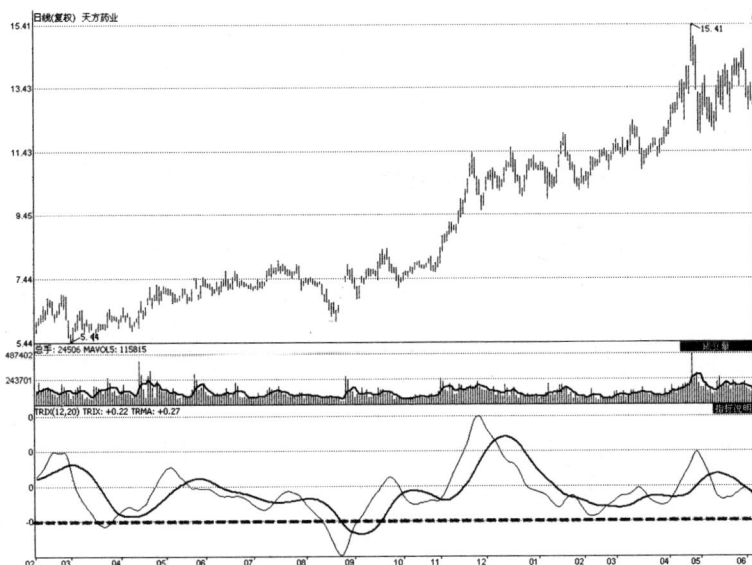

图 8-2 天方药业上升趋势中 TRIX 指标线形态示意图

在下跌趋势中，移动平均线呈现出稳步下降的形态，此时，在 TRIX 指标线窗口中，我们会看到 TRIX 指标线与 TRMA 指标线均运行于零轴下方，这就是 TRIX 指标对于下跌趋势的直观反映。

图 8-3 为首旅股份（600258）2008 年 1 月 9 日至 12 月 29 日期间走势图，在 TRIX 指标线窗口中，我们用虚线标注了零轴所在的位置区，如图所示，我们可以看到，在此期间，此股处于持续的下跌趋势运行中，而 TRIX 指标通过其指标线长期运行于零轴下方这一形态将此股的这一下跌趋势运行状态直观清晰地反映了出来。透过 TRIX 指标线稳健地运行于零轴下方的这

图 8-3　首旅股份下跌趋势中 TRIX 指标线形态示意图

一形态，我们可以很好地把握住当前的下跌趋势正是持续行进之中。

图 8-4 为凯乐科技（600260）2008 年 2 月 27 日至 12 月 2 日期间走势图，在 TRIX 指标线窗口中，我们用虚线标注了零轴所在的位置区，如图所示，我们可以看到，在此期间，此股处于持续下跌趋势运行中，与之相对的是 TRIX 指标线持续运行于零轴下方这一形态，透过 TRIX 指标线的运行形态，我们可以很好地把握住此股的趋势运行情况。

当个股经历了较长时间的上涨走势之后，前期累计涨幅较大，在高位区出现滞涨形态或是大幅度回调形态，使得上升形态被破坏，若此时的 TRIX 指标线开始由零轴上方向下跌破零轴，并在较长时间内运行于零轴下方，则多说明上升趋势已经见顶，此时即是我们中长线的卖股离场时机。

图 8-5 为大秦铁路（601006）2006 年 12 月 25 日至 2008 年 4 月 21 日期间走势图，图中用虚线标注了 TRIX 指标窗口中的零轴所在位置区，如图所示，此股在大幅上涨后，于高位区出现震荡滞涨走势，且同期的 TRIX 指标线开始在较长时间运行于零轴下方，这就是 TRIX 指标线对于顶部区的反映。

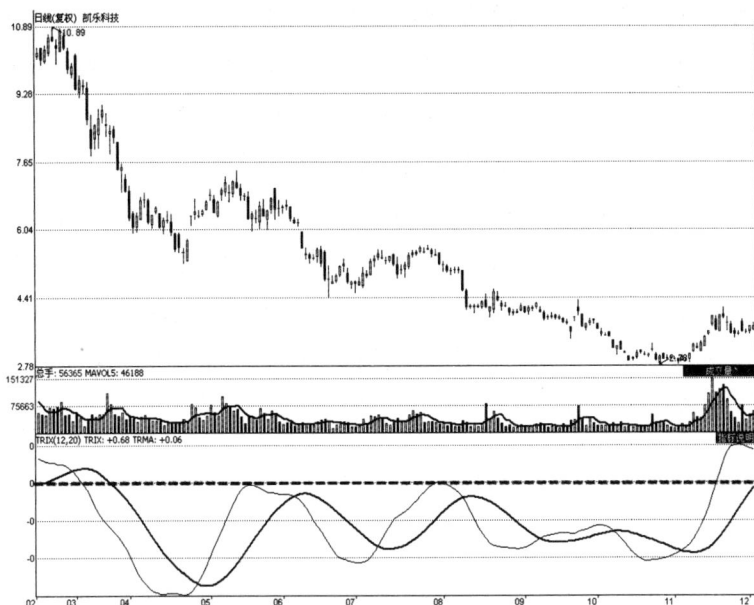

图 8-4 凯乐科技下跌趋势中 TRIX 指标线形态示意图

图 8-5 大秦铁路顶部区的 TRIX 指标线线形态示意图

当个股经历了较长时间的下跌走势之后，前期累计跌幅较大，在低位区出现了止跌形态，使得下跌形态被破坏，若此时的 TRIX 指标线开始由零轴下方向上跃升至零轴上方，并在较长时间内站稳于零轴上方，则多说明下跌趋势已经见底，此时即是我们中长线的买股布局时机。

图 8-6 为金陵饭店（601007）2008 年 3 月 6 日至 2009 年 2 月 26 日期间走势图，图中用虚线标注了 TRIX 指标窗口中的零轴所在位置区，如图所示，此股在大幅下跌后，于低位区出现震荡滞涨走势，且同期的 TRIX 指标线开始向上突破零轴，并于随后在较长时间内站稳于零轴上方，这就是 TRIX 指标线对于底部区的反映。

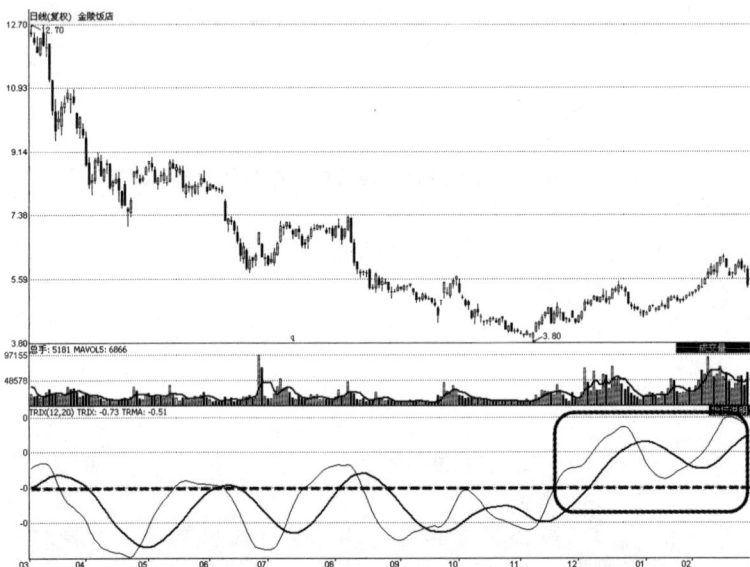

图 8-6　金陵饭店底部区的 TRIX 指标线线形态示意图

第三节　运用三重指数的交叉形态把握买卖点

我们除了可以利用 TRIX 指标线的运行形态把握趋势的总体运行特征外，还可以通过 TRIX 指标线与 TRMA 指标线之间的交叉穿越关系把握中短期的买卖点。

TRIX 指标线的金叉形态一般代表买入时机的出现，所谓的金叉形态是指 TRIX 线由下向上交叉并穿越 TRMA 线。一般来说，当金叉形态出现在个股长期大幅下跌后的低位区，或是上升途中的一波回调走势之后，或是上升途中的盘整走势之后，往往预示着新一轮升势的展开，是我们中短期的买股时机。

图 8-7 为南京银行（601009）2008 年 10 月 23 日至 2009 年 7 月 29 日期间走势图，在 TRIX 指标线窗口中，细线代表 TRIX 指标线，粗线则代表 TRMA 指标线，从图中走势可以看到，此股在此期间处于较为明确的上升趋势中，此时我们可以利用 TRIX 指标很好地把握个股新一轮涨势开始的时机。从 TRIX 指标线窗口中可以看出，此股上升途中的 TRIX 指标线金叉形态并不常出现，而一旦 TRIX 指标线的金叉形态出现，则就是很好的中短线入场买入时机，因为，它标志着升势将再度展开。

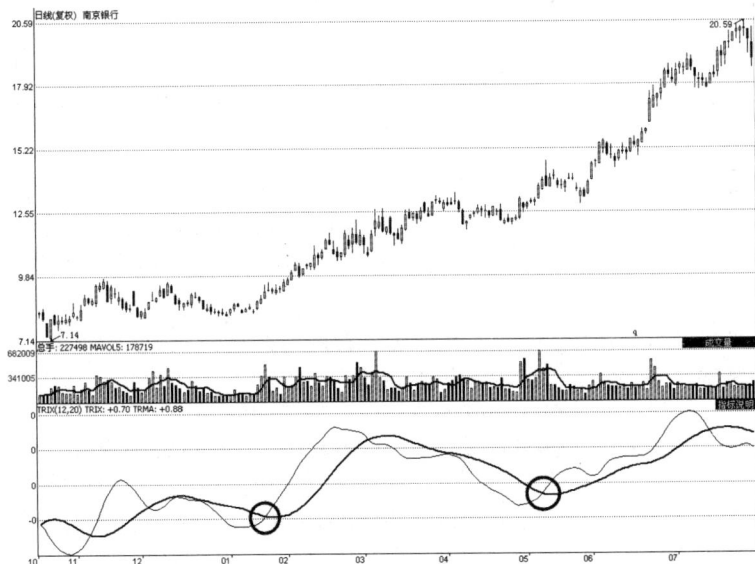

图 8-7 南京银行上升途中 TRIX 指标线金叉形态示意图

利用 TRIX 指标线的交叉形态，我们还可以在上升趋势启动初期及时入场布局，当个股在经历了深幅下跌之后，若出现了止跌回升的形态，且 TRIX 指标线出现二次金叉形态，则意味一轮上升行情即将展开，是我们中长线买入的信号。所谓的二次金叉形态是指，深幅下跌后的第一次金叉形态使得个股出现止跌回升走势，随后，TRIX 指标线开始运行于零轴上方，这说明市场多方力量开始强于空方力量，是下跌趋势见底的信号，再随后，TRIX 指标线在经过一段时间的震荡之后，再度出现了 TRIX 线向上交叉穿越TRMA 线的金叉形态。这就是 TRIX 底部区的二次金叉形态，它预示着一轮上涨行情即将出现。

图 8-8 为兴业银行（601166）2008 年 5 月 15 日至 4 月 29 日期间走势图，如图所示，此股在经历了深幅下跌走势之后，于底部区出现了 TRIX 指标线二次金叉的形态，这是个股新一轮上涨行情即将展开的信号，也是我们中长线入场布局买入的信号。

图 8-8　兴业银行底部区的 TRIX 指标线二次金叉形态示意图

TRIX 指标线的死叉形态一般代表卖出时机的出现。所谓的死叉形态是指，TRIX 线由上向下交叉并穿越 TRMA 线。一般来说，当死叉形态出现在个股长期大幅上涨后的高位区，或是下跌途中的一波反弹上涨走势之后，或是下跌途中的盘整走势之后，往往预示着新一轮跌势的展开，是我们中短期的卖股时机。

图 8-9 为紫江企业（600210）2006 年 12 月 5 日至 2007 年 6 月 29 日期

间走势图，在 TRIX 指标线窗口中，细线代表 TRIX 指标线，粗线则代表 TRMA 指标线，从图中走势可以看到，此股在大幅上涨后的高位区出现了 TRIX 指标线由上向下交叉并穿越 TRMA 指标线的死叉形态。这一形态出现在持续上涨后的高位区，是一轮大幅下跌走势即将展开的信号，从图中走势可以看出，虽然此股在这一死叉形态出现后，再度出现了一小波上涨走势，但随后很快就出现了大幅下跌行情，而 TRIX 指标线的死叉形态无疑很好地提前预示了此股随即展开的下跌行情。

图 8-9 紫江企业大幅上涨后高位区的 TRIX 指标线死叉示意图

利用 TRIX 指标线的交叉形态，我们还可以在下跌趋势启动初期及时卖出离场，当个股在经历了大幅上涨走势之后，若出现了震荡滞涨的形态，且 TRIX 指标线出现二次死叉形态，则意味着一轮大跌行情即将展开，是我们中长线卖出的信号。所谓的二次死叉形态是指，大幅上涨后的第一次死叉形态使得个股出现滞涨走势；随后，TRIX 指标线开始跌破零轴，这说明市场空方力量开始强于多方力量，是上升趋势见顶的信号；再随后，TRIX 指标线在经过一段时间的震荡之后，再度出现了 TRIX 线向下交叉穿越 TRMA 线的死叉形态。这就是 TRIX 顶部区的二次死叉形态，预示着一轮大跌行情即将出现。

图 8-10 为中国石化（600028）2009 年 2 月 23 日至 2010 年 6 月 4 日期间走势图，如图所示，此股在经历了大幅上涨走势之后，于高位区出现了长期的震荡滞涨走势，这使得前期的上升形态被彻底破坏，那么，此股在这种长期的盘整走势之后，其运行方向是继续突破上行，还是反转向下呢？透过TRIX 指标线的交叉关系，我们对此可提前把握，如图标注所示，此股在横盘震荡走势中出现了二次死叉的形态，这是个股一轮下跌行情即将展开的信号，也是我们中长线离场出局的信号。

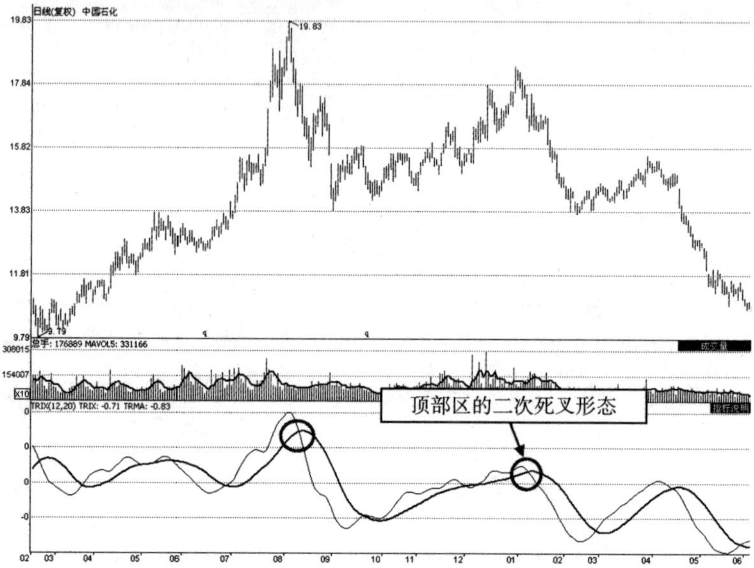

图 8-10　中国石化顶部区的 TRIX 指标线二次死叉形态示意图

第九章 随机摆动指标

随机摆动指标（KDJ），顾名思义，它是一种摆动类指标。与我们前面介绍过的主要用于研判趋势运行状态的移动平均线（MA）、指数平滑异动平均线（MACD）等指标不同，随机摆动指标（KDJ）并不用于分析趋势的运行状态，而主要用于分析市场短期内的超买超卖情况，从而指导投资者进行短线的高抛低吸操作。在持续的升势或持续的跌势中，KDJ指标并不能发挥什么作用，但是在盘整震荡走势中，它则是短线高抛低吸操作中最得力的工具之一。

第一节 理解随机摆动指标的设计原理

由乔治·蓝恩博士（George Lane）发明并最早提出的KDJ指标起初用于分析期货市场的价格走势，该指标融合了动量观念、强弱指标和移动平均线的一些优点，用来考查当前价格脱离正常价格波动范围的程度。KDJ指标主要是以"平衡位置"为理论核心，通过观察价格在短期内脱离"平衡位置"的程度，从而明确市场短期内的超买超卖情况，以此作为研判价格波动的依据。

对于摆动类指标来说，它的基本原理就是捕捉整理行情，一定幅度（强度）的上涨就是卖出的理由，一定幅度（强度）的下跌就是买入的理由。在股票行情软件中的KDJ指标窗口中，我们可以看到，无论行情是上升还是下降或是平台震荡，KDJ指标窗口的三条指标线（K线、D线、J线）总是在一个相对平衡的位置两侧来回地波动，它的这一形态，正反映了KDJ指标的核心，价格的任何波动都将向其"平衡位置"回归。当然这个"平衡位置"所代表的价格并不是一成不变的，它是会随着价格的运作方向不断变换的，但体现在KDJ指标窗口，这一"平衡位置"就转化为"不动"的数值50所在位置区。

KDJ指标在计算中主要是研究最高价、最低价与收盘价之间的关系，通过一段时期内出现过的最高价、最低价及当日收盘价来计算出K值和D值。在分析中通过将K值连成快速的K线、将D值连成慢速的D线，以此来进行共同研判，另外又引入了考查二者位置关系的J线。下面我们来介绍KDJ指标的计算方法。

KDJ指标在计算过程中，首先要计算周期内反映多空力量对比情况的未成熟随机值RSV，然后再计算K值、D值、J值等。关于KDJ的周期有两个概念，一个是KDJ指标的周期，即KDJ选择几天作为样本，一般行情软件中设置的默认值为9天；另一个是进行平滑计算时选用几天作为周期，一般选择3天作为平滑移动平均线的周期。

下面KDJ数值的计算中以KDJ指标的周期9天为例，计算过程如下：

（1）计算未成熟随机值RSV：

RSV =（今日收盘价 – 最近9天的最低价）÷（最近9天的最高价 – 最近9天的最低价）× 100

（2）计算K值、D值与J值：

当日K值 =（2/3 × 前一日K值）+（1/3 × 当日RSV值）

当日D值 =（2/3 × 前一日D值）+（1/3 × 当日K值）

若无前一日K值与D值，则可分别用50来代替。

注意：等式中的平滑因子1/3和2/3是可以人为选定的，但是目前已经默认约定为1/3和2/3。在期货分析软件中，平滑因子已经被设定为1/3和2/3，不需另作改动。

J指标的计算公式为：J =（3 × 当日K值）–（2 × 当日D值）

最早的KDJ指标只有两条线，即K线和D线，指标也被称为KD指标，随着分析技术的发展，才引入了辅助指标J线，J值的实质是反映K值和D值的乖离程度，从而领先K值和D值找出头部或底部，进而提高了KDJ指标分析行情的能力。

第二节　运用随机摆动数值大小把握短期买卖点

KDJ 指标的主要作用就是分析指标市场短期内的超买、超卖情况，而 KDJ 指标的数值大小正是指标这一情况的最直接体现。根据 KDJ 指标的计算方法，我们可以得知：K 值与 D 值都在 0~100 的区间内波动，其中的数值 50 为多空均衡线，一般来说，当 K、D、J 三值在 50 附近时，表示多空双方力量处于均衡状态。

在实盘操作中，我们主要关注 K 线与 D 线脱离这一均衡位置 50 的程度，一般来说，若价格的一波快速上涨使得 K 值和 D 值都超过 75 时，这多表明市场短期内的多方力量已释放完毕，是市场短期内处于超买状态的表现，也是我们短期内的卖股信号；反之，若价格的一波快速下跌使得 K 值和 D 值都低于 25 时，这多表明市场短期内的空方力量已释放完毕，是市场短期内处于超卖状态的表现，也是我们短期内的买股信号。当然，在实盘操作中，我们还要结合价格整体运行情况来把握短线买卖点，例如：如果个股处于持续上升的走势中，此时均线呈明确的多头排列形态，若此时个股仅仅出现了小幅度的上涨就使得 KDJ 指标数值处于超买状态，则这时的 KDJ 指标数值是"失真"的，它并不是指导我们卖出个股的信号；同样，如果个股处于持续下跌的走势中，此时均线呈明确的空头排列形态，若此时个股仅仅出现了小幅度的下跌就使得 KDJ 指标数值处于超卖状态，则这时的 KDJ 指标数值也依然是"失真"的，它并不是指导我们短期买入个股的信号。下面我们结合实例来看看如何利用 KDJ 指标数值的大小展开短线买卖操作。

图 9-1 为柳工（000528）2009 年 2 月 16 日至 9 月 29 日期间走势图，在 KDJ 指标窗口，由细到粗的三条指标线分别为 J 线、K 线、D 线，如图所示，此股在震荡盘整走势中的一波快速上涨走势后，K 线与 D 线均快速上行，且使得 K 值与 D 值均超过了 75，这反映出市场短期内正处于超买状态下，是随后一波回调走势即将展开的信号，也是我们短线逢高卖股的信号。

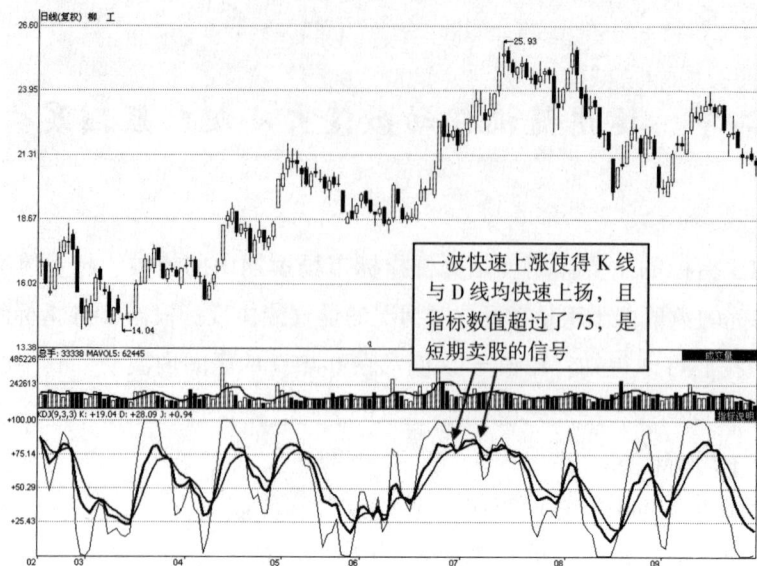

图 9-1　柳工 KDJ 指标短期超买状态示意图

　　图 9-2 为力合股份（000532）2009 年 3 月 19 日至 9 月 30 日期间走势图，在 KDJ 指标窗口，由细到粗的三条指标线分别为 J 线、K 线、D 线，如图所示，此股在一波快速上涨走势后，K 线与 D 线均快速上行，且使得 K 值与 D 值均超过了 75，这反映出市场短期内正处于超买状态下，是我们短期

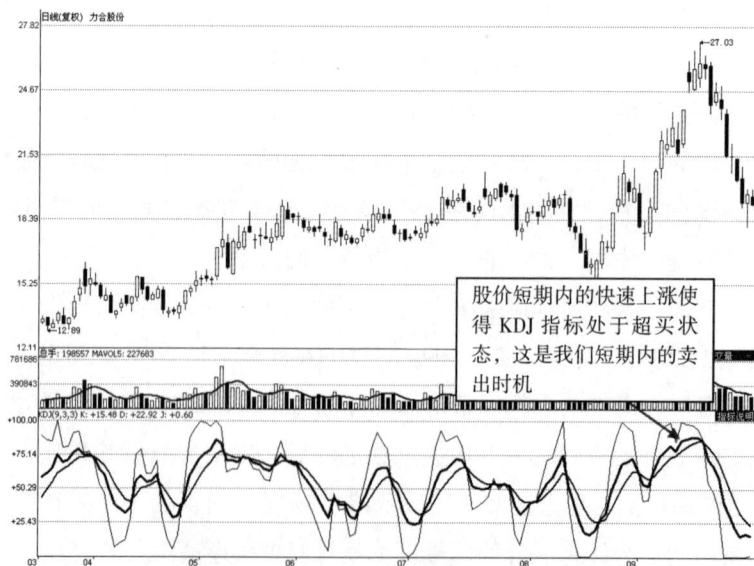

图 9-2　力合股份 KDJ 指标短期超买状态示意图

内的卖股信号。

图9-3为中天城投（000540）2009年4月21日至2009年10月21日期间走势图，如图箭头标注所示，此股在一波持续回调下跌走势后，K值与D值均处于数值25的下方，这说明市场短期内已处于超卖状态，可以视作我们短期买股的时机。

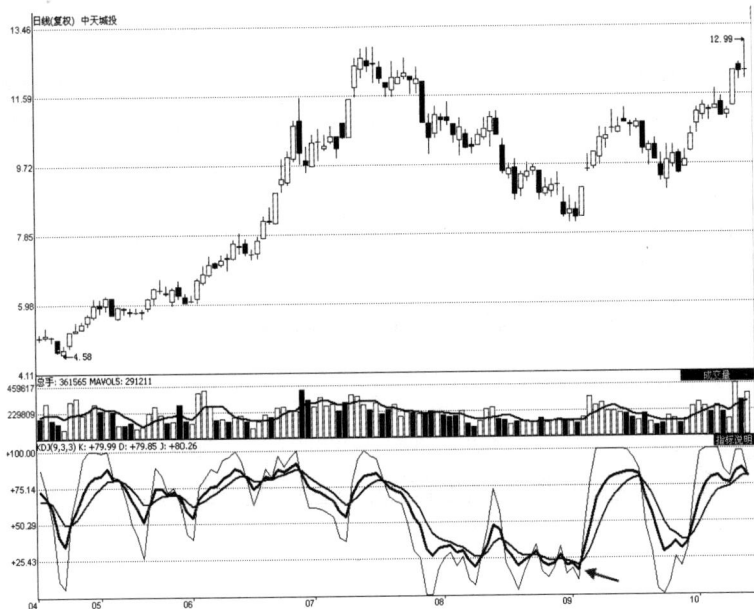

图 9-3　中天城投 KDJ 指标短期超卖状态示意图

图9-4为皖能电力（000543）2009年2月17日至11月20日期间走势图，如图所示，此股在相对高位区的运行之中出现了一波快速回调走势，如图箭头标注所示，这使得个股短期内处于明显的超卖状态，是我们短线买股的好时机。

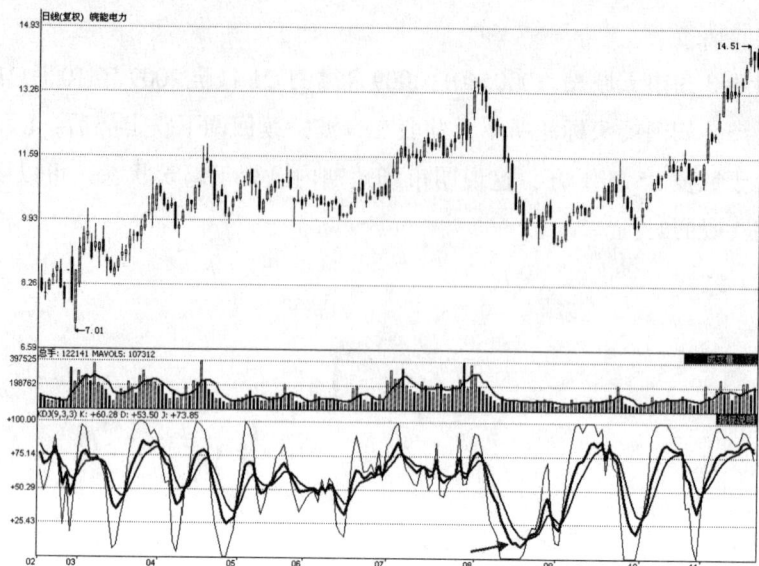

图 9-4　皖能电力 KDJ 指标短期超卖状态示意图

第三节　运用随机摆动交叉形态把握短期买卖点

　　J 值是个辅助指标，反映 K 值和 D 值的乖离程度，从而领先 K 值和 D 值找出头部或底部。最早的 KDJ 指标只有两条线，即 K 线和 D 线，指标也被称为 KD 指标，随着分析技术的发展，KD 指标逐渐演变成 KDJ 指标。从KDJ 指标窗口中，我们可以看到 J 线的波动频率及速度要明显快于 K 线与 D线，在实盘操作中，我们还可以利用这三条指标线之间的交叉关系来进行短线买卖操作。

　　当 J 线由下向上交叉并穿越 K 线与 D 线时称之为 KDJ 指标线金叉形态。一般来说，若金叉形态出现在个股短期内的一波快速下跌走势之后（如上升途中的一波快速回调走势之后、下跌途中的一波短期大幅下跌走势之后或是盘整震荡中的一波震荡下跌走势之后），多代表了短期内的买股信号。

　　图 9-5 为光华控股（000546）2009 年 9 月 4 日至 2010 年 5 月 5 日期间走势图，如图所示，此股在经过了前期的持续上涨走势后，于相对高位区出

现了盘整震荡走势，如图中箭头标注所示，此股在一波震荡回调走势后（即盘整走势中的相对低位区）出现了一个 J 线由下向上交叉并穿越 K 线与 D 线的 KDJ 指标线金叉形态，此时即是我们短线买股的时机。

图 9-5 光华控股盘整震荡中的 KDJ 指标线金叉形态示意图

图 9-6 为威孚高科（000581）2008 年 12 月 24 日至 2009 年 5 月 15 日期间走势图，如图所示，我们可以看到此股在此期间处于稳健的上升趋势中，此时，利用 KDJ 指标线的金叉形态，我们可以很好地把握住个股一波回调走势结束的时机，并在下一波涨势开始时介入。如图箭头标注所示，当此股经一波回调走势后出现 KDJ 指标线的金叉形态时，就是我们回调时的最好买入时机。

当 J 线由上向下交叉并穿越 K 线与 D 线时称之为 KDJ 指标线死叉形态。一般来说，若死叉形态出现在个股短期内的一波快速上涨走势之后（如上升途中的一波快速上涨走势之后、下跌途中的一波反弹上涨走势之后或是盘整震荡中的一波震荡上扬走势之后），多代表了短期内的卖股信号。

图 9-7 为东北电气（000585）2009 年 5 月 21 日至 2010 年 1 月 23 日期间走势图，此股于相对高位区出现了盘整震荡走势，如图中箭头标注所示，此股在一波震荡反弹上涨走势后（即盘整走势中的相对高位区）出现了一个

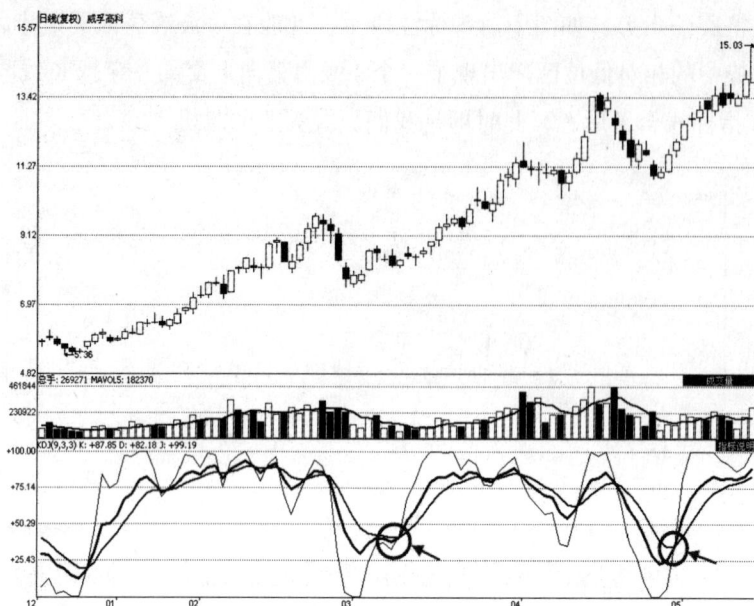

图 9-6　威孚高科上升途中回调走势后的 KDJ 指标线金叉形态示意图

图 9-7　东北电气盘整震荡中的 KDJ 指标线死叉形态示意图

J 线由上向下交叉并穿越 K 线与 D 线的 KDJ 指标线死叉形态，此时即是我们短线卖股的时机。

图 9-8 为东北电气（000585）2008 年 1 月 28 日至 8 月 29 日期间走势图，此股在此期间处于明确的下跌趋势中，如图中箭头标注所示，此股在下跌途中的一波反弹上涨走势后所出现的 KDJ 指标线死叉形态多意味着短期内的反弹行情结束，是我们短线内的卖股信号。

图 9-8 东北电气下跌途中反弹后的 KDJ 指标线死叉形态示意图

第十章　动量指标

动量指标（MTM，Momentom Index）基于物理学中的动量原理，它是一种测量价格涨跌速度的技术工具，通过研究股价在运动过程中的各种加速、减速、由静到动或由动转静等惯性现象，来作为判断价格中短期走势的一种工具。

第一节　理解动量指标的设计原理

要想更好地理解动量指标（MTM），我们应首先来看看物理学中的动量是什么？在物理学中，动量是矢量的一种，矢量包括两个因素：大小与方向，它通常用于描绘物体的行进速度，其方向就是即时速度的方向，大小则代表即时速度值的大小。物理学中，动量表示为：物体质量与速度的乘积，动量越大的大物体，则其所具有的能量也越大，其沿某一方向运行的距离往往也越大。借用物理学中动量这一概念，我们同样可以把价格的运动方式以"动量"的方式表现出来，股市中的动量指标以分析股价波动的速度为目的，研究股价在波动过程中各种加速、减速、惯性作用以及股价由静到动或由动转静的现象。

动量指标的理论基础是价格走势与供求关系具有明显的正相关性，当市场处于求大于供的状态时，价格会呈现出上涨走势，若这种供求失衡关系较为明显（即买盘力量显著地强于卖盘力量），这时市场的向上动量就会较为充足，价格的上涨速度就会较快；反之，当市场处于供大于求的状态时，价格会呈现出下跌走势，若这种供求失衡关系较为明显（即卖盘力量显著地强于买盘力量），这时市场的向下动量就会较为充足，价格的下跌速度就会较快。动量指标就是这样通过计算价格波动的速度，来预示价格进入强势的高峰还是转入弱势的低谷。股市的动量表示方法较为简单，动量指标是利用两个交易日收盘价之差的绝对值来反映价格在这段时间的涨跌速度，这种涨幅速度也就是股市或个股的动量大小，它间接地体现出股市的涨跌能量如何，很明显，沿某一方向的动量值越大，则随后它沿这一方向运行的惯性力也就越大。动量指标（MTM）的当日数值 Mt 是当日的收盘价 Ct 与 n 日前的收盘价 Ct-n 之差：$Mt = Ct - Ct-n$。

在动量指标（MTM）的指标窗口中，我们可以看到两条指标线，一条是MTM 指标线，它由 Mt 数值构成，$Mt = Ct - Ct-n$，一般来说，这两个收盘价之间的时间间隔为 6 个交易日；另一条是 MTMMA 指标线，它是 MTM 指标线的 6 日移动平均值曲线，是对 MTM 指标线所进行的一种平滑处理。

第二节　运用动量指标识别趋势的运行

在上升趋势中，市场中的多方力量会占据主导优势，市场处于较为强势的状态下，上升趋势是一个价格在总体上持续走高的过程，一般来说，个股或市场在 6 个交易日后的收盘价会高于这一交易日的收盘价。根据 MTM 指标的计算方法，可知，MTM 指标值在大多数的情况下会大于零，即 MTM 指标线在绝大多数时间内会较为平稳地运行于零轴上方，这就是 MTM 指标线对于上升趋势的直观反映。

图 10-1 为黔轮胎 A（000589）2008 年 12 月 16 日至 2009 年 12 月 8 日期间走势图，在 MTM 指标窗口中，我们用虚线标注了零轴所在位置区，如图所示，我们可以看到，当此股开始步入到上升趋势中后，其 MTM 指标线就开始稳健地运行于零轴上方，这说明市场当前正处于多方力量占据主导优势的状态下。可以说，只要 MTM 指标线仍然可以稳健地运行于零轴上方，则我们就可以采取积极的持股待涨的中长线操作策略。利用 MTM 指标线的运行形态，我们不仅可以很好地识别出趋势的运行形态，还可以很好地把握

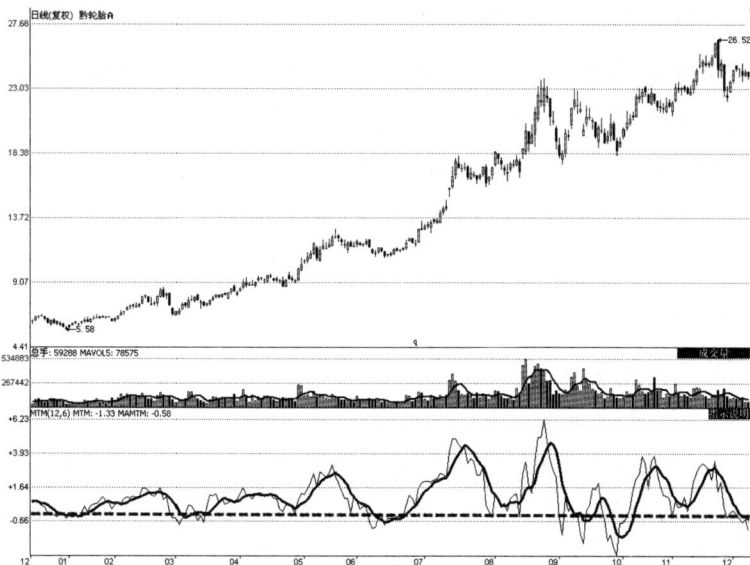

图 10-1 黔轮胎 A 上升趋势中 MTM 指标线形态意图

住趋势的运行并辅导我们的实盘操作。

图 10-2 为韶能股份（000601）2008 年 11 月 25 日至 2009 年 8 月 7 日期间走势图，图中用虚线标注了 MTM 数值为零的位置区，如图所示，我们可以看到，在此期间的 MTM 指标线稳健地运行于零轴上方。而这正是 MTM 指

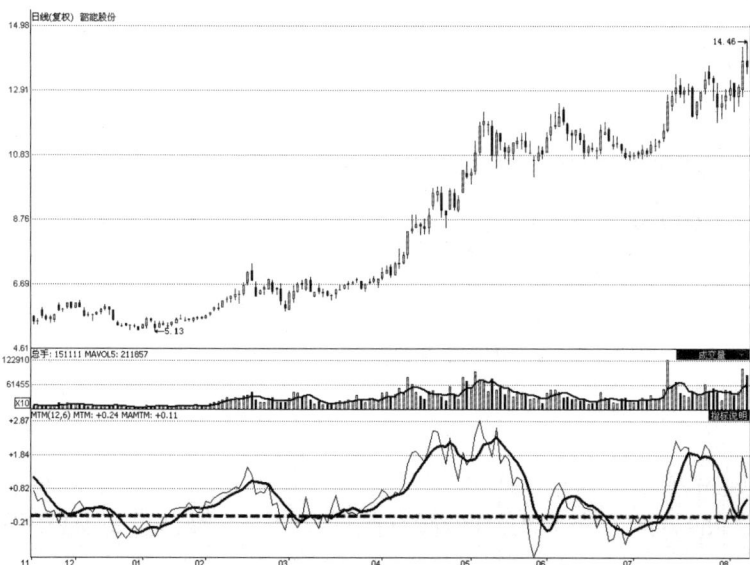

图 10-2 韶能股份上升趋势中 MTM 指标线形态意图

标线对于上升趋势的直观反映。

在下跌趋势，市场中的空方力量会占据主导优势，市场处于较为弱势的状态下，下跌趋势是一个价格在总体上持续走低的过程，一般来说，个股或市场在 6 个交易日后的收盘价会低于这一交易日的收盘价。根据 MTM 指标的计算方法，可知，MTM 指标值在大多数的情况下会小于零，即 MTM 指标线在绝大多数时间内会运行于零轴下方，这就是 MTM 指标线对于下跌趋势的直观反映。

图 10-3 为东北电气（000585）2007 年 7 月 24 日至 2008 年 8 月 29 日期间走势图，在 MTM 指标窗口中，我们用虚线标注出了零轴所在的位置区，如图所示，当此股开始步入到下跌趋势中后，我们可以看到，在绝大部分时间内，MTM 指标线都是运行于零轴下方的。而这正是 MTM 指标线对于下跌趋势的直观反映。

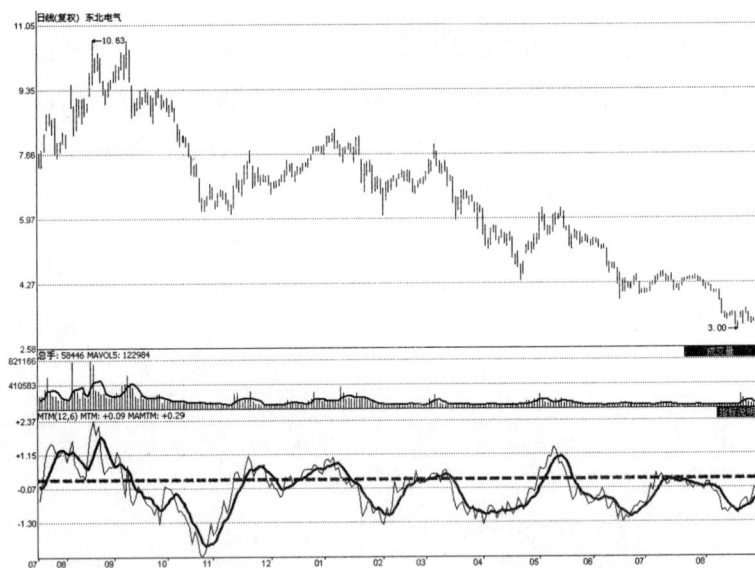

图 10-3 东北电气下跌趋势中 MTM 指标线形态示意图

图 10-4 为世纪星源（000005）2008 年 2 月 27 日至 11 月 6 日期间走势图，图中用虚线标注了 MTM 数值为零的位置区，如图所示，我们可以看到，在此期间的 MTM 指标线长时间地运行于零轴下方。而这正是 MTM 指标线对于下跌趋势的直观反映。

图 10-4 世纪星源下跌趋势中 MTM 指标线形态示意图

利用 MTM 指标线与零轴之间的位置关系，我们还可以有效识别出其他类型的趋势运行形态，如图 10-5 为国恒铁路（000594）2008 年 11 月 6 日至 2010 年 5 月 26 日期间走势图，在不看个股的股价走势图前，我们仅从 MTM 指标线的运行形态就可以大概推断出它当前的走势特征及趋势运行特征。如图中标注所示，我们可以看到，虽然 MTM 指标线在较多的时间内是运行于零轴上方的，但是却经常出现向下跌破零轴，并且在随后较长时间内运行于零轴下方的形态。这说明个股虽然上涨的时间多于下跌的时间，但是这种上升过程并不十分明显，与我们前面讲到的典型的升势形态是不同的，此股的这种走势可以称之为宽幅震荡的盘升走势。在操作这种个股时，仅仅依靠持股待涨的中长线操作策略是难以奏效的，甚至可以出现跑不赢大盘的尴尬局面，因而，在实盘操作中，我们更应该选择低吸高抛的波段式操作。

这种操作是我们针对此股的这种宽幅震荡盘升形态而展开的，并非无的放矢，其操作方法有两点好处：一是由于此股在总体上仍处于多方力量强于空方力量、股价重心上移的背景之下，因而，此时的波段操作风险较小；二是可以及时锁定利润，避免出现"坐过山车"的不利境况。

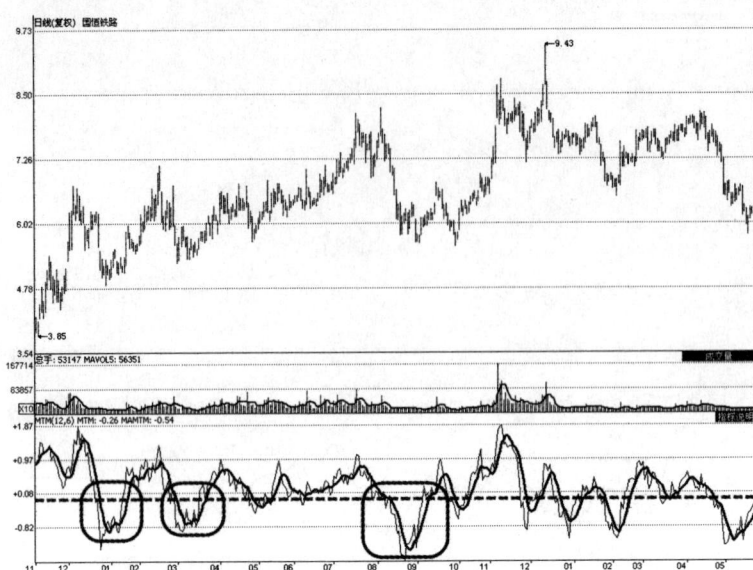

图 10-5 国恒铁路震荡走势中 MTM 指标线形态示意图

第三节 运用动量指标识别顶部区与底部区

当市场步入到底部区或是顶部区后，仅从价格走势，我们也许难以识别出当前的趋势（上升趋势或下跌趋势）是否仍然可以持续运行下去，很多投资者正是因为误把顶部区当作上升途中的中继盘整走势，或是误把底部区当作下跌途中的中继盘整走势，从而错失了逃顶或抄底的好时机。这时，利用MTM 指标线运行形态的改变，我们就可以在大趋势转向前及时发现，那么，顶部区与底部区的 MTM 指标线会呈现出什么样的运行形态呢？

当股市或个股经历了大幅度的上涨走势后，若是出现 MTM 指标线开始向下跌破零轴，且在较长时间内运行于零轴下方，则多说明市场的上升动量已经不足，是市场步入到顶部区的典型标志。此时，我们就应在随后的反弹上涨走势中进行逢高减仓的操作，而不应希冀个股随后仍然再度步入上升通道中。

图 10-6 为深振业 A（000006）2008 年 10 月 28 日至 2010 年 2 月 26 日

期间走势图，图中用虚线标注出了 MTM 指标线零轴所在位置区，如图所示，此股在经历了长期大幅度的上涨之后，于高位区出现了大幅度的回调走势，此期间的 MTM 指标线开始向下跌破零轴且在较长时间内运行于零轴下方。这说明市场多方力量已不占据明显的主导地位，是个股走势见顶的信号，因而，此股随后的反弹上涨走势中，就是我们逢高减仓的时机。

图 10-6　深振业 A 顶部区的 MTM 指标线形态示意图

当股市或个股经历了大幅度的下跌走势后，若是出现 MTM 指标线开始向上突破零轴，且在较长时间内站稳于零轴上方，则多说明市场的下跌动量已经不足，是市场步入到底部区的典型标志。此时，我们就应在随后的下跌回调走势中或回调盘整走势中进行逢低建仓的操作。

图 10-7 为 ST 宝利来（000008）2008 年 3 月 5 日至 2009 年 1 月 9 日期间走势图，如图所示，此股在经历了长期的下跌走势之后，于低位区出现了 MTM 指标线由零轴下方跃升至零轴上方的运行形态，这说明市场多空双方力量的对比情况已然发生了转变，是下跌趋势结束，底部区出现的标志。

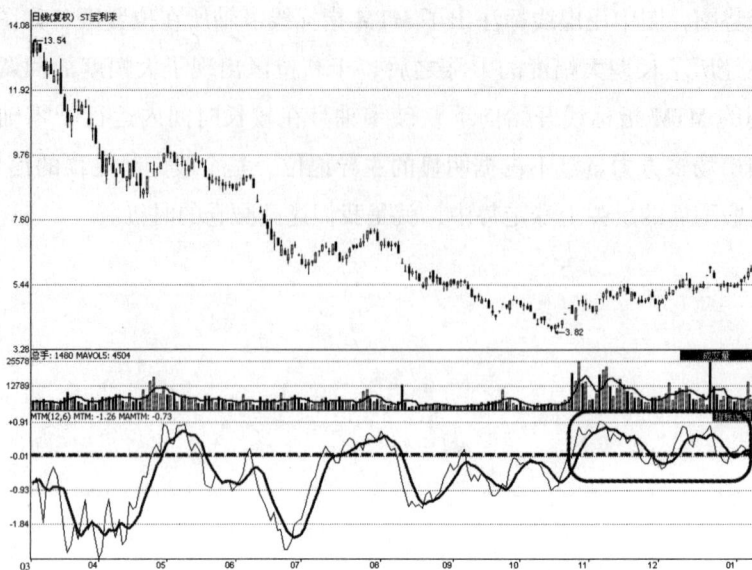

图 10-7 ST 宝利来底部区的 MTM 指标线形态示意图

第四节 运用动量指标的交叉形态把握买卖点

利用 MTM 指标线与零轴之间的位置关系，我们可以很好地识别出趋势运行的不同阶段，除此之外，我们还可以利用 MTM 指标线与 MAMTM 指标线运行时的金叉与死叉形态开展短线买卖。MTM 线与 MTMMA 线的交叉关系有两种：一种是黄金交叉，另一种是死亡交叉，当 MTM 线由下向上交叉并穿越 MTMMA 线时称之为 MTM 指标线黄金交叉，也简称为"金叉"，金叉可以出现在个股运行的很多阶段，但并非每一种金叉形态都代表了买入时机。一般来说，若个股处于上升途中，在个股一波快速回调走势后或者盘整走势后，若出现了 MTM 指标线与 MAMTM 指标线都快速下降的形态，且同期的回调幅度较大，则随后出现的 MTM 指标线的金叉形态才是我们在上升途中短线买股的好时机。在实盘操作中，由于 MTM 指标线的金叉形态出现得较为频繁，且向下的动量开始减弱时，并不等于价格马上就会反涨上来，因而，我们可以在金叉形态完全形成后，且价格走势也呈现出止跌企稳的迹象时，再做买入。

　　图 10-8 为深深房 A（000029）2009 年 6 月 22 日至 2010 年 2 月 3 日期间走势图，如图标注所示，此股在一波回调走势后，出现了一个明显的 MTM 指标线的金叉形态，这说明市场短期内的做多动量开始快速增强，是回调结束的信号，也是一波涨势即将再度出现的信号。

图 10-8　深深房 A 回调走势后的 MTM 指标线金叉形态示意图

　　图 10-9 为熊猫烟花（600599）2009 年 4 月 20 日至 9 月 8 日期间走势图，如图标注所示，此股在长期的盘整走势后，出现了 MTM 指标线向上交叉并穿越 MAMTM 指标线的金叉形态，且价格走势也以放量大阳线的形态突破了前期的长期盘整区，此时即是我们最好的短线买股信号。

　　当 MTM 线由上向下交叉并穿越 MTMMA 线时称之为 MTM 指标线的死叉形态，死叉可以出现在个股运行的很多阶段，但并非每一种死叉形态都代表了卖出时机。一般来说，若个股处于下跌途中，在个股一波快速反弹上涨走势后或者盘整走势后，若出现了 MTM 指标线与 MAMTM 指标线都快速上扬的形态，且同期的反弹上涨幅度较大，所出现的 MTM 指标线的死叉形态才是我们在下跌途中短线卖股的好时机。此外，上升途中一波快速上涨后，若出现了 MTM 指标线大幅上扬的形态，则随后所出现的死叉形态也可以作为

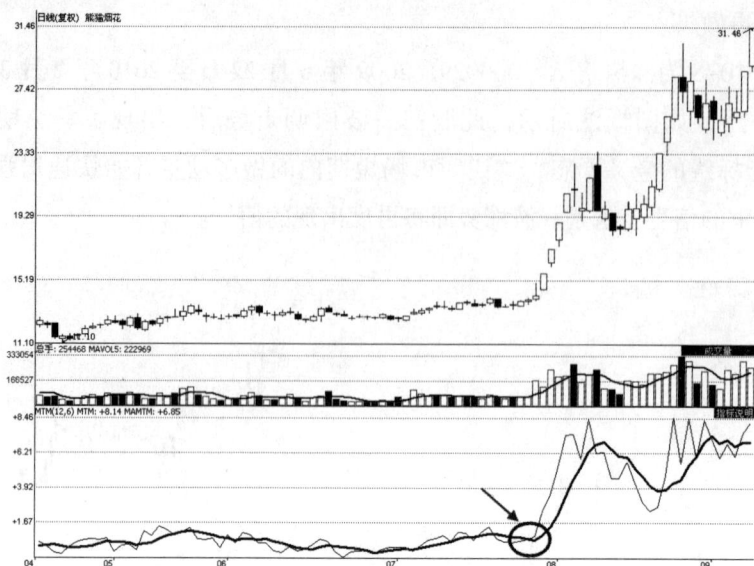

图 10-9　熊猫烟花盘整走势后的 MTM 指标线金叉形态示意图

我们短线的高抛信号。在实盘操作中，由于 MTM 指标线的死叉形态出现的较为频繁，且向上的动量开始减弱时，并不等于价格马上调头下跌，因而，我们可以在死叉形态完全形成后，且价格走势也呈现出止跌企稳的迹象时，再做卖出。

　　图 10-10 为特力 A（000025）2009 年 2 月 5 日至 8 月 19 日期间走势图，如图所示，此股在一波快速上涨走势中，MTM 指标线出了快速大幅上扬形态，这是市场短期内动量大幅增强的标志，当然也是个股涨势加快的直接表现，但这种短期内过快的上涨无疑是对多方力量的一种过度消耗，我们应随时留意此股的短线卖出信号。如图标注所示，此股随后于高位区出现震荡滞涨走势，且 MTM 指标线开始向下交叉穿越 MAMTM 指标线并持续运行于 MAMTM 指标线下方，这说明市场的上涨动量已经开始消退，是我们短线卖股的时机。

　　图 10-11 为深深房 A（000029）2009 年 6 月 22 日至 2010 年 2 月 3 日期间走势图，如图标注所示，此股在一波快速上涨走势后，于高位区出现震荡滞涨走势，且 MTM 指标线开始向下交叉穿越 MAMTM 指标线并持续运行于 MAMTM 指标线下方，这说明市场的上涨动量已经开始消退，是我们短线卖股的时机。

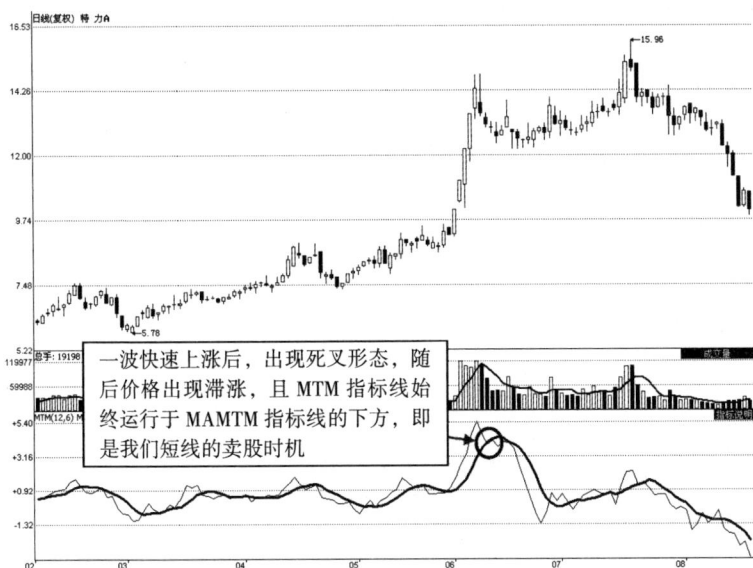

一波快速上涨后，出现死叉形态，随后价格出现滞涨，且 MTM 指标线始终运行于 MAMTM 指标线的下方，即是我们短线的卖股时机

图 10-10 特力 A 上升途中的 MTM 指标线死叉形态示意图

图 10-11 深深房 A 快速上涨走势后的 MTM 指标线死叉形态示意图

第十一章　多空指标

多空指标（BBI，Bull and Bear Index）是一种改良型的均线类指标，它通过将不同时间周期的移动平均线加权平均，进而很好地解决了均线时间周期长短合理性的问题，与移动平均线相似，也是反映价格中长期运行趋势的趋势类指标之一。

第一节　理解多空指标的设计原理

在趋势类指标中，移动平均线无疑是核心指标，它通过反映相应时间周期内的平均持仓成本，进而可以极为准确地反映出趋势的运行情况，但是，投资者在具体使用移动平均线时，却面临着一个问题，这就是：要如何选取均线的时间周期。若是移动平均线的周期取值过短，则均线很容易受到短期价格波动的干扰，容易发出错误的信号；反之，若移动平均线的周期取值过长，则均线往往较为迟滞，难以及时反映出价格的发展变化趋势。为了解决这一问题，多空指标（BBI）应运而生。

任何事物都需要在改进中不断推陈出新才能进步发展，技术指标也不例外，BBI 指标本身就是针对普通移动平均线 MA 指标的一种改进，它是通过将几条不同时间周期的移动平均线用加权平均的方法计算出的一条移动平均线的综合指标。它将若干种不同时间周期的均线"融合"为一条均线，既可以清晰直观地体现价格的趋势运行情况，也可以有效地解决均线时间周期合理性的问题。在股票软件中，多是将短期均线（如 3 日、5 日、6 日等）与时间周期相对长一些的均线（如 10 日、12 日、24 日等）来作为 BBI 指标的输入参数。

BBI 指标的计算方法也很简单，例如：我们以 3 日、6 日、12 日、24 日这 4 种移动平均线的周期为标准，其计算方法为：BBI =（3 日平均价 + 6 日平均价 + 12 日平均价 + 24 日平均价）÷ 4，其中 3 日平均价就是指包括当日在内的近 3 个交易日的收盘价之和的平均值，其结果正好等于 MA3 的数值。可以说，BBI 指标就是对于不同周期下的移动平均值通过求和后再一次的平均。

第二节 运用多空指标识别顶部区与底部区

BBI 指标线"融合"了周期长短不一的各条移动平均线，我们可以把 BBI 指标线看做是多空双方力量的分水岭。当个股的收盘价持续收于 BBI 指标线上方时，代表多方力量更为强劲；反之，当个股的收盘价持续收于 BBI 指标线下方时，代表空方力量更为强劲。在实盘操作中，我们可以结合个股的走势、收盘价情况及 BBI 指标线的运行形态来把握买卖时机，下面我们结合实例来进行讲解。

在价格持续走低后的低位区，若收盘价向上突破 BBI 指标线，且随后在较长时间内站稳于 BBI 指标线上方，BBI 指标线由原来的下降形态转变为长时间的走平且回升的形态，则多意味着市场的多方力量开始增强，是底部出现的信号，也是我们中长线的买股时机。

图 11-1 为中远航运（600428）2008 年 4 月 14 日至 2009 年 1 月 21 日期间走势图，如图标注所示，此股在经长期的下跌走势之后，于深幅下跌后的低位区出现了 BBI 指标线走平且回升的形态，且同期的收盘价开始持续运行于 BBI 指标线上方，BBI 指标线对价格的企稳回升构成了较为有力的支撑。这是多空双方力量开始发生实质性转变的标志，也是底部出现的标志，是我们中长线入场布局买股的信号。

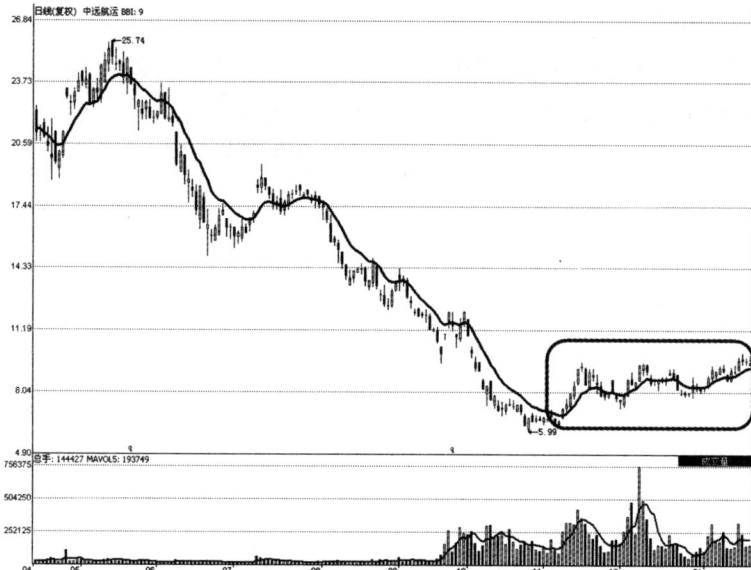

图 11-1 中远航运底部区的 BBI 指标线形态示意图

图 11-2 为天业股份（600807）2008 年 3 月 28 日至 2009 年 1 月 6 日期间走势图，如图标注所示，此股在长期下跌走势之后，出现了 BBI 指标线企稳回升，且个股收盘价长期运行于 BBI 指标线上方的形态。这说明市场的多方力量已开始占据优势，是深幅下跌后的底部区出现的标志，也是我们中长

图 11-2 天业股份底部区的 BBI 指标线形态示意图

线入场买股的时机。

图 11-3 为天业股份（600807）2008 年 12 月 17 日至 2010 年 10 月 14 日期间走势图，如图标注所示，此股在经历了长期的上涨走势之后，于高位区出现了 BBI 指标线开始长时间走平，且个股的收盘价在较多的时间内位于 BBI 指标线下方。这说明市场的空方力量已开始逐步占据优势，考虑到此股前期巨大的累计涨幅，因而，我们可以认为这是个股上升趋势见顶的标志，也是我们中长线卖股离场的时机。

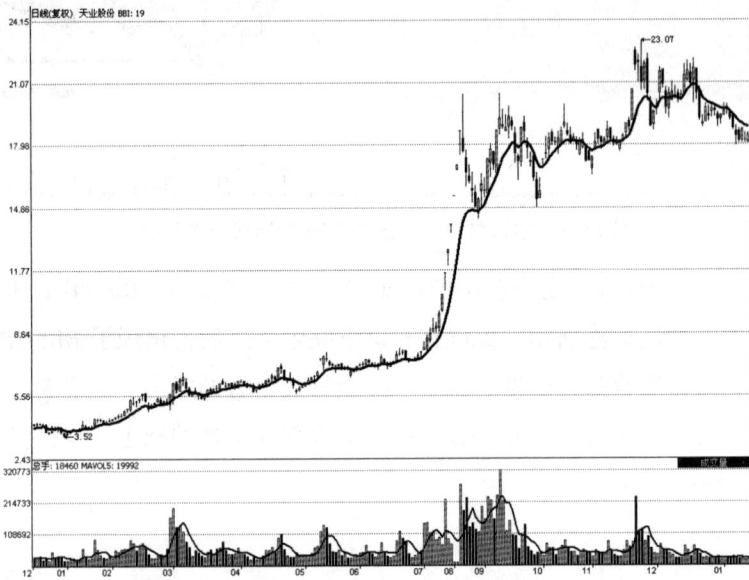

图 11-3　天业股份顶部区的 BBI 指标线形态示意图

图 11-4 为中国软件（600536）2008 年 11 月 17 日至 2009 年 9 月 1 日期间走势图，如图所示，此股在大幅度上涨后，于高位区出现了 BBI 指标线持续走平，且个股收盘价经常性地运行于 BBI 指标线下方的形态，这是空方力量占据优势的表现，也是个股顶部区出现的信号。

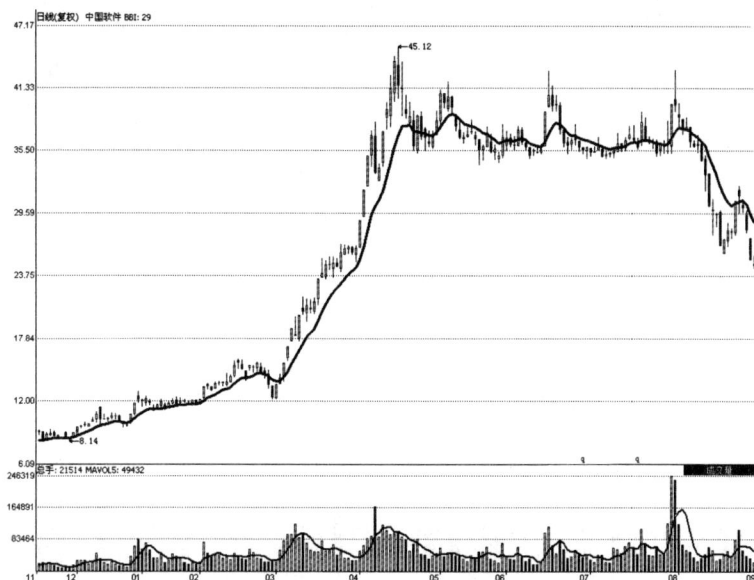

图 11-4　中国软件顶部区的 BBI 指标线形态示意图

第三节　运用多空指标形态结合价格走势进行操作

　　BBI 指标也可以称为多空分水岭指标，它的重要作用在于指出市场当前的多空双方力量的对比情况。当个股收盘价持续位于 BBI 指标线上方时，代表多方占据明显的主导地位；反之，当个股收盘价持续位于 BBI 指标线下方时，代表空方占据市场的主导地位。可以说明，BBI 指标线形象地为多空双方划定了一条界线，利用 BBI 指标的这一特性，再结合价格的走势情况，我们既可以把握好中长线的操作策略，也可以较好地把握住短线买卖时机。

　　图 11-5 为鲁信高新（600783）2008 年 11 月 4 日至 2009 年 2 月 16 日期间走势图，如图所示，此股在此期间的 BBI 指标线呈持续上扬的形态，且个股的收盘价也稳稳地运行于 BBI 指标线上方。这说明市场当前处于多方主导的地位，是个股持续上涨的标志，也是上升趋势持续运行的标志，只要这种情况未见改变，我们就可以进行积极的中长线持股待涨的操作。

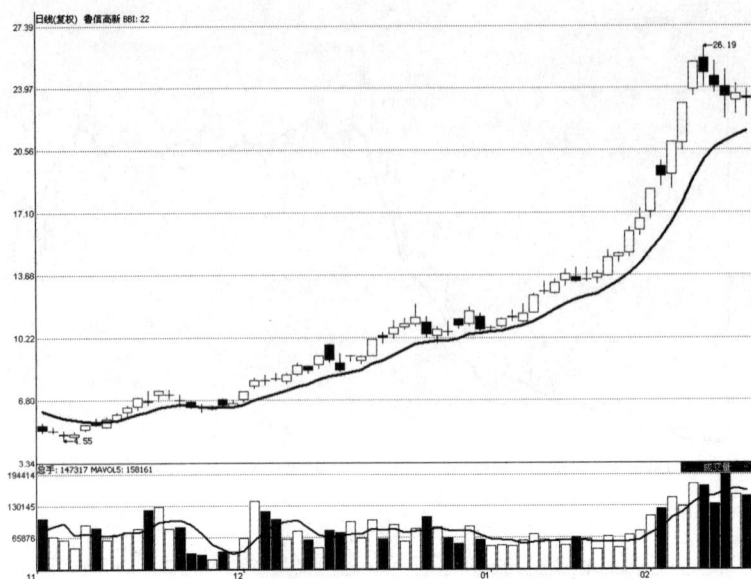

图 11-5　鲁信高新 BBI 指标线持续上扬形态示意图

图 11-6 为潞安环能（601699）2008 年 5 月 22 日至 11 月 11 日期间走势图，如图所示，此股在此期间的 BBI 指标线呈持续下降的形态，且个股的收盘价也稳稳地运行于 BBI 指标线下方。这说明市场当前处于空方主导的地

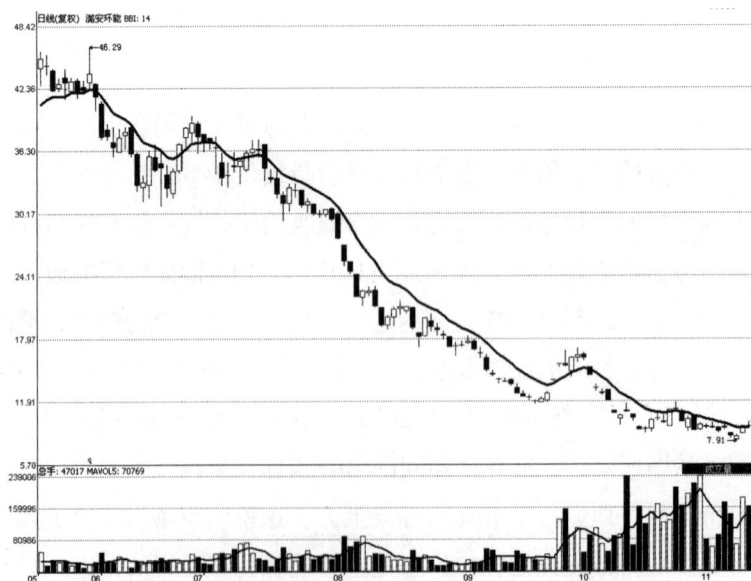

图 11-6　潞安环能 BBI 指标线持续下跌形态示意图

位，是个股持续下跌的标志，也是下跌趋势持续运行的标志，只要这种情况未见改变，我们就不宜盲目入场抄底买入。

当个股短期内出现一波快速上涨，且收盘价明显远离 BBI 指标线时，若此股并没有可供炒作的热点题材或不具备成为短线翻倍的暴涨潜力，此时，个股往往有着向 BBI 指标线再度靠拢的极强引力，因而，此时是我们短线卖股的时机。

图 11-7 为中海集运（601866）2009 年 4 月 23 日至 8 月 25 日期间走势图，如图标注所示，此股在一波快速上涨走势后，出现了收盘价明显远离 BBI 指标线的情况，且个股的阶段性涨幅较大。此时，由于股价有再度靠拢 BBI 指标线的倾向，因而，是我们短线卖股的时机。

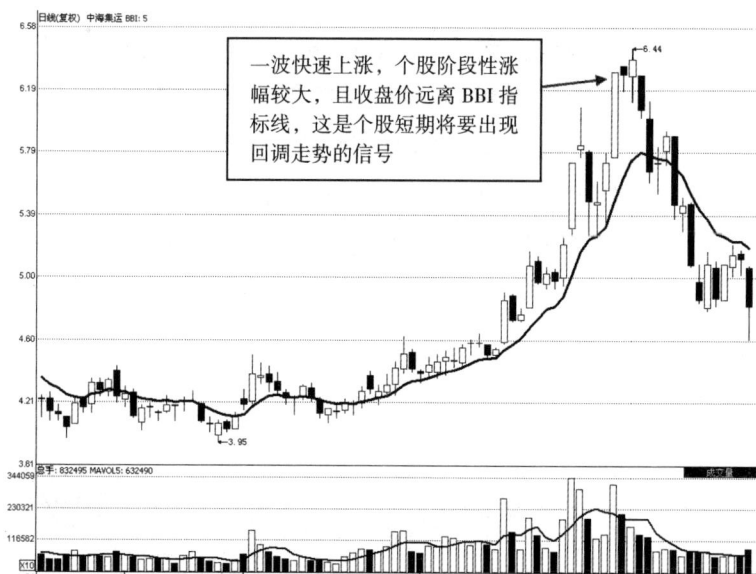

一波快速上涨，个股阶段性涨幅较大，且收盘价远离 BBI 指标线，这是个股短期将要出现回调走势的信号

图 11-7　中海集运 BBI 指标线短期卖出示意图

图 11-8 为招商轮船（601872）2008 年 12 月 18 日至 2009 年 4 月 27 日期间走势图，如图标注所示，此股在一波快速上涨走势后，出现了收盘价明显远离 BBI 指标线的情况，由于股价有再度靠拢 BBI 指标线的倾向，因而，是我们短线卖股的时机。

上升途中的回调是我们短线买股的好时机，此时，利用 BBI 指标线可以较好地把握一波短线回调后的买点。如果个股经一波回调后走势跌至 BBI 指

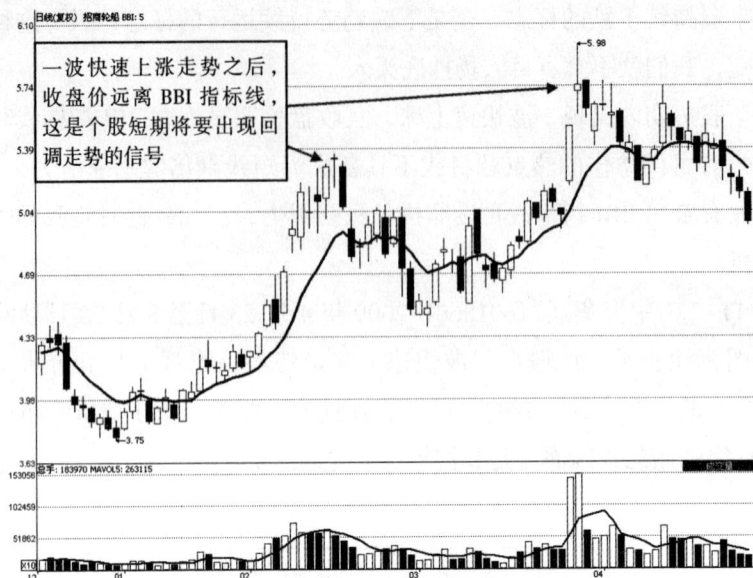

图11-8　招商轮船BBI指标线短期卖出示意图

标线附近时，此时，就是我们短线逢低买股的好时机。

　　图11-9为中煤能源（601898）2009年1月8日至7月28日期间走势图，如图所示，通过BBI指标线的总体运行形态，且个股收盘价持续运行于BBI指标线上方的形态，我们可以清晰地看出此股正处于上升途中。如图标

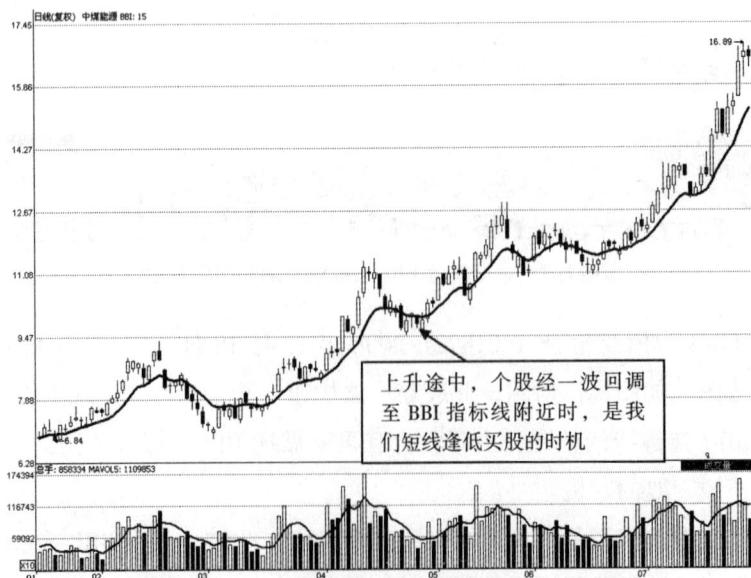

图11-9　中煤能源BBI指标线短期买入示意图

注所示，个股的一波回调走势使得其股价跌至 BBI 指标线附近，此时即是我们在上升途中逢低买股的好时机。

　　个股在相对高位区往往出现较长时间的盘整走势，那么，这种盘整走势是一个多方聚集能量的过程，还是一个消耗多方力量的过程呢？这可以从盘整走势后的个股运行方向与 BBI 指标线的位置关系入手。如果个股在盘整走势后，出现向上突破且收盘价向上脱离 BBI 指标线的形态，则个股盘整的结果是多方获胜，其选择的突破方向也将是向上；反之，如果个股在盘整走势后，出现向下跌破盘整区且收盘价向下脱离 BBI 指标线的形态，则个股盘整的结果是空方获胜，其选择的突破方向也将是向下。

　　图 11-10 为云维股份（600725）2009 年 9 月 16 日至 2010 年 5 月 15 日期间走势图，如图标注所示，此股在相对高位区的盘整走势后，出现了大阴线，这使得此股的收盘价开始向下远离 BBI 指标线，这说明盘整的结果是空方开始占据绝对的主动，因而，是我们短期内的卖股信号。

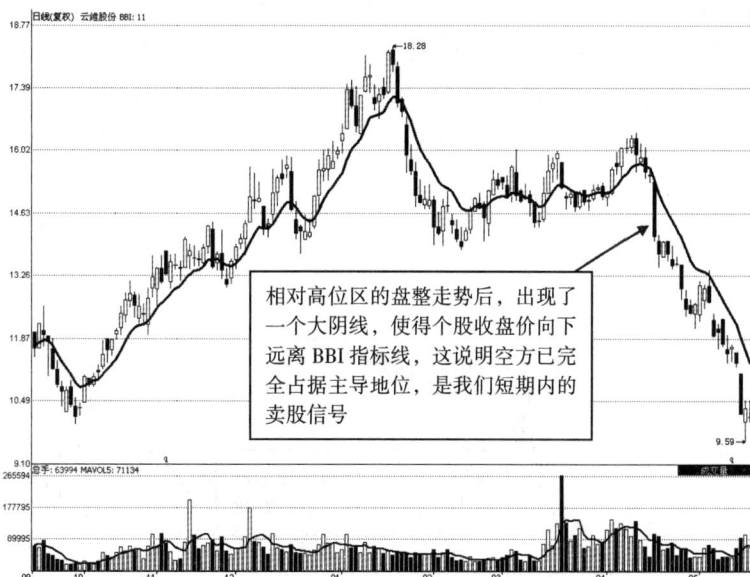

相对高位区的盘整走势后，出现了一个大阴线，使得个股收盘价向下远离 BBI 指标线，这说明空方已完全占据主导地位，是我们短期内的卖股信号

图 11-10　云维股份盘整走势后 BBI 指标线短期卖出示意图

　　图 11-11 为中金黄金（600489）2008 年 12 月 18 日至 2009 年 6 月 9 日期间走势图，如图标注所示，此股在相对高位区的盘整走势后，出现了大阳线，这使得此股的收盘价开始向上远离 BBI 指标线，这说明盘整的结果是多

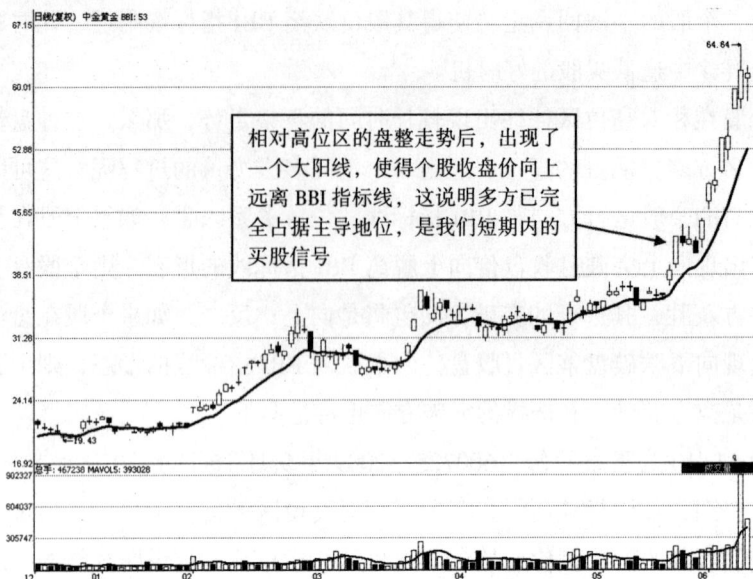

相对高位区的盘整走势后，出现了一个大阳线，使得个股收盘价向上远离 BBI 指标线，这说明多方已完全占据主导地位，是我们短期内的买股信号

图 11-11　中金黄金盘整走势后 BBI 指标线短期买入示意图

方开始占据绝对的主动，因而，是我们短期内的买股信号。

图 11-12 为龙元建设（600491）2009 年 6 月 2 日至 2010 年 5 月 19 日期间走势图，如图标注所示，此股在高位区的盘整走势后，出现了连续两根大阴线，使得个股收盘价向下远离 BBI 指标线，这是空方完全占据主动的表现，也是我们卖股的信号。

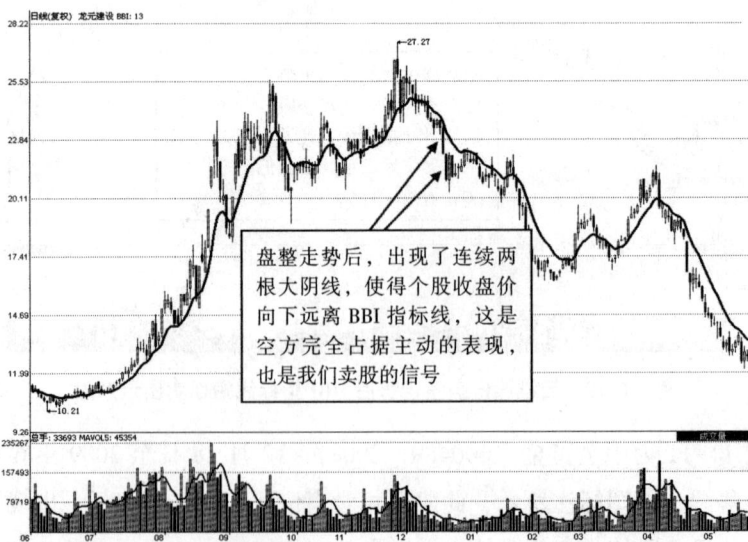

盘整走势后，出现了连续两根大阴线，使得个股收盘价向下远离 BBI 指标线，这是空方完全占据主动的表现，也是我们卖股的信号

图 11-12　龙元建设盘整走势后 BBI 指标线短期卖出示意图

第十二章 瀑布线

瀑布线是由均线系统优化得来的，全称为非线性加权移动平均线，是由 6 条非线性加权移动平均线组合而成，每条平均线分别代表着不同时间周期的股价成本状况，因其在运行的过程中，形态与瀑布极其相似，故称为瀑布线。它是一种典型的趋势性指标。

第一节 理解瀑布线的设计原理

在金融领域中，瀑布线是一种用于分析价格运行大趋势的实用性指标，它广泛地应用于 20 世纪 90 年代初的欧美国家，是一种中长线类型的指标。一般来说，瀑布线不会轻易地发出买入或卖出的信号，但是如果瀑布线发出较为明确的买入或卖出信号，则投资者只要依此交易即可获取较为理想的中线收益。

瀑布线的原理较为简单，它是由 6 条非线性加权移动平均线组合而成，每条平均线分别代表着不同时间周期的股价成本状况，方便进行对比分析。在股票软件中，一般用 A1、A2、A3、A4、A5、A6 来分别代表时间周期由短到长的 6 条非线性加权移动平均线。虽然瀑布线系统中的每一条指标线都是用于反映市场平均持仓成本的变化情况，但由于其计算方法不同于移动平均线，因而两者还是存在着一定区别的，一般认为瀑布线的反应速度能更快一些，对于趋势的运行状态也能够给出更为直观的反映。

瀑布线系统中的每一条非线性加权移动平均线的计算过程相同，只是所选时间周期有所不同，瀑布线的计算方法如下：

$$PBX1 = (EMAa + MA2a + MA4a) \div 3$$

$$PBX2 = (EMAb + MA2b + MA4b) \div 3$$

$$PBX3 = (EMAc + MA2c + MA4c) \div 3$$

$$PBX4 = (EMAd + MA2d + MA4d) \div 3$$

$$PBX5 = (EMAe + MA2e + MA4e) \div 3$$

$$PBX6 = (EMAf + MA2f + MA4f) \div 3$$

其中，a、b、c、d、e、f 分别为 PBX 所选取的 6 种时间周期，我们可以将其设为：4、6、9、13、18、24；其中，MA2a、MA2b、MA2c、MA2d、MA2e、MA2f 等形式分别为相应时间周期的移动平均值；EMAa，EMAb 等形式分别为相应时间周期的指数平滑移动平均值。通过以上的计算方法，我们就可以求得 PBX1~PBX6。

价格运行只是表象，市场的平均持仓成本的变化情况才是本质，PBX 直观形象地反映出了周期长短不一的市场平均持仓成本的变化情况，借助它我们可以清晰地看到市场长期、中期和短期平均持仓成本的变化情况，进而来识别趋势、把握趋势。

第二节　运用瀑布线识别"牛市"与"熊市"

在实际运用过程中，我们可以通过当前的收盘价位与瀑布线（PBX）之间的关系来研判目前市场中的多空双方实力对比情况。一般来说，现行价格在平均价之上，意味着市场买力（需求）较大，行情看好；反之，行情价在平均价之下，则意味着供过于求，卖压显然较重，行情看淡。

上升趋势是一个价格不断走高的过程，也是一个市场平均持仓成本不断升高的过程，且计算周期较短的市场平均持仓成本会相应地高于周期相对较长的市场平均持仓成本，这体现在瀑布线的形态上就是：周期相对较短的瀑布线会运行在周期相对较长的瀑布线上方，且整个瀑布线系统呈现出向上发散的形态。这种形态称为瀑布线系统的多头排列形态，它是瀑布线对于上升趋势的直观反映，也是我们从瀑布线形态识别上升趋势的一种重要方法。

图 12-1 为振华科技（000733）2009 年 2 月 12 日至 2010 年 1 月 27 日期间走势图，如图所示，此股在此期间处于明确的上升趋势中，透过 PBX 向上发散的多头排列形态，我们可以较为直观清晰地了解到此股的这种上升趋势运行状态。虽然这种多头排列形态与移动平均线的多头排列形态有着较为相似之处，但由于瀑布线系统是由 6 条指标线组成的，而且，瀑布线的计算方法与移动平均线存在着一定的差别，因而，两者在表现形式上并不完全相同。一般来说，瀑布线的视觉效果更直观，且对趋势运行状态的反映更清晰。

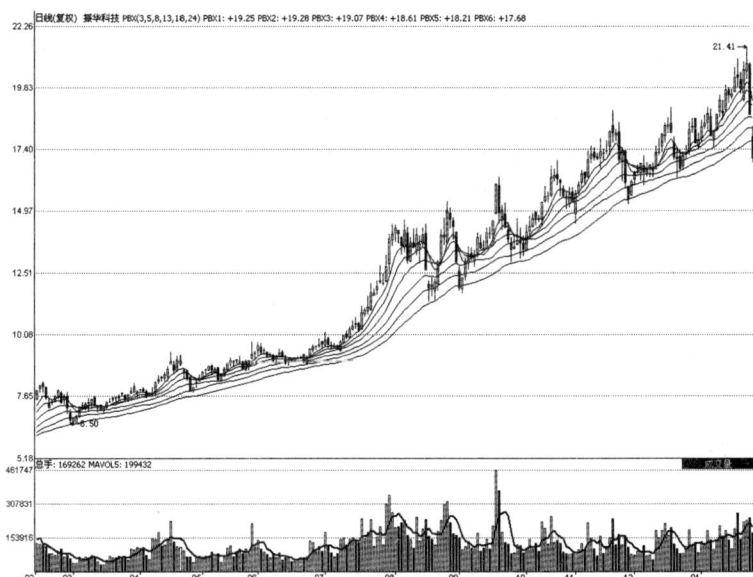

图 12-1　振华科技上升趋势中 PBX 多头排列形态示意图

图 12-2 为此股同期的移动平均线（MA）的多头排列形态，通过对比图 12-1，我们可以看出，此股的这种移动平均线多头排列形态并不如瀑布线的多头排列形态直观清晰，因而，运用瀑布线更好地识别趋势的运行情况不失为一种很好的选择。

图 12-3 为通化金马（000766）2008 年 12 月 31 日至 2009 年 12 月 18 日期间走势图，如图所示，在此期间，此股的瀑布线呈现出明显的多头排列形态，而这正是个股处于清晰可见的上升趋势的表现。这种多头排列形态直观清晰地向我们展示了上升趋势的出现，是我们识别趋势、把握趋势，并在实

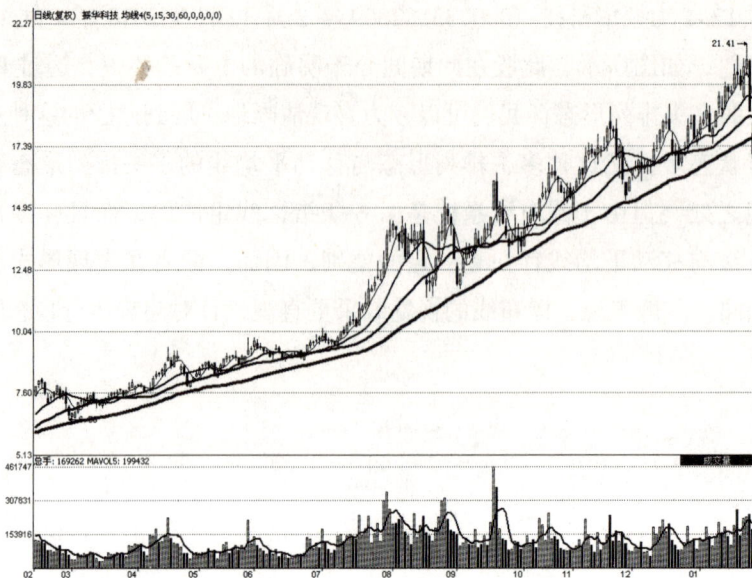

图 12-2　振华科技上升趋势中 MA 多头排列形态示意图

盘操作中做到顺势而为的重要工具之一。其实，瀑布线的这种多头排列形态
其背后的真实市场含义是：市场的多方力量开始强于空方力量，且多方力量
有强烈的攻击意图。

图 12-3　通化金马上升趋势中 PBX 多头排列形态示意图

下跌趋势是一个价格不断走低的过程，也是一个市场平均持仓成本不断降低的过程，且计算周期较短的市场平均持仓成本会相应地低于周期相对较长的市场平均持仓成本，这体现在瀑布线的形态上就是：周期相对较短的瀑布线会运行在周期相对较长的瀑布线下方，且整个瀑布线系统呈现出向下发散的形态。这种形态称为瀑布线系统的空头排列形态，它是瀑布线对于下跌趋势的直观反映，也是我们透过瀑布线形态识别下跌趋势的一种重要方法。

图 12-4 为中国铁建（601186）2009 年 12 月 14 日至 2010 年 6 月 9 日期间走势图，如图所示，此股在此期间处于明确的下跌趋势中，透过瀑布线向下发散的空头排列形态，我们可以较为直观清晰地了解到此股的这种下跌趋势运行状态。

图 12-4　中国铁建下跌趋势中 PBX 空头排列形态示意图

图 12-5 为交通银行（601328）2007 年 12 月 13 日至 2008 年 12 月 1 日期间走势图，如图所示，在此期间，此股的瀑布线呈现出明显的空头排列形态，而这正是个股处于清晰可见的下跌趋势中的表现。这种空头排列形态直观清晰地向我们展示了此股正处于下跌趋势运行中，是我们识别趋势、把握趋势，并在实盘操作中做到顺势而为的重要工具之一。其实，瀑布线的这种

日线(复权) 交通银行 PBX(3,5,8,13,18,24) PBX1: +4.51 PBX2: +4.54 PBX3: +4.57 PBX4: +4.65 PBX5: +4.86 PBX6: +5.07

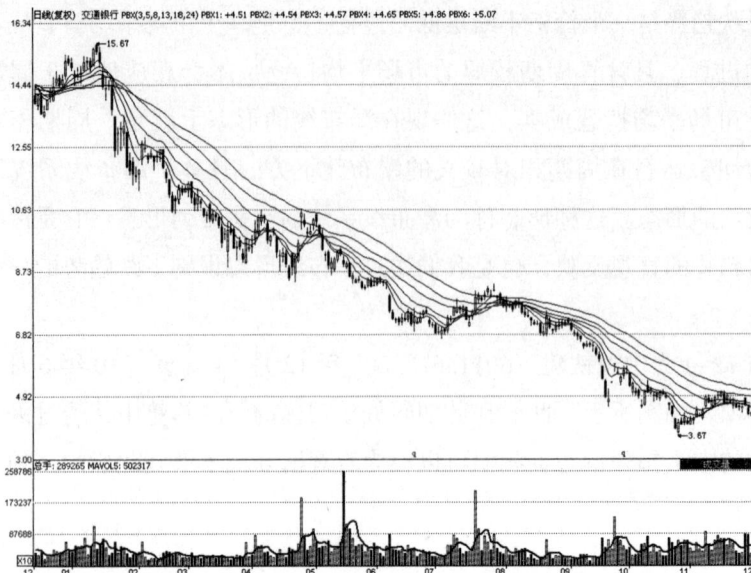

图 12-5　交通银行下跌趋势中 PBX 空头排列形态示意图

空头排列形态其背后的真实市场含义是：市场的空方力量显著地强于多方力量，多方力量并无反击的余地。

第三节　运用瀑布线把握牛熊转向

瀑布线的多头排列形态、空头排列形态、横向缠绕形态等典型形态可以较为清晰地反映出市场当前的趋势运行状态，除此之外，我们还可以利用瀑布线排列形态的变化，及时地捕捉趋势运行状态的改变及趋势的转向。

当股市或个股经历了长时间的大幅度上涨后，瀑布线系统开始由原来的多头排列形态转变为横向缠绕形态，且此时的短期瀑布线往往会经常性地运行于中长期瀑布线下方，这多代表市场的多空力量对比情况已经发生了转变，是升势见顶的信号。若在较长时间的横盘震荡走势之后，瀑布线开始由原来的高位区缠绕形态转变为空头排列形态，这多意味着一轮跌势即将出现。

图 12-6 为紫金矿业（601899）2008 年 11 月 25 日至 2010 年 1 月 5 日期间走势图，如图标注所示，此股经持续上涨后，其瀑布线的排列形态由原来的多头排列形态转变为横向缠绕形态，且短期瀑布线开始在较多的时间内运行于中长期瀑布线的下方，这是市场空方力量开始逐渐占据优势的表现，也是多方无力再度上攻的标志。一般来说，如果这种横盘缠绕形态持续的时间较长、个股前期累计涨幅较大，则多意味着顶部区已悄然出现，是我们中长线卖股离场的信号。

图 12-6 紫金矿业顶部区的 PBX 缠绕形态示意图

图 12-7 为紫江企业（600210）2008 年 10 月 27 日至 2010 年 5 月 13 日期间走势图，如图标注所示，此股在经历了长期的上涨走势之后，在累计涨幅较大的背景下，于高位区出现了较长时间的盘整走势，瀑布线开始由向上发散的多头排列形态转变为横向缠绕形态，原有的上升通道也被彻底破坏，这是个股进入顶部区的典型标志。随后，瀑布线开始由横向缠绕形态转变为向下发散的空头排列形态，则意味着一轮跌势即将展开。

当股市或个股经历了长时间的大幅度下跌后，瀑布线系统开始由原来的空头排列形态转变为横向缠绕形态，且此时的短期瀑布线往往会经常性地运行于中长期瀑布线上方，这多代表市场的多空力量对比情况已经发生了转

图 12-7 紫江企业顶部区的 PBX 横向缠绕形态示意图

变，是跌势见底的信号。若在较长时间的横盘震荡走势之后，瀑布线开始由原来的低位区缠绕形态转变为多头排列形态，这多意味着一轮升势即将出现。

图 12-8 为保利地产（600048）2007 年 12 月 20 日至 2009 年 2 月 4 日期间走势图，如图标注所示，此股经持续下跌后，其瀑布线的排列形态由原来的空头排列形态转变为横向缠绕形态，且短期瀑布线开始在较多的时间内运行于中长期瀑布线的上方，这是市场多方力量开始逐渐占据优势的表现，也是空方无力再度打压的标志。一般来说，如果这种横盘缠绕形态持续时间较长、个股前期累计跌幅较大，则这多意味着底部区已悄然出现，是我们中长线入场买股的信号。

图 12-9 为宁波韵升（600366）2008 年 1 月 4 日至 2009 年 2 月 18 日期间走势图，如图标注所示，此股在经历了长期的上涨走势之后，在累计跌幅较大的背景下，于低位区出现了较长时间的盘整走势，瀑布线开始由向下发散的空头排列形态转变为横向缠绕形态，原有的下降通道也被彻底破坏，这是个股进入底部区的典型标志。随后，瀑布线开始由横向缠绕形态转变为向上发散的多头排列形态，则意味着一轮升势即将展开。

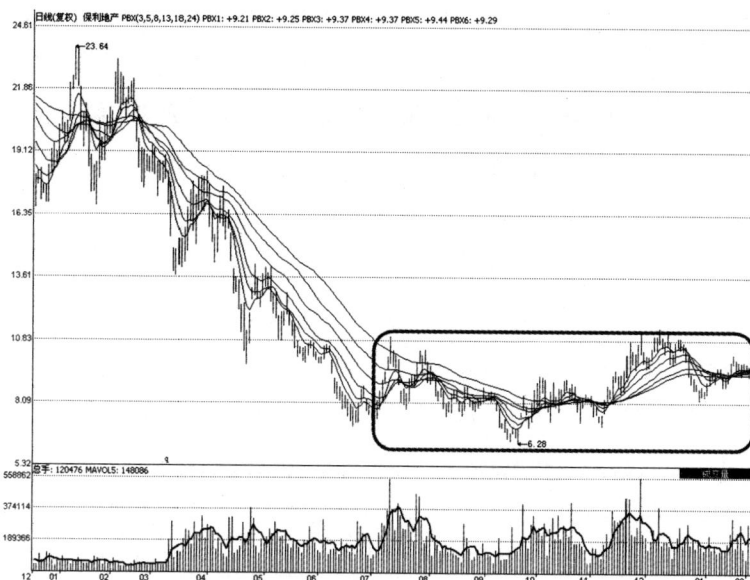

图 12-8　保利地产底部区的 PBX 横向缠绕形态示意图

图 12-9　宁波韵升底部区的 PBX 横向缠绕形态示意图

第四节　运用瀑布线在上升或下跌途中把握短线买卖点

　　个股在上升或是下跌途中，往往会因为升势的放缓或是跌势的放缓，而使得瀑布线开始由原来的多头发散形态或是空头发散形态变为黏合形态（即周期较短的瀑布线向周期相对较长的瀑布线靠拢，且趋于黏合在一起）。这只能代表升势或跌势的短期休整，并不是趋势反转的信号，此时，我们应积极观察瀑布线形态的转变，并在上升或下跌途中做好买卖操作。

　　当股市或个股处于持续上涨的上升通道中时，一波回调走势或盘整走势的出现，会使得周期较短的瀑布线开始向下交叉于周期较长的瀑布线，或是周期较短的瀑布线与周期较长的瀑布线黏合在一起，若随后周期较短的瀑布线开始上行并向上交叉于周期较长的瀑布线，使得瀑布线组合再度呈现出多头形态，则意味着新一轮涨势的开始，是我们途中加仓买股的信号，也是我们中长线仍然积极持股待涨的信号。

　　图 12-10 为上海汽车（600104）2009 年 2 月 26 日至 2010 年 1 月 5 日期间走势图，如图标注所示，此股在上升途中短期的一波回调走势后，瀑布线再度呈现出向上发散的多头形态，这是新一波涨势开始的信号。

　　图 12-11 为友谊股份（600827）2008 年 12 月 15 日至 2010 年 1 月 19 日期间走势图，如图标注所示，此股在上升途中短期的一波回调走势后，瀑布线再度呈现出向上发散的多头形态，这是新一波涨势开始的信号。对于短线投资者来说，这是于上升途中加仓买入的信号；对于中长线投资者来说，这是中长线仍应持股待涨的信号。

　　当股市或个股处于下跌途中，随着一波反弹走势或横盘整理走势的出现，使得周期较短的瀑布线开始向上靠拢于周期较长的瀑布线，这会使得整个瀑布线系统呈现出黏合形态。这种形态的出现往往预示着一波反弹上涨行情的结束，若瀑布线随后再度呈现出空头排列形态，则意味着新一轮跌势的展开。

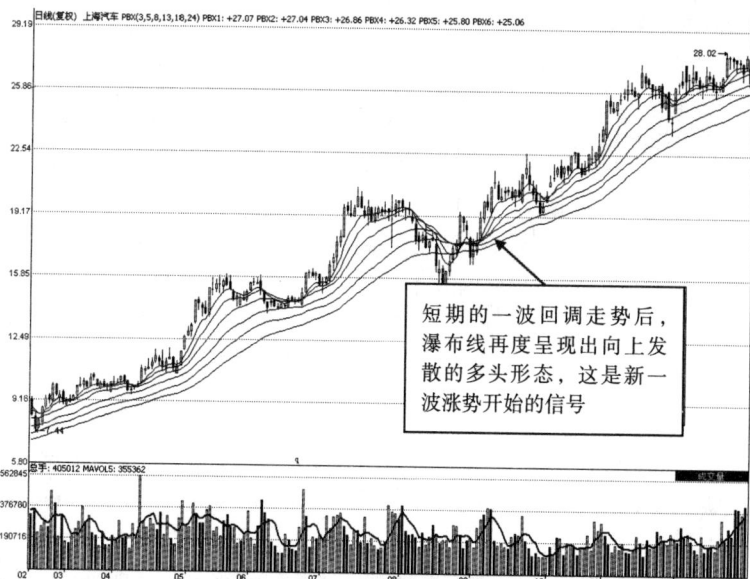

图 12-10　上海汽车上升途中回调走势后 PBX 形态示意图

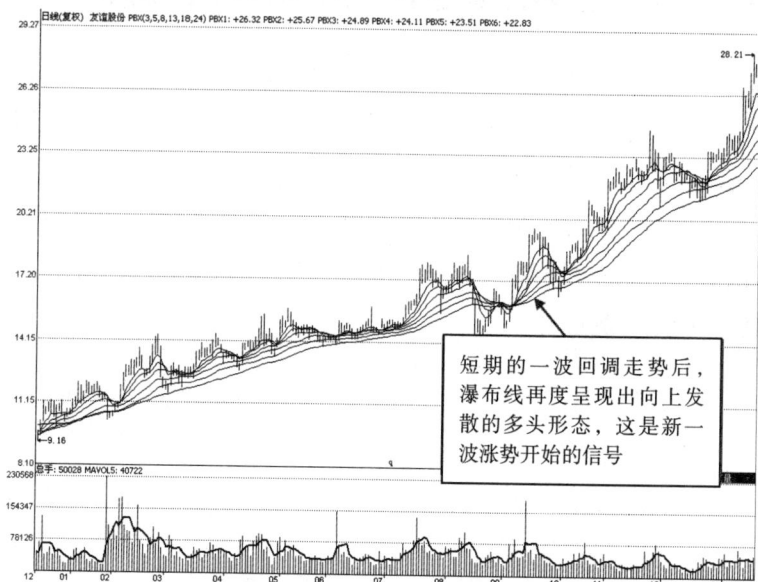

图 12-11　友谊股份上升途中回调走势后 PBX 形态示意图

　　图 12-12 为海信电器（600060）2008 年 1 月 7 日至 11 月 20 日期间走势图，如图标注所示，此股在下跌途中经一波反弹上涨走势后，瀑布线呈现出黏合形态，这预示着阶段性反弹上涨走势的结束，也是我们在反弹行情中的

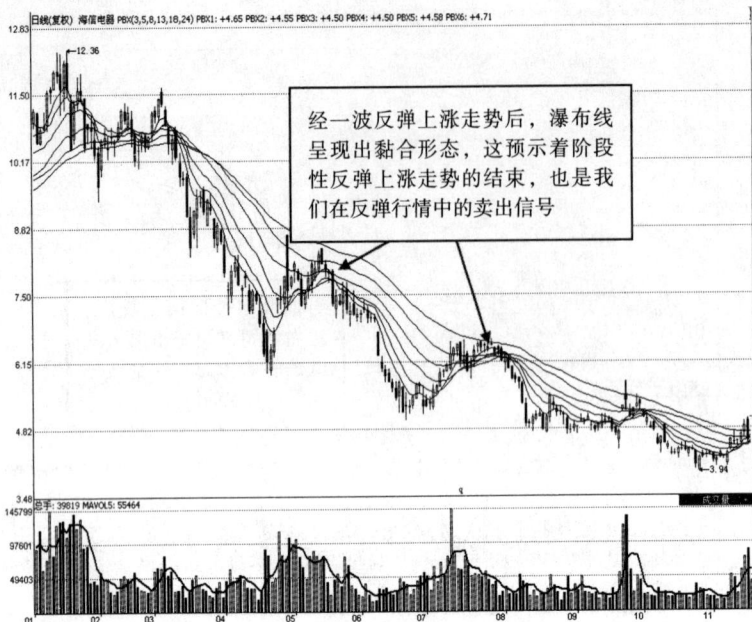

图 12-12　海信电器下跌途中反弹走势后 PBX 形态示意图

卖出信号。

图 12-13 为东方钽业（000962）2008 年 3 月 5 日至 11 月 18 日期间走势图，如图标注所示，此股在经过下跌途中的反弹走势后，瀑布线开始呈现出黏合形态，这是个股反弹走势趋于结束的信号，也是我们反弹行情中的卖股信号。随后，当瀑布线由黏合形态再度转变为向下发散的空头排列形态，则意味着新一轮跌势的展开。

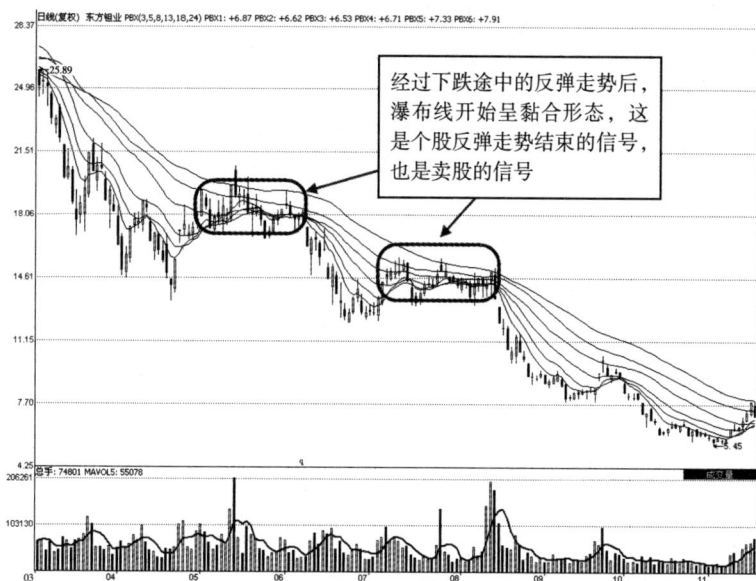

图 12-13 东方钽业下跌途中反弹走势后 PBX 形态示意图

第十三章　情绪指标

情绪指标（ARBR）也常常被称为人气意愿指标，与前面介绍过的指标不同，它是由人气指标（AR）和意愿指标（BR）两个指标构成的组合指标。AR 指标与 BR 指标既可以单独使用，也可以相结合来使用，在实际使用中，我们常常将两者结合起来，其中人气指标较重视开盘价格，从而反映市场买卖的人气；意愿指标则重视收盘价格，反映的是市场买卖意愿的程度。一般来说，虽然两种指标的计算方法相似，但两种指标却是分别从不同角度对价格走势进行分析的，通过了解将这两种指标结合的实例，我们可以更好地分析并预测价格的未来走势。

第一节　理解情绪指标的设计原理

虽然 ARBR 指标被称为人气意愿指标，但这只是它的称呼，ARBR 指标所反映的真实市场含义是买盘与卖盘力量的对比情况。因而，我们可以把 ARBR 指标看做是一种能量型的指标，那么，ARBR 指标是如何反映出买盘或卖盘力量的强弱呢？

ARBR 指标是通过将一定时间周期内的上涨力量与下跌力量进行对比，来判断买卖双力的力量变化情况。AR 指标以开盘价作为计算上涨力量与下跌力量的依据，其中的上涨力量数字化的表现为：一定时间周期 N 日内的每一个交易日的（最高价–开盘价）之和；下跌力量的数字化则表现为：一定时间周期 N 日内的每一个交易日的（开盘价–最低价）之和。读者可以仔细地品味一下，其实每个交易日的（最高价–开盘价）在一定程度上可以反映出当日的上涨力量大小，如果（最高价–开盘价）的值越大，则表明当日价格在盘中的上涨幅度越大，这是多方力量更为充足的表现；反之，每个交易日的（开盘价–最低价）在一定程度上可以反映出当日的下跌力量大小，如果（开盘价–最低价）的值越大，则表明当日价格在盘中的下跌幅度越大，这是空方力量更为充足的表现。AR =［N 日内（最高价–开盘价）之和÷N 日内（开盘价–最低价）之和］× 100。

BR 指标与 AR 指标的原理完全相似，只不过 BR 指标是以收盘价作为计算涨跌能量的依据，BR =［N 日内（当日的最高价–上一个交易日收盘价）之和÷N 日内（上一个交易日收盘价–当日的最低价）之和］× 100；其中，N 为 ARBR 指标的计算周期，一般设为 26 日。

第二节　运用情绪指标识别"牛市"与"熊市"

ARBR 指标的计算周期是相对较长的 26 个交易日，因而，ARBR 指标可以在中长线的角度上较好地反映出涨跌力量的对比情况。我们知道，上升趋势是一个上涨力量强于下跌力量的运行过程，这体现在 ARBR 指标的计算公式上就是代表着上涨力量的"分子"应大于代表着下跌力量的"分母"。基于 ARBR 指标的计算方法，我们可以看出，在上升趋势中，ARBR 指标的数值应在绝大多数时间内保持在数值 100 之上的状态；而在下跌趋势中，ARBR 指标的数值应在绝大多数时间内保持在数值 100 之下的状态。下面我们结合实例来看看 ARBR 指标是如何具体直观地反映上升趋势与下跌趋势的。

图 13-1 为青岛海尔（600690）2009 年 3 月 27 日至 2010 年 1 月 7 日期间走势图，在 ARBR 指标线窗口中，我们用虚线标出了数值为 100 的区域，其中的细线为 AR 指标线，粗线为 BR 指标线。如图标注所示，此股在此期间处于持续上涨的上升趋势当中，上升趋势是一个上涨力量大于下跌力量的过程，体现在 ARBR 指标线形态上就是：ARBR 指标线会持续地运行于数值 100 的上方。透过 ARBR 指标线与数值 100 的位置关系，再结合价格走势，我们可以清晰地识别出此股的趋势运行状态。

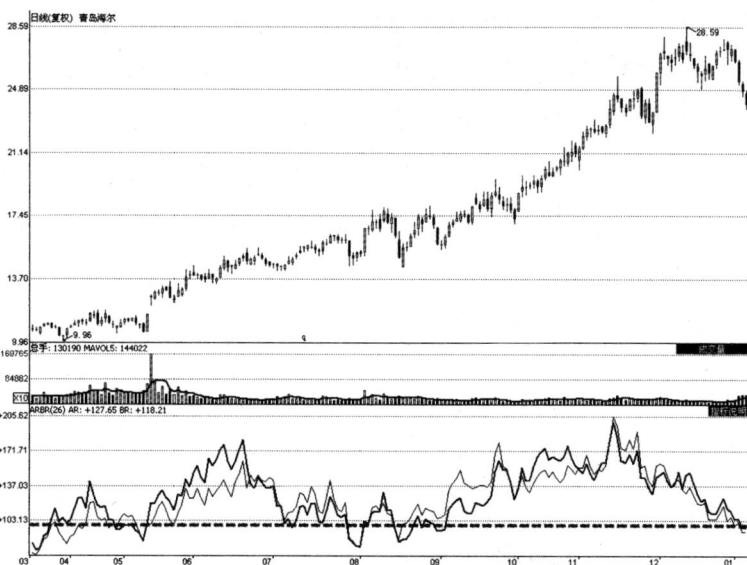

图 13-1 青岛海尔上升趋势中 ARBR 指标线形态示意图

图 13-2 为友谊股份（600827）2008 年 11 月 5 日至 2010 年 2 月 12 日期间走势图，如图所示，在此期间，此股的 ARBR 指标线一直稳稳地运行于零轴上方，这正是 ARBR 指标线运行形态对于上升趋势的直观反映。

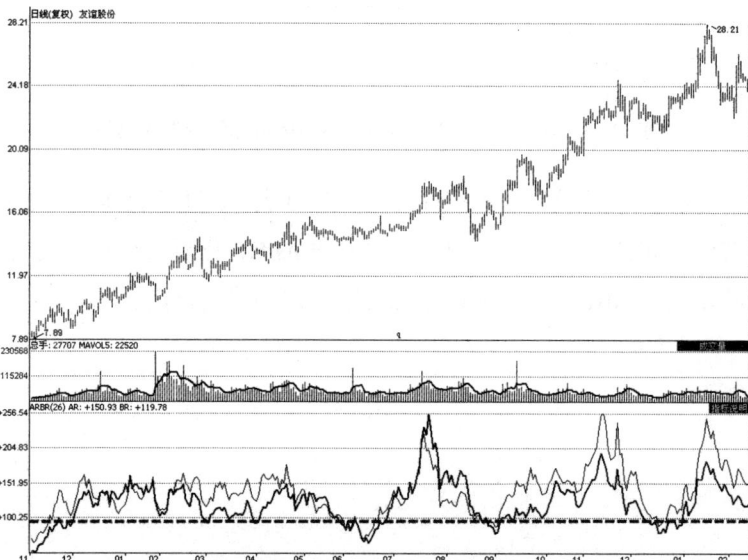

图 13-2 友谊股份上升趋势中 ARBR 指标线形态示意图

图 13-3 为西部矿业（601168）2008 年 1 月 16 日至 10 月 28 日期间走势图，在 ARBR 指标线窗口中，我们用虚线标出了数值为 100 的区域，其中的细线为 AR 指标线，粗线为 BR 指标线。如图所示，此股在此期间处于下跌趋势当中，下跌趋势是一个下跌力量强于上涨力量的过程，体现在 ARBR 指标线形态上就是：ARBR 指标线会持续地运行于数值 100 的下方。透过 AR-BR 指标线与数值 100 的位置关系，再结合价格走势，我们可以清晰地识别出此股的趋势运行状态。

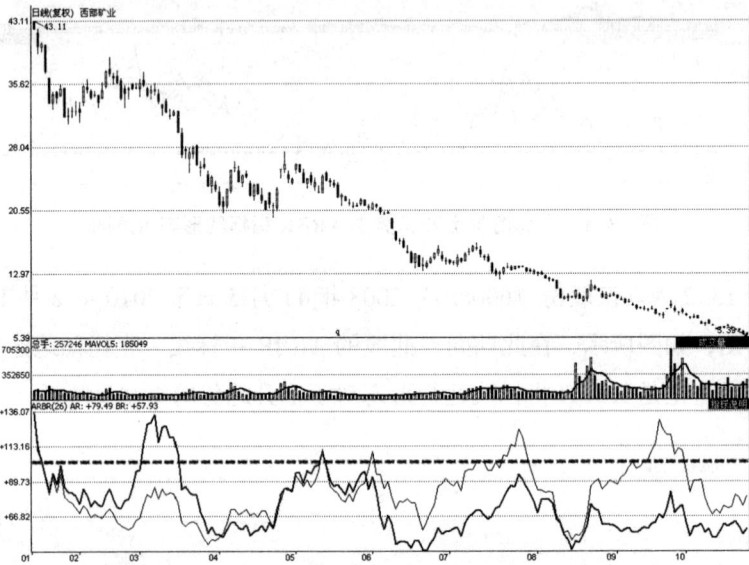

图 13-3　西部矿业下跌趋势中 ARBR 指标线形态示意图

图 13-4 为广电网络（600831）2007 年 11 月 16 日至 2008 年 11 月 10 日期间走势图，如图所示，在此期间，此股的 ARBR 指标线持续的运行于零轴下方，这正是 ARBR 指标线运行形态对于下跌趋势的直观反映。

图 13-4　广电网络下跌趋势中 ARBR 指标线形态示意图

第三节　运用情绪指标把握牛熊转向

ARBR 指标除了可以较为清晰直观地反映出牛市或熊市的运行，还可以使我们很好地把握住趋势的转向。在利用 ARBR 指标把握趋势转向时，我们可以重点关注两点：一是 ARBR 指标线与数值 100 之间位置关系的转变；二是 ARBR 指标线在高位区所出现的顶背离形态，或是在低位区所出现的底背离形态。

当股市或个股经过了持续的上涨走势之后，在其累计涨幅较大的背景下，若 ARBR 指标线开始由数值 100 的上方向下跌破至数值 100 的下方，且随后在较长时间内运行于数值 100 的下方，则说明市场的上涨力量已经开始减弱，且下跌力量开始占据市场主导地位，这是个股步入顶部区的表现，也是上升趋势结束的信号。

图 13-5 为中航重机（002013）2006 年 11 月 21 日至 2008 年 3 月 17 日期间走势图，如图标注所示，此股在经过持续上涨走势之后，于高位区出现

横盘滞涨的走势，且 ARBR 指标线开始向下跌破数值 100，并在较长的时间内持续运行于数值 100 的下方。这说明市场的多方占优局面已经不在，是个股步入顶部区的标志，也是我们中长线卖股离场的信号。

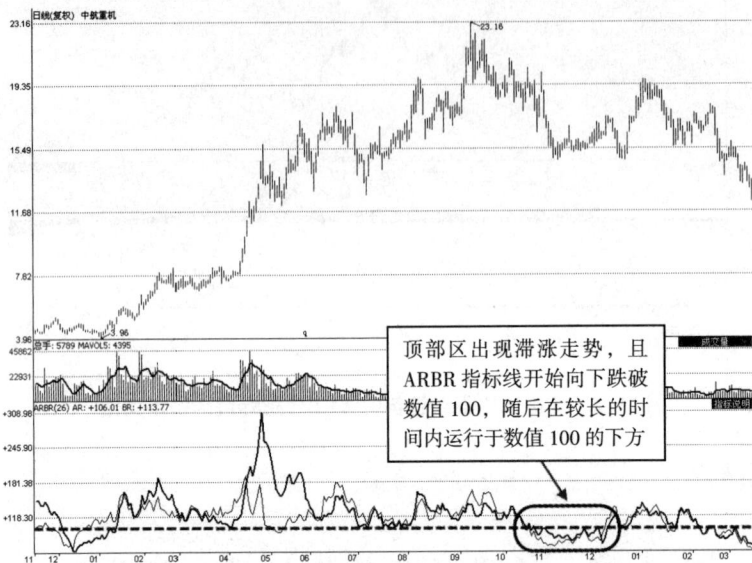

图 13-5　中航重机顶部区的 ARBR 指标线形态示意图

　　当股市或个股经过了持续的上涨走势之后，在其累计涨幅较大的背景下，若于高位区出现涨势放缓，而价格仍在不断创出新高，但同期的 ARBR 指标线却并没有随之走高，反而是出现了一峰低于一峰的形态，这是高位区的 ARBR 指标线顶背离形态，多预示着价格见顶走势的出现。

　　图 13-6 为大湖股份（600257）2009 年 6 月 4 日至 2010 年 1 月 21 日期间走势图，如图标注所示，此股在大幅上涨后的高位区，虽然股价仍在震荡走高，但是同期的 ARBR 指标线却呈现出快速下降形态，价格走势与 ARBR 指标线呈现出明显的背离形态。当这种背离形态出现在个股大幅上涨后的高位区时，往往是其见顶的标志，也是我们逢高减仓或出局的信号。

　　当股市或个股经过了持续的下跌走势之后，在其累计跌幅较大的背景下，若 ARBR 指标线开始由数值 100 的下方开始向上突跌数值 100，且随后在较长的时间内站稳于数值 100 的上方，则说明市场的下跌力量已经开始减弱，且上涨力量开始占据市场的主导地位，这是个股步入底部区的表现，也

图 13-6　大湖股份 ARBR 指标线顶背离形态示意图

是下跌趋势结束的信号。

　　图 13-7 为山东药玻（600529）2007 年 12 月 26 日至 2008 年 12 月 12 日期间走势图，如图标注所示，此股在经过持续下跌走势之后，于低位区出现了止跌企稳的走势，且 ARBR 指标线开始向上突破数值 100，并在较长的时间内持续运行于数值 100 的上方。这说明市场的空方占优局面已经不在，是个股步入底部区的标志，也是我们中长线入场买股的信号。

　　当股市或个股经过了持续的下跌走势之后，在其累计跌幅较大的背景下，若于低位区出现跌势放缓，而价格仍在不断创出新低，但同期的 ARBR 指标线却并没有随之走低，反而是出现了一峰高于一峰的形态，这是低位区的 ARBR 指标线底背离形态，多预示着价格见底走势的出现。

　　图 13-8 为长春一东（600148）2008 年 1 月 28 日至 2009 年 1 月 15 日期间走势图，如图标注所示，此股在大幅下跌后的低位区，虽然股价仍在震荡走低，但是同期的 ARBR 指标线却呈现出缓慢上扬的形态，价格走势与 ARBR 指标线呈现出明显的背离形态。当这种背离形态出现在个股大幅下跌后的低位区时，往往是其见底的标志，预示着底部区即将出现。

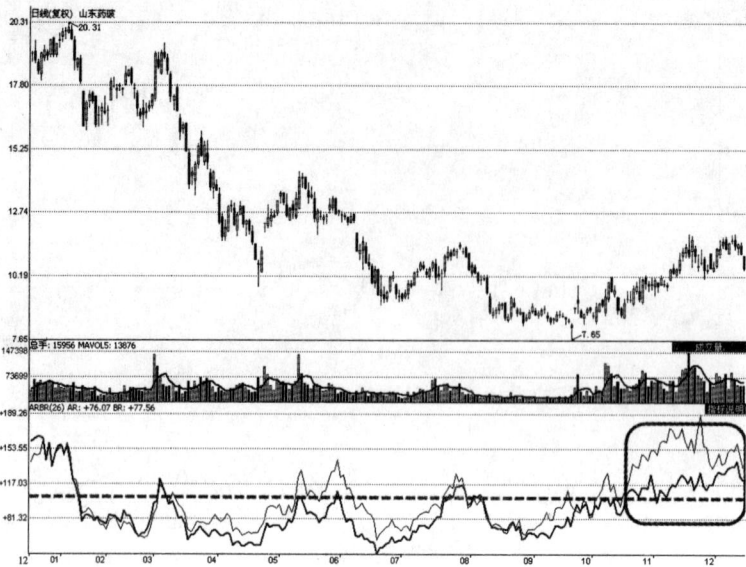

图 13-7 山东药玻底部区 ARBR 指标线形态示意图

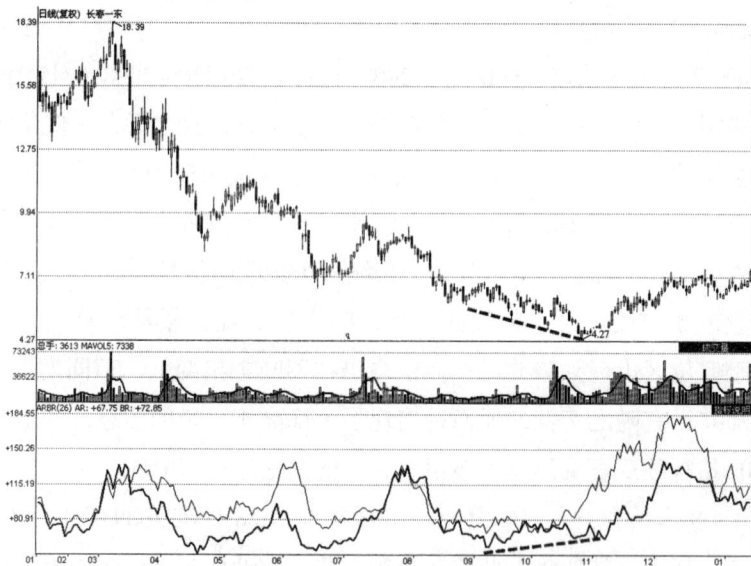

图 13-8 长春一东 ARBR 指标线底背离形态示意图

第四节　运用情绪指标数值大小把握短期买卖点

价格的运动过程往往都是以波浪式的方式呈现出来的，这多是因为短期的上涨力量或下跌力量在快速释放完毕之后，价格往往就会向相反的方向运动。透过 ARBR 指标数值的变化，我们可以较为准确地了解到市场短期内上涨力量或下跌力量释放的程度如何，从而明晰个股短期内是处于超买状态，还是处于超卖状态？

当个股的一波快速上涨使得 AR 值或 BR 值超过了数值 200，则说明市场短期内处于超买状态，是上涨力量即将减弱的预示，也是个股随即将展开一波回调下跌走势的信号；反之，当个股的一波快速下跌使得 AR 值或 BR 值低于数值 50，则说明市场短期内处于超卖状态，是下跌力量即将减弱的预示，也是个股随即将展开一波反弹上涨走势的信号。

图 13-9 为中材国际（600970）2008 年 11 月 28 日至 2009 年 3 月 11 日期间走势图，如图标注所示，此股在短期内的一波快速上涨走势后，其 BR

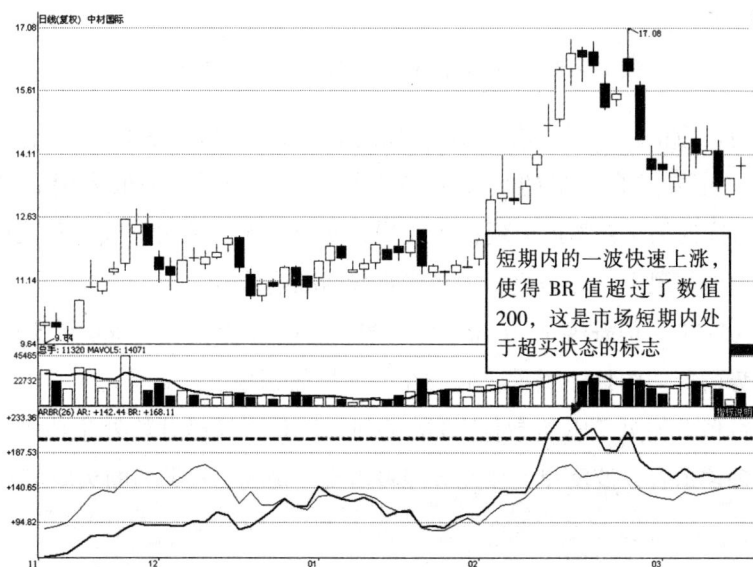

图 13-9　中材国际 ARBR 指标值超买状态示意图

值明显超过了数值 200，图中用虚线标注了数值 200 所在的区域，这是市场短期内上涨力量释放过度的标志，可以作为我们短期内的卖股信号。

图 13-10 为万科 A（000002）2009 年 1 月 13 日至 9 月 2 日期间走势图，如图标注所示，此股在阶段性涨幅较大的情况下，ARBR 指标值向上突破了数值 200，这预示着阶段性回调下跌走势即将出现，是我们短期内的卖股信号。

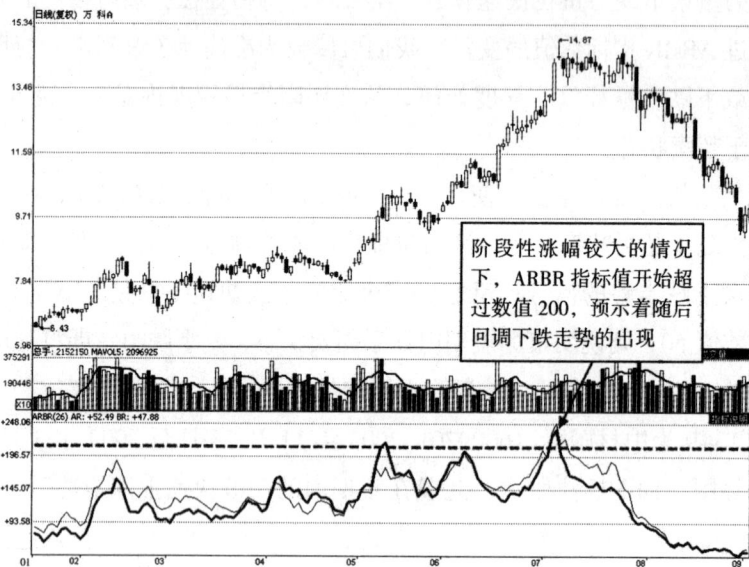

图 13-10　万科 A 的 ARBR 指标值超买状态示意图

值得注意的一点是：在运用 ARBR 指标的超买超卖数值进行买卖股时，我们还一定要结合价格的具体走势情况来综合分析。一般来说，只有当 ARBR 指标的超买超卖值出现在个股累计涨幅较大的情况下或是阶段性上涨幅度较大的情况下，才是我们短线买卖股的准确信号。

图 13-11 为华海药业（600521）2007 年 12 月 26 日至 2008 年 5 月 25 日期间走势图，如图标注所示，此股在一波持续深幅下跌走势之后，其 ARBR 指标的数值开始处于低于数值 50 的区间，这是市场已开始处于超卖状态的标志，多预示着一波反弹上涨走势即将出现，是我们短期内的买股信号。

一波持续的深幅下跌，使得 ARBR 指标值开始低于数值 50，这是市场短期内下跌力量释放过度的信号，也是我们短期内的买股信号

图 13-11 华海药业 ARBR 指标值超卖状态示意图

第十四章 中间意愿指标

中间意愿指标（CR）与 ARBR 指标的设计原理较为相似，也是一个通过计算上涨力量与下跌力量对比情况，进而分析市场强弱的指标，我们既可以利用这一指标分析趋势运行的状态，也可以利用它把握阶段性买点与卖点的出现。

第一节 理解中间意愿指标的设计原理

通过上一章的讲解，我们知道，ARBR 指标是以开盘价和收盘价作为其计算的依据，利用开盘价或收盘价与最高价及高低价之间的差价来计算出市场的上涨力量和下跌力量，再利用上涨力量与下跌力量的比值变化来分析市场的强弱运行状态。CR 指标的设计原理是与 ARBR 指标几乎完全相同的，所不同的是：CR 指标认为股市中最具代表性的价格既不是开盘价，也不是收盘价，而是"中间价"，CR 指标通过一定的方法计算出中间价，再利用中间价与最高价及高低价之间的差价来计算出市场的上涨力量和下跌力量，进而分析预测股市或个股运行的强势。下面我们来看看 CR 指标的计算方法。

CR 指标与 ARBR 指标最大的不同之处就在于它选取了"中间价"，那么，中间价是如何计算得到的呢？一般来说，中间价是通过对上一个交易日的最高价、最低价、开盘价、收盘价这四个价位进行加权平均而得到的。就目前来说，比较常用的中间价的计算方法有四种：①中间价 =（最高价 + 最低价）÷2；②中间价 =（最高价 + 最低价 + 收盘价）÷3；③中间价 =（开盘价+最高价 + 最低价 + 收盘价）÷4；④中间价 =（2 倍的开盘价 + 最高价 + 最低价）÷4。

在计算出中间价后，就可以计算得到 CR 值：CR=N 日内（当日最高价–上个交易日的中间价）之和÷N 日内（上个交易日的中间价–当日最低价）之和；其中，（当日最高价–上个交易日的中间价）代表这一个交易日中的上涨力量大小，（上个交易日的中间价–当日最低价）代表这一个交易日的下跌力量大小，这与前面讲解 ARBR 指标时的原理是一致的，N 为设定的时间周期参数，一般设定为 26 日。

在 CR 指标中，为了方便研判，引入了 CR 值的移动平均曲线，其计算周期一般选取为 5 日、10 日、20 日。在实盘操作中，利用 CR 指标线与这 3 条 CR 值的移动平均线之间的交叉穿越关系、运行形态，就可以很好地识别价格走势、预测价格走势。

第二节　运用中间意愿指标识别趋势运行状态

我们首先来看看 CR 指标是如何反映上升趋势与下跌趋势的。上升趋势是一个上涨力量强于下跌力量的运行过程，这体现在 CR 指标的计算公式上就是代表着上涨力量的"分子"应大于代表着下跌力量的"分母"。基于 CR 指标值的计算方法，我们可以看出，在上升趋势中，CR 指标的数值应在绝大多数时间内保持在数值 100 之上的状态；而在下跌趋势中，CR 指标的数值应在绝大多数间内保持在数值 100 之下的状态。下面我们结合实例来看看 CR 指标是如何具体直观地反映上升趋势与下跌趋势的。

图 14-1 为中国船舶（600150）2006 年 12 月 29 日至 2007 年 10 月 24 日期间走势图，在 CR 指标线窗口中，用虚线标出了数值为 100 的区域，其中的最粗线为 CR 指标线，其余的 3 根线由细到粗分别为 CR 指标的 3 条移动平均线 MA1、MA2、MA3。如图所示，此股在此期间处于持续上涨的上升趋势当中，上升趋势是一个上涨力量大于下跌力量的过程，体现在 CR 指标线形态上是：CR 指标线会持续地运行于数值 100 的上方。透过 CR 指标线与数值 100 的位置关系，再结合价格走势，我们可以清晰地识别出此股的趋势

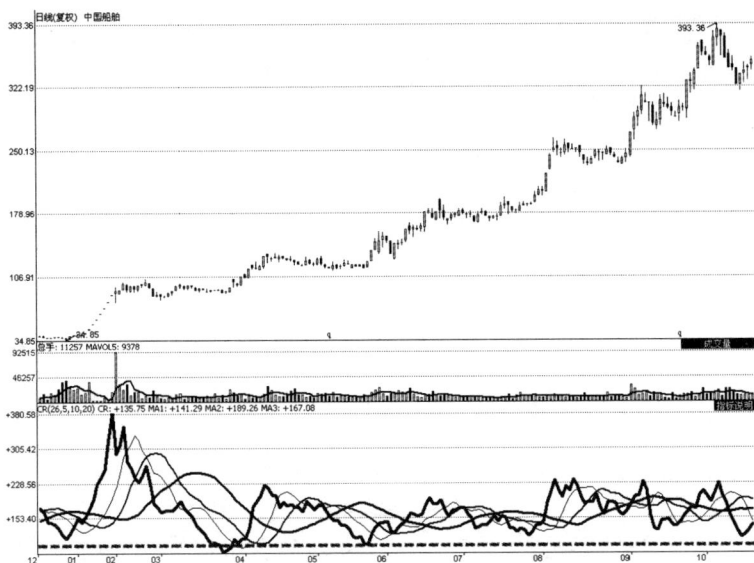

图 14-1　中国船舶上升趋势中 CR 指标线形态示意图

运行状态。

图 14-2 为中国船舶（600150）2008 年 1 月 14 日至 10 月 28 日期间走势图，如图所示，此股在此期间处于下跌趋势当中，下跌趋势是一个下跌力量强于上涨力量的过程，体现在 CR 指标线形态上是：CR 指标线会持续地运行于数值 100 的下方。透过 CR 指标线与数值 100 的位置关系，再结合价格走势，我们可以清晰地识别出此股的趋势运行状态。

CR 指标除了可以较为清晰直观地反映出牛市或熊市的运行趋势，还可以使我们很好地把握住趋势的转向，在利用 CR 指标把握趋势转向时，我们可以重点关注两点：一是 CR 指标线与数值 100 之间位置关系的转变；二是 CR 指标线在高位区所出现的顶背离形态，或是在低位区所出现的底背离形态。

当股市或个股经过了持续的下跌走势之后，在其累计跌幅较大的背景下，若 CR 指标线及其 3 条移动平均线开始由数值 100 的下方开始向上突跌数值 100，且随后在较长的时间内站稳于数值 100 的上方，则说明市场的下跌力量已经开始减弱，且上涨力量开始占据市场主导地位，这是个股步入底部区的表现，也是下跌趋势结束的信号。

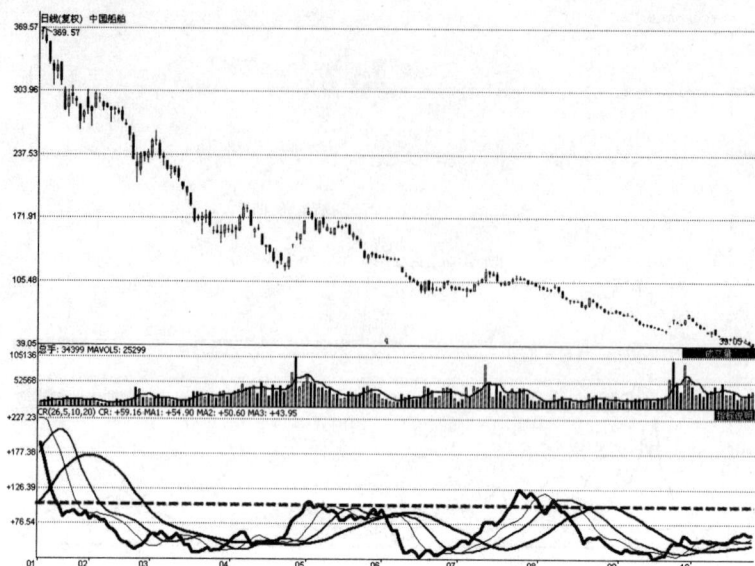

图 14-2 中国船舶下跌趋势中 CR 指标线形态示意图

图 14-3 为一汽轿车（000800）2008 年 2 月 26 日至 2009 年 1 月 5 日期间走势图，如图标注所示，此股在经过持续下跌走势之后，于低位区出现了止跌企稳的走势，且 CR 指标线及其 3 条移动平均线开始向上突破数值100，并在较长的时间内持续运行于数值 100 的上方，这说明市场的空方占优局面已经不在，是个股步入底部区的标志，也是我们中长线入场买股的信号。

当股市或个股经过了持续的下跌走势之后，在其累计跌幅较大的背景下，若于低位区出现跌势放缓，而价格仍在不断创出新低，但同期的 CR 指标线及其 3 条移动平均线却并没有随之走低，反而是出现了一峰高于一峰的形态，这是低位区的 CR 指标线底背离形态，多预示着价格见底走势出现。

图 14-4 为格力地产（600185）2008 年 4 月 3 日至 10 月 30 日期间走势图，如图标注所示，此股在大幅度下跌后的低位区，虽然股价仍在震荡走低，但是同期的 CR 指标线却呈现出缓慢上扬的形态，价格走势与 CR 指标线呈现明显的背离形态。当这种背离形态出现在个股大幅下跌后的低位区时，往往是其见底的标志，预示着底部区即将出现。

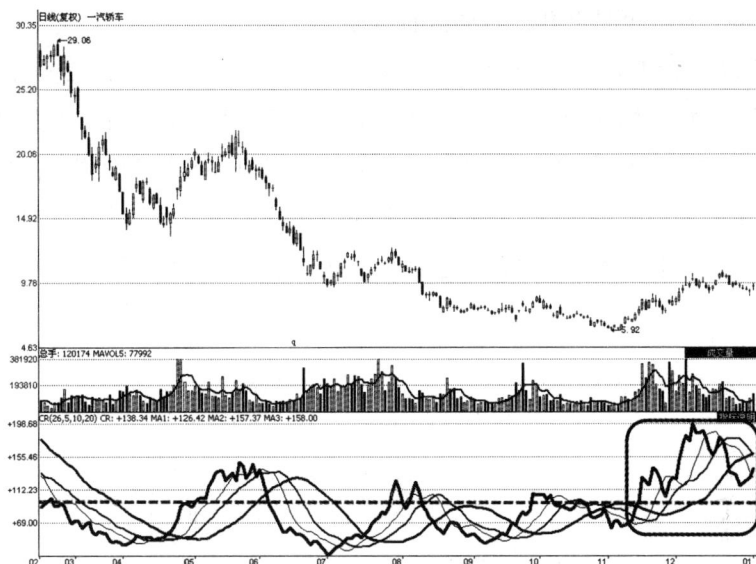

图 14-3　一汽轿车底部区 CR 指标线形态示意图

图 14-4　格力地产 CR 指标线底背离形态示意图

当股市或个股经过了持续的上涨走势之后，在其累计涨幅较大的背景下，若 CR 指标线及其 3 条移动平均线开始由数值 100 的上方向下跌破至数值 100 的下方，且随后在较长时间内运行于数值 100 的下方，则说明市场的上涨力量已经开始减弱，且下跌力量开始占据市场主导地位，这是个股步入顶部区的表现，也是上升趋势结束的信号。

图 14-5 为万科 A（000002）2008 年 11 月 7 日至 2009 年 12 月 15 日期间走势图，如图标注所示，此股在经过持续上涨走势之后，于高位区出现了滞涨的走势，且 CR 指标线及其 3 条移动平均线开始向下跌破数值 100，并在较长的时间内持续运行于数值 100 的下方，这说明市场的多方占优局面已经不在，是个股步入顶部区的标志，也是我们中长线卖股离场的信号。

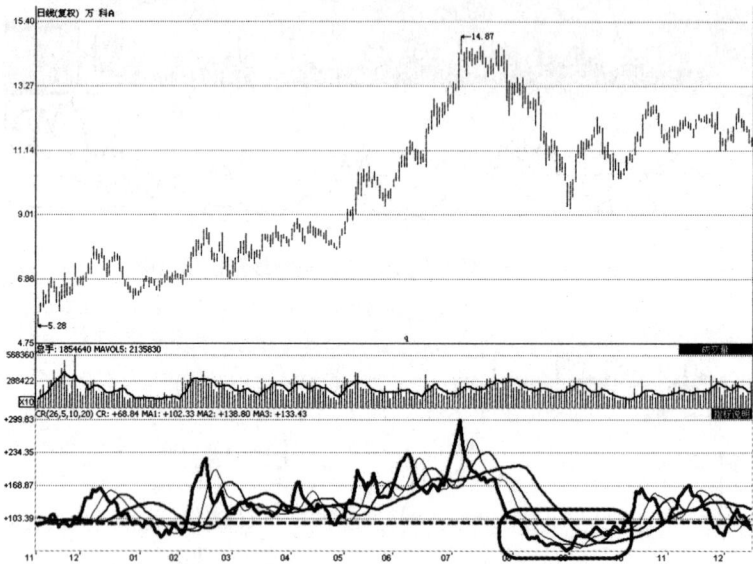

图 14-5　万科 A 顶部区的 CR 指标线形态示意图

当股市或个股经过了持续的上涨走势之后，在其累计涨幅较大的背景下，若于高位区出现涨势放缓，而价格仍在不断创出新高，但同期的 CR 指标线却并没有随之走高，反而是出现了一峰低于一峰的形态，这是高位区的 CR 指标线顶背离形态，多预示着价格见顶走势出现。

图 14-6 为青岛海尔（600690）2009 年 6 月 3 日至 2010 年 1 月 26 日期间走势图，如图标注所示，此股在大幅上涨后的高位区，虽然股价仍在震荡走高，但是同期的 CR 指标线却呈现出快速下降形态，价格走势与 CR 指标线呈现出明显的背离形态。当这种背离形态出现在个股大幅上涨后的高位区时，往往是其见顶的标志，也是我们逢高减仓或出局的信号。

图 14-6　青岛海尔 CR 指标线顶背离形态示意图

第三节　运用中间意愿指标交叉形态把握短线买卖点

与 ARBR 指标不同，在中间意愿指标的设计之中，引入了 3 条移动平均线曲线，因而在 CR 指标线窗口中，我们可以看到 4 条指标线，它们分别是：CR 指标线、CR 指标线的 5 日移动平均曲线 MA1、CR 指标线的 10 日移动平均曲线 MA2、CR 指标线的 20 日移动平均曲线 MA3。在这 4 条曲线当中，CR 指标线的波动速率最为频繁、反映更为灵敏，MA1、MA2、MA3 的波动频率则一个比一个平稳，由于其波动速率存在着显著的区别，在实盘操作中，我们即可以在结合价格走势的基础上，利用这 4 条曲线的交叉穿越关系来把握买卖时机，下面我们结合实例来看看应如何展开。

当价格经一波快速上涨后，使得 CR、MA1、MA2、MA3 这 4 条曲线呈现出向上发散的多头排列形态时，由于此时的价格阶段性上涨幅度较大，因而，随后一波回调走势往往会呼之欲出。此时，若 CR 指标线向下交叉于

MA1 曲线，则往往预示着阶段性上涨走势的结束，是回调下跌走势即将展开的信号，也是我们短线卖股的信号。

图 14-7 为三维通信（002115）2009 年 9 月 16 日至 2010 年 2 月 9 日期间走势图，在 CR 指标线窗口中，其中的最粗线为 CR 指标线，其余的 3 根线由细到粗分别为 CR 指标的 3 条移动平均线 MA1、MA2、MA3。如图标注所示，此股在一波快速上涨走势后，在阶段性涨幅较大的情况下，出现了 CR 指标线向下交叉于 MA1 曲线的形态（在 CR 指标线窗口中已有圆圈标注），这是个股阶段性下跌回调走势即将展开的信号，也是我们短期内的卖股信号。

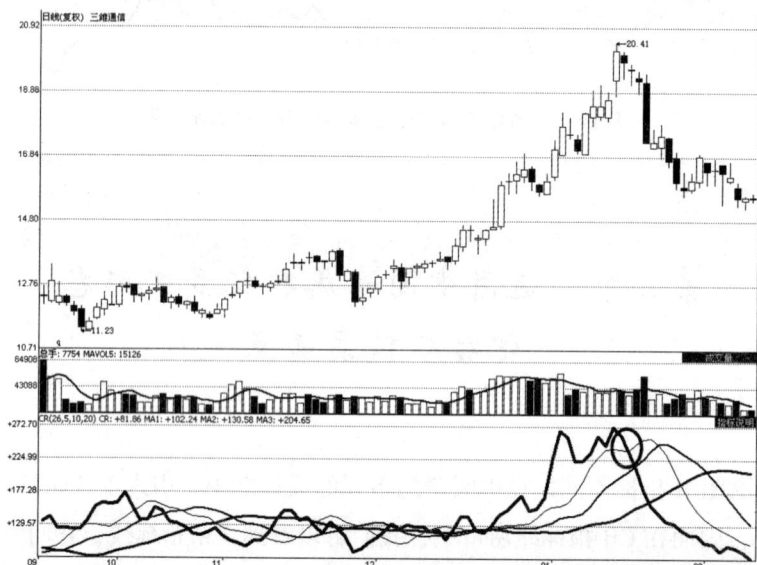

图 14-7　三维通信 CR 指标线向下交叉形态卖出示意图

在上升途中的盘整走势中，CR 指标线往往与 MA1、MA2、MA3 这 3 条曲线交织在一起，或是运行于这 3 条曲线的下方，若随着盘整走势的持续，CR 指标线开始运行于这 3 条曲线的上方，则说明市场的上涨力量再度增强，是个股将要突破盘整走势向上突破的信号，也是我们上升途中加仓买入的信号。

图 14-8 为法拉电子（600563）2009 年 3 月 10 日至 9 月 18 日期间走势图，如图所示，此股在上升途中出现了较长时间的盘整走势，对于盘整走势

后的突破方向，我们可以透过 CR 指标线的运行形态来识别。如图标注所示，在盘整走势中，CR 指标线运行于这 3 条曲线的下方，但随着盘整走势的持续，CR 指标线开始运行于这 3 条曲线的上方（如图中箭头标注所示），这说明了市场的上涨力量再度增强，是个股将要突破盘整走势向上突破的信号。

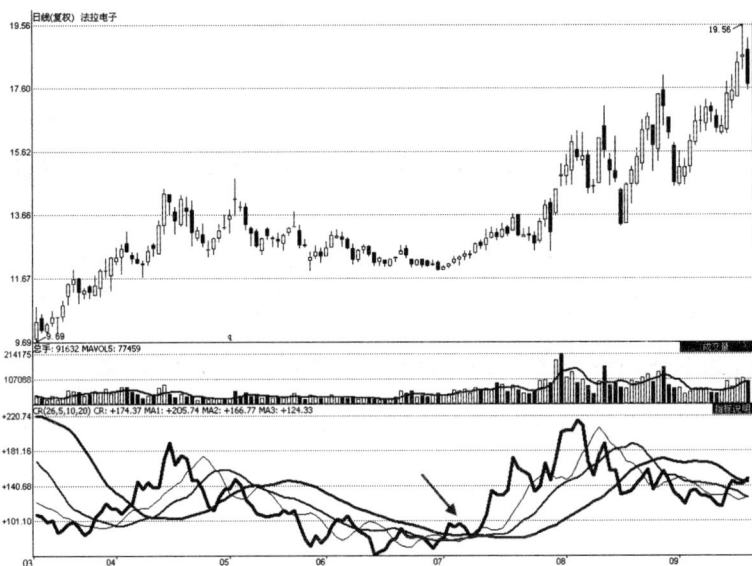

图 14-8　法拉电子上升途中盘整走势后 CR 指标线形态示意图

当价格处于上升走势中时，若价格出现了一波快速回调走势，则同期的 CR、MA1、MA2、MA3 这 4 条曲线会呈现出快速下降且向下发散的形态。此时，若 CR 指标线向上交叉于 MA1 曲线，则往往预示着阶段性回调走势的结束，是我们在上升途中逢低买入的信号。

图 14-9 为陆家嘴（600663）2008 年 10 月 30 日至 2009 年 2 月 17 日期间走势图，在 CR 指标线窗口中，其中的最粗线为 CR 指标线，其余的 3 根线由细到粗为 CR 指标的 3 条移动平均线 MA1、MA2、MA3。如图标注所示，此股在一波快速回调走势后，出现了 CR 指标线向上交叉于 MA1 曲线的形态（在 CR 指标线窗口中已有圆圈标注），这是个股阶段性下跌回调走势结束的信号，预示着新一波上涨走势即将展开，是我们短期内逢低买入的信号。

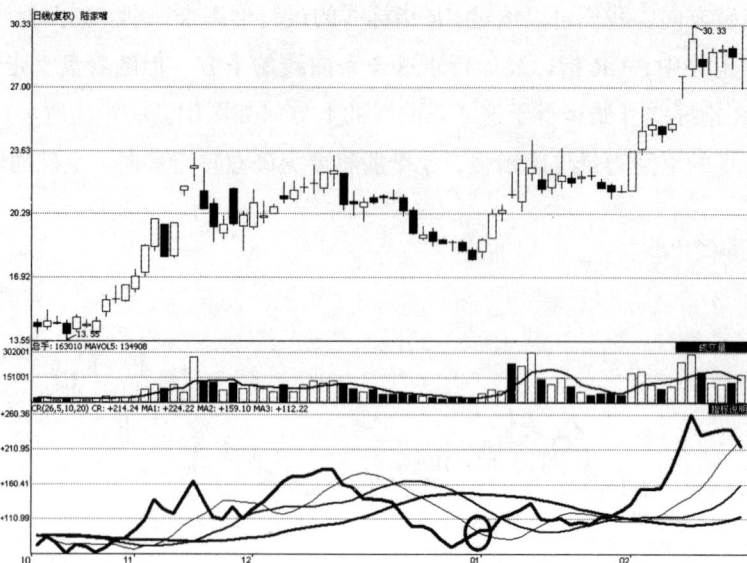

图 14-9 陆家嘴上升途中回调走势后 CR 指标线向上交叉形态示意图

第十五章 心理线

心理线（PSY，Psychological Line），顾名思义，是一种研究投资者心理趋向的指标，它重点研究投资者在某一段时间内的心态是倾向于买入，还是卖出，并将这种心态转换为确切的数字，从而指导投资者进行买卖操作。

第一节 理解心理线的设计原理

我们知道，股市中的投资者往往具有"追涨杀跌"的情绪及操作方式，其实，这正是投资者在炒股时共同心态的反映。心理学研究表明，人的心理预期、情绪、行为等，会在很大程度上受到当前外界因素的影响，从而形成直接的条件刺激，但是对于这种外界因素的出现原因、是否能够持续下去等问题则往往欠缺理性的思考。

在股市中，这种外界因素就是直接以股价的涨跌体现出来的，当股价持续上涨时，由于惯性思维及贪婪情绪的缘故，更多的投资者往往只将注意力集中于股价当前的上涨走势上，而忽略了其随后出现回调、下跌的可能性，这就是多数投资者具有的"涨时看涨"的心态，体现在操作行为上，就是盲目的"追涨"；反之，当股价持续下跌时，由于惯性思维及恐慌情绪的缘故，更多的投资者往往只将注意力集中于股价当前的下跌走势上，而忽略了其随后出现反弹、上涨的可能性，这就是多数投资者具有的"跌时看跌"的心态，体现在操作行为上，就是盲目的"杀跌"。

可以说，价格走势的上涨或下跌的情况直接影响着投资者的心理，基于这一事实，心理线（PSY）是通过计算 N 日内上涨天数所占的比例数值来反映投资者心理预期的，即 PSY＝（N 日内上涨天数÷N）×100，参数 N 设置为时间周期，一般设置为 12 日。

第二节　运用心理线数值把握短线买卖时机

心理线指标是将投资者心态具体为数字的一个指标，它在实盘操作中的判断依据主要是基于"物极必反"的原理，即当绝大多数投资者都看好股价将要上涨时，则多说明短期内的上涨力量已经得到了较为充分的消耗，是个股短期内处于超买状态的表现；反之，当绝大多数投资者都看好股价将要下跌时，则多说明短期内的下跌力量已经得到了较为充分的消耗，是个股短期内处于超卖状态的表现。在这一层面上，我们也可以认为心理线（PSY）指标是一个短线的超买超卖型的指标。由心理线（PSY）指标的计算方法可知，$0 \leqslant PSY \leqslant 100$，当 $PSY = 50$，则表示 N 日内有一半时间市势是上涨的，另一半是下跌的。

在实盘操作中，我们主要是结合价格的走势及 PSY 指标的数值大小来分析预测价格的后期走势的。一般来说，PSY 指标值为 25~75 是心理预期正常理性变动范围，此时，大多数投资者会依据趋势运行的总体情况，按部就班地采取操作，无论是价格处于稳步的上涨走势中，还是持续的下跌走势中，投资者的心态并没有明显的转向，也不会出现极端的买卖情绪，价格后期仍延续原有趋势运行状态的可能性会更大。如果价格走势处于稳健的攀升走势中，则投资者不宜盲目进行短线的高抛，而应积极地持股待涨，因为，心理线数值为 25~75 说明市场并没有处于明显的超买状态；如果价格走势处于震荡走低之中，则指标也不宜盲目地进行抄底操作或是博取反弹操作，因为，心理线数值为 25~75 说明市场并没有处于明显的超卖状态。

图 15-1 为张江高科（600895）2009 年 11 月 24 日至 2010 年 3 月 12 日期间走势图，如图标注所示，此股在此期间的 PSY 指标数值一直处于 25~75 的常态之下，与之相对应的股价走势也是波澜不惊，处于震荡走低之中。通过心理线的常态数值，我们可以了解到此股在此期间并没有出现明显的超卖

图15-1 张江高科 PSY 指标线常态运行示意图

状态，因而，价格走势也难以呈现出超卖状态后的大幅反弹上涨行情，此时，投资者的最好操作策略就是持币观望。

图 15-2 为荣盛发展（002146）2009 年 4 月 7 日至 6 月 26 日期间走势图，如图标注所示，此股在此期间的 PSY 指标数值一直处于 25~75 的常态之下，与之相对应的股价走势也是波澜不惊，处于震荡走高之中。通过心理线的常态数值，我们可以了解到此股在此期间并没有出现明显的超买状态，因而，价格走势也难以呈现出超买状态后的大幅下跌回调行情，此时，投资者的最好操作策略就是持股待涨。

当 PSY 指标值超过数值 75，且个股价格近期涨幅较大时，往往是市场短期内处于超买状态的表现，此时，我们可以逢高减仓以保住到手的利润。

图 15-3 为安泰科技（000969）2009 年 3 月 5 日至 7 月 8 日期间走势图，在 PSY 指标线窗口中，我们用虚线标注出了 PSY 指标数值为 75 的位置区，如图标注所示，此股在累计涨幅较大的背景下，出现了一波快速上涨走势，PSY 指标值超过了数值 75，这是市场处于超买状态的体现，也是下跌回调走势即将出现的信号。此时我们应展开逢高减仓或清仓的操作，以最大限度地保住到手的利润。

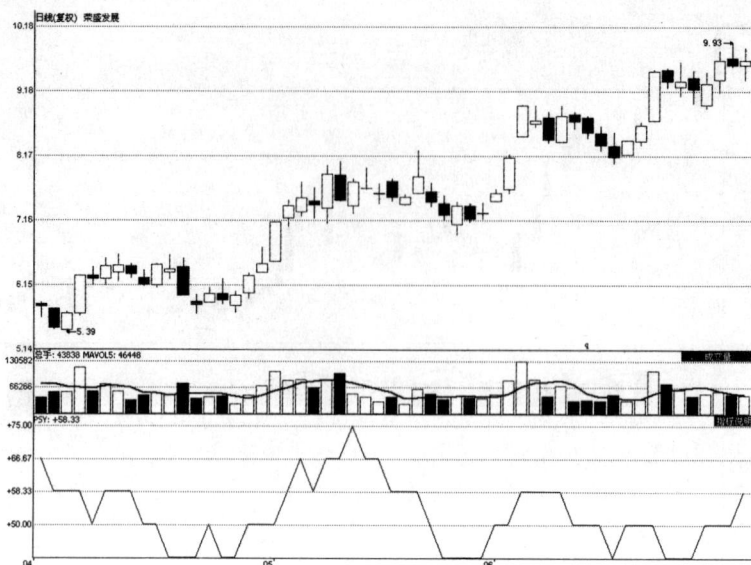

图 15-2　荣盛发展 PSY 指标线常态运行示意图

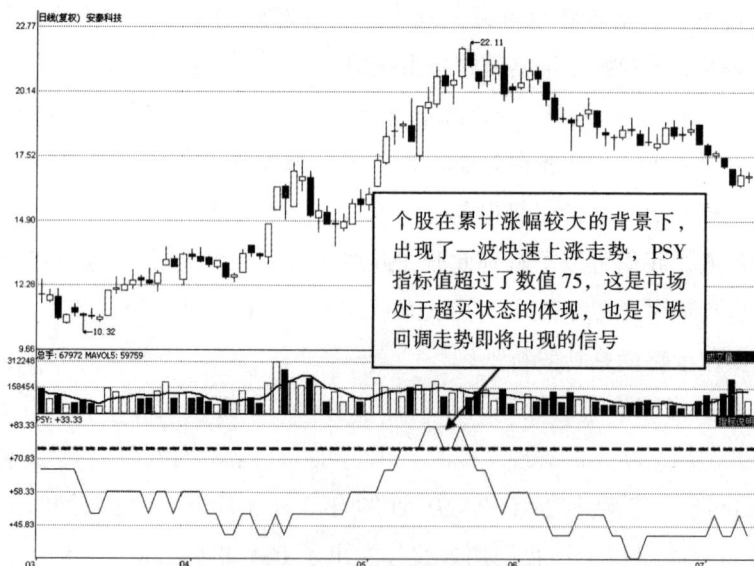

个股在累计涨幅较大的背景下，出现了一波快速上涨走势，PSY 指标值超过了数值 75，这是市场处于超买状态的体现，也是下跌回调走势即将出现的信号

图 15-3　安泰科技 PSY 指标线超买状态示意图

图 15-4 为万科 A（000002）2009 年 2 月 20 日至 9 月 2 日期间走势图，如图标注所示，此股在持续快速的过程中，其累计涨幅较大，在随后的高位区，我们可以看到，PSY 指标值超过了数值 75，这是市场处于超买状态的体

图 15-4 万科 A 的 PSY 指标线超买状态示意图

现，也是下跌回调走势即将出现的信号。此时我们应展开逢高减仓或清仓的操作，以最大限度地保住到手的利润。

当 PSY 指标值低于数值 25，且个股价格近期跌幅较大时，往往是市场短期内处于超卖状态的表现，此时，我们可以逢低建仓以等待反弹上涨走势的出现。

图 15-5 为青岛海尔（600690）2008 年 4 月 16 日至 12 月 9 日期间走势图，在 PSY 指标线窗口中，我们用虚线标注出 PSY 指标数值为 25 的位置区，如图中的箭头标注所示，此股在两次阶段性的快速下跌走势之后，都出现了 PSY 指标值低于数值 25 的情况。这是市场短期内处于超卖状态的体现，考虑到个股阶段性下跌幅度较大，因而，此时我们可以适当地展开逢低买入、博取反弹行情的操作。

图 15-6 为新疆城建（600545）2009 年 9 月 30 日至 2010 年 2 月 25 日期间走势图，如图标注所示，此股在上升途中经一波回调走势之后，出现了 PSY 指标值低于数值 25 的情况，这是个股短期内处于明显超卖状态的表现，也是个股回调走势结束的信号，此时，我们可以进行逢低买入的短线操作。

图 15-5　青岛海尔 PSY 指标线超卖状态示意图

图 15-6　新疆城建 PSY 指标线超卖状态示意图

有的时候，PSY 指标线往往会提前于价格走势而先出现异动，这时，我们可以结合价格的前期整体走势和 PSY 指标线的变动方向，来预测价格的后期走势。

图 15-7 为江铃汽车（000550）2009 年 3 月 5 日至 8 月 4 日期间走势图，

如图所示，此股在上升途中出现了较长时间的盘整走势，如图标注所示，在盘整走势中，虽然价格走势并未出现明显的变化，但是 PSY 指标线却出现了大幅攀升的形态。这说明投资者看涨情绪高涨，结合此股前期的上升趋势运行状态，我们有理由认为这种集体看涨的心理将是个股突破盘整区上行的信号，因而，在实盘操作中，可以在此时积极地买入布局，以等待个股随后出现突破上行的走势。

图 15-7 江铃汽车 PSY 指标线大幅攀升形态示意图

图 15-8 为太行水泥（600553）2008 年 5 月 13 日至 9 月 26 日期间走势图，如图所示，此股在下跌途中出现了一波反弹走势，随后于反弹上涨后的相对高位区出现了较长时间的盘整走势，如图标注所示，在盘整走势中，我们可以看到，虽然价格走势并未出现明显的变化，但是 PSY 指标线却出现了大幅下跌的形态。这说明投资者看空情绪突出，结合此股前期的下跌趋势运行状态，我们有理由认为这种集体看跌的心理将是个股突破盘整区破位下行的信号，因而，在实盘操作中，可以在此时积极的逢高卖出。

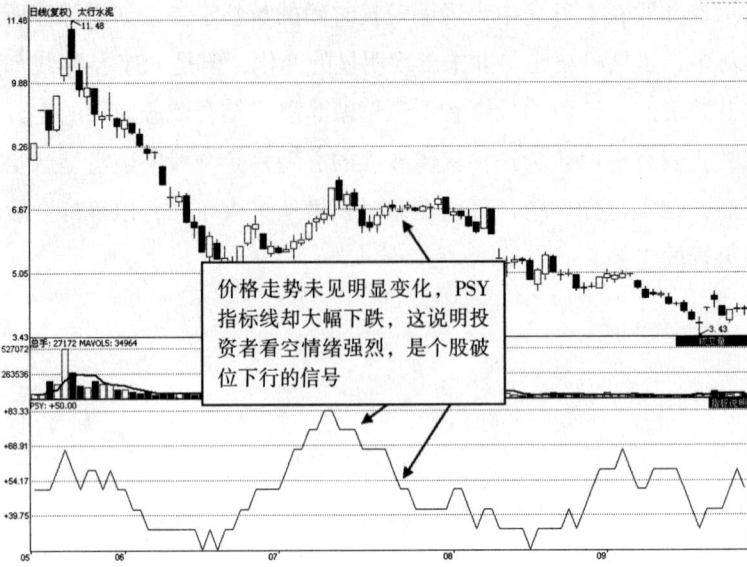

价格走势未见明显变化，PSY
指标线却大幅下跌，这说明投
资者看空情绪强烈，是个股破
位下行的信号

图 15-8　太行水泥 PSY 指标线大幅下跌形态示意图

第十六章　威廉指标

威廉指标（W&R）又称为威廉超买超卖指数，它与随机摆动指标（KDJ）相似，也是一种分析市场短期内超买超卖情况的摆动类指标。威廉指标是一个波动性很强的短线指标，它可以帮助投资者在震荡行情中较为准确地进行高抛低吸操作。

第一节　理解威廉指标的设计原理

威廉指标的设计原理很简单，它从研究价位波幅出发，通过一段时间内的高低价位与收盘价之间的关系，来研判多空力量的变化情况，其计算公式为：W&R=［（N日内的最高价–当日收盘价）÷（N日内的最高价–N日内的最低价）］×100。一般来说，其计算周期往往包括分别独立的两个：一个为10个交易日，另一个为6个交易日。

所计算出来的W&R指标数值表明了当天的收盘价在过去的这一时间周期内所处的相对位置区，如果W&R指标的数值比较大，则当天的价格处在相对较低的位置，此时应注意个股的反弹上涨走势的出现；如果W&R指标的数值较小，则当天的价格处在相对较高的位置，此时应注意个股的回调下跌走势的出现。

第二节　运用威廉数值把握短线买卖时机

在实盘操作中，主要是通过威廉数值的大小来作为研判价格走势的依据，通过计算公式可以知道，威廉指标的数值在 0~100 之间。一般来说，将数值 50 当作多空双方的平衡线，当威廉指标值在 50 附近波动时，说明多空双方交锋较为缓和，市场的走势较为稳定，此时，投资者可以依据价格的总体运行趋势而展开操作。把 W&R 指标数值 80 以上视作超卖区，此时，市场短期内的空方力量处于释放过度状态，是短线买入的机会；把 W&R 指标数值 20 以下视作超买区，此时，市场短期内的多方力量处于释放过度状态，是短线卖出的机会。下面，结合实例来介绍如何利用威廉指标值来进行实盘操作。

图 16-1 为中国石化（600028）2009 年 4 月 9 日至 9 月 7 日期间走势图，在威廉指标窗口中，用虚线标注出了数值 20 所在位置区，如图所示，此股在一波快速上涨后，W&R 指标线开始向下跌至 20 以下，这是市场短期内处于超买状态的表现，因而，可以做好逢高卖股的准备。在实盘操作中，不必在 W&R 指标线刚刚向下跌至 20 下方时就急于卖出，因为一是这时个股的阶段性上涨走势往往并不明显；二是 W&R 指标的波动性较大，如果在其刚刚跌至 20 下方时就卖出，很容易错过短期内的上涨走势。因而，在实盘操作中，可以等个股出现了一波明显的上涨后，且 W&R 指标二次探底至 20 下方时，再卖出个股。

图 16-2 为保税科技（600794）2008 年 12 月 23 日至 2009 年 8 月 19 日期间走势图，在威廉指标窗口中，用虚线标注出了数值 20 所在位置区，如图中箭头标注所示，此股在一波快速上涨走势中，可以看到，W&R 指标线开始跌至数值 20 的下方，且出现的二次探底的形态，而这种二次探底正好出现在它一波快速上涨走势后高位区。此时就是短期内卖出此股的好时机，因为，W&R 指标线的这种运行形态说明此股目前正处于超买状态，是其一波回调走势即将展开的信号。

图 16-1 中国石化 W&R 指标线超买状态示意图

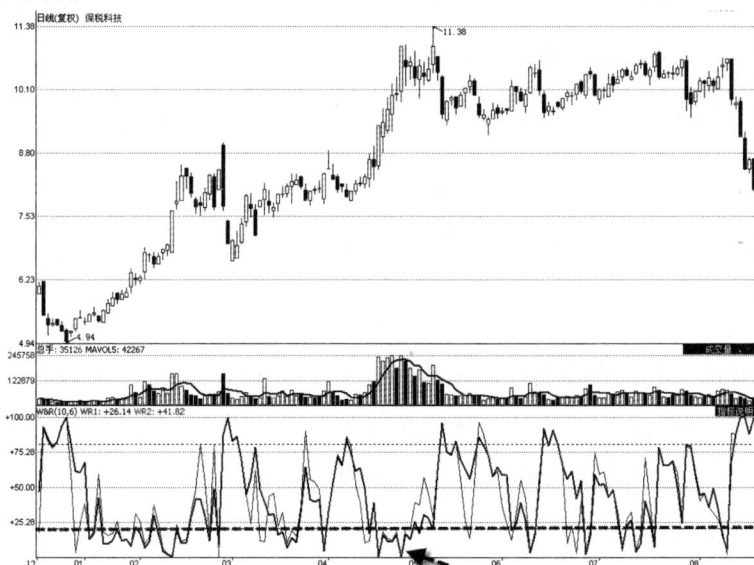

图 16-2 保税科技 W&R 指标线超买状态示意图

图 16-3 为陕天然气（002267）2009 年 6 月 5 日至 11 月 24 日期间走势图，在威廉指标窗口中，用虚线标注出了数值 80 所在位置区，如图所示，此股在一波快速下跌回调走势后，W&R 指标线开始向上突破 80 上方，这是市场短期内处于超卖状态的表现，因而，可以做好逢低买股的准备。在实盘

操作中，不必在其刚刚向上突破 80 上方时就急于买入，因为一是这时个股的阶段性上涨走势往往并不明显；二是 W&R 指标线的波动性较大，如果在其刚刚突破 80 上方就买入的话，很可能买在短期下跌走势途中。因而，在实盘操作中，可以等个股出现一波明显的下跌走势后（价格处于阶段性的相对低点），且 W&R 指标线二次或三次探高至 80 上方时，再买入个股。

图 16-3 陕天然气 W&R 指标线超卖状态示意图

图 16-4 为法拉电子（600563）2009 年 12 月 21 日至 2010 年 4 月 28 日期间走势图，如图中箭头标注所示，此股在盘整走势中处于相对低位区时，W&R 指标线也处于 80 上方，无论是价格走势，还是威廉指标的运行形态，都预示一波反弹上涨走势即将出现，此时即是短线买股的好时机。

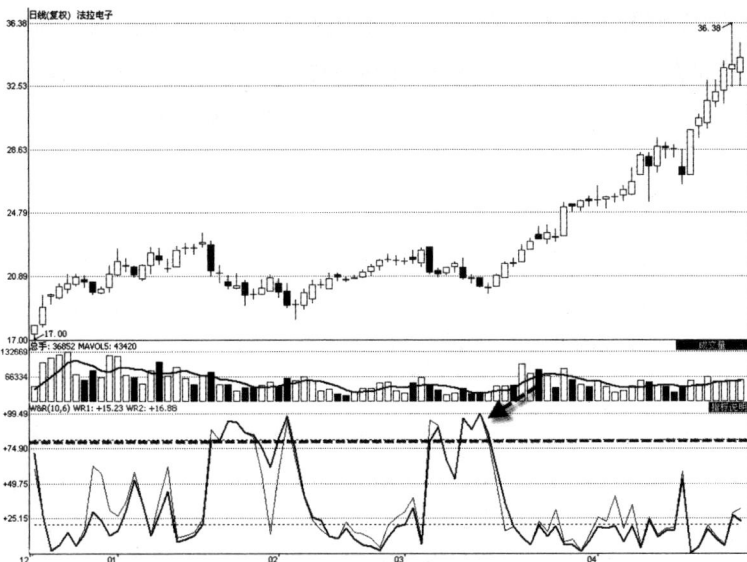

图16-4 法拉电子 W&R 指标线超卖状态示意图

第三节 运用威廉指标结合价格走势进行操作

除了运用威廉指标的超买超卖数值进行短期买卖操作外，还可以利用威廉指标的运行形态，并结合价格的走势进行短线买卖操作。一般来说，威廉指标值越小，则说明个股近期的下跌可能性越大；威廉指标值越大，则说明个股近期的上涨可能性越大。当然，要想准确的把握个股短期内的走势，仅凭威廉指标值的大小是远远不够的，还需分析个股价格的运行情况。

当个股经一波快速上涨走势后，若 W&R 指标线由先前的持续运行于数值 20 下方，开始向上运行，且同期的价格走势也呈现出高位区的滞涨形态，这都预示着市场空方力量在快速增强，是个股一波下跌回调走势即将展开的信号，也是短线卖股的信号。

图 16-5 为中材国际（600970）2009 年 10 月 29 日至 2010 年 5 月 19 日期间走势图，在威廉指标线窗口中，用虚线标注出了数值 20 所在位置区，如图所示，此股在盘整震荡趋势中的一波快速上涨之后，W&R 指标线数值

由处于 20 下方开始向上快速攀升，且同期的个股运行也呈现出高位滞涨的形态。这是其一波下跌走势即将展开的信号，透过该指标线先行于价格走势这一情况，可以提前一步在高点卖出，保住短期的利润。

图 16-5　中材国际 W&R 指标线快速攀升形态示意图

图 16-6 为金地集团（600383）2009 年 3 月 16 日至 9 月 2 日期间走势图，如图所示，此股在持续上涨的过程中，可以看到 W&R 指标线持续运行数值 20 下方，这是市场处于超买状态的表现。此时，应密切留意价格走势的变化，因为个股随时都有可能出现一波深幅的下跌回调走势。如图中箭头标注所示，当此股处于持续上涨后的高位区时，此时的 W&R 指标线开始由持续运行于 20 下方，向上运行，且这时的价格走势也呈现出高位滞涨形态，这时即是短期卖股的最佳时机。

当个股经一波快速下跌走势后，若 W&R 指标持续的运行于数值 80 上方，开始向下运行，且同期的价格走势也呈现出低位区的止跌形态，这预示着市场多方力量在快速增强，是个股一波反弹上涨走势即将展开的信号，也是短线买股的信号。

图 16-6　金地集团 W&R 指标线快速攀升形态示意图

　　图 16-7 为民生银行（600016）2009 年 3 月 25 日至 11 月 17 日期间走势图，在威廉指标窗口中，用虚线标注出了数值 80 所在位置区，如图所示，可以看到，当此股正处于一波快速下跌回调走势中时，W&R 指标线持续的运行于 80 上方，随后，W&R 数值由处于 80 上方开始快速下降，且同期的个股运行也呈现出低位止跌的形态。这是其一波下跌走势结束，另一波反弹上涨走势即将展开的信号，透过 W&R 指标线先行于价格走势这一情况，可以提前一步在低点买入。

　　图 16-8 为海通证券（600837）2009 年 5 月 7 日至 2010 年 1 月 5 日期间走势图，如图所示，此股在持续下跌的过程中，可以看到 W&R 指标线持续的运行于数值 80 上方，这是市场处于超卖状态的表现。此时，应密切留意价格走势的变化，因为，个股随时都有可能出现一波大幅度的反弹上涨行情。如图中标注所示，当此股处于持续下跌后的低位区时，此时的 W&R 指标线开始由持续运行于 80 上方，向下运行，且这时的价格走势也呈现出低位止跌形态，这时即是短期买股的最佳时机。

图 16-7　民生银行 W&R 指标线快速下降形态示意图

图 16-8　海通证券 W&R 指标线快速下降形态示意图

第十七章　乖离率指标

乖离率指标（BIAS）是基于移动平均线原理而派生出来的一种指标，其主要功能在于侦测市场或个股在运行过程中与移动平均线的偏离程度，并利用这种偏离程度来预测价格的后期走势，指导买卖操作。

第一节　理解乖离率指标的设计原理

在前面讲解移动平均线原理时，我们知道，移动平均线系统具有"分离——聚合——再分离"的特性，即在价格的一波上涨或下跌走势中，随着涨势或跌势的加速，短期均线往往会迅速远离中长期均线；但是，由于中长期均代表了市场中长期的平均持仓成本，代表了大多数投资者更为认可的价位；因而，在短期非理性的过度买入或卖出之后，当市场回归理性时，短期均线就会再度向中长期均线靠拢。

乖离率指标正是基于这一原理，通过测算股价在波动过程中与移动平均线出现偏离的程度，从而预示价格在短期快速上涨或下跌后可能引发的回调下跌或是反弹上涨走势的出现，以及股价在正常波动范围内移动而形成继续原有走势的可信度。乖离率的计算方法也较为简单，它通过百分比的形式反映出当前股价偏离均线的实际程度，乖离率＝（当日收盘价－N日内移动平均价）÷N日内移动平均价×100%；计算公式中的分子为"（当日收盘价－N日内移动平均价）"，它表示当前价格偏离移动平均线的数值大小，利用这一数值再除以"N日内移动平均价"就可以得到股价的偏离程度。

在乖离率指标窗口中，往往有三条乖离率指标线，它们的计算周期分别为 6 日乖离率、12 日乖离率、24 日乖离率，例如，6 日乖离率=（当日收盘价-6 日内移动平均价）÷6 日内移动平均价×100%，它反映了股价偏离 6 日移动平均线的程度。

第二节　运用乖离率识别趋势运行状态

乖离率是基于移动平均线而派生出来的一种指标，而移动平均线的主要作用又在于反映趋势的总体运行情况，因而，乖离率这一指标也很好的继承了移动平均线反映趋势运行这一特性。本节中，就来介绍如何利用乖离率识别趋势运行状态。

当股市或个股处于上升趋势中时，此时的移动平均线会呈现多头排列形态，价格会运行于均线上方，通过 BIAS 指标的计算公式可知，这时的 BIAS 指标值应处于大于零的状态，这正是 BIAS 指标线对于上升趋势的直观反映；反之，当股市或个股处于下跌趋势中时，此时的移动平均线会呈现空头排列形态，价格会运行于均线下方，通过 BIAS 指标的计算公式可知，这时的 BIAS 指标线值应处于小于零的状态，这就是 BIAS 指标线对于下跌趋势的直观反映。

图 17-1 为长城电脑（000066）2008 年 11 月 18 日至 2010 年 1 月 5 日期间走势图，在 BIAS 指标线窗口中，用虚线标注出了零轴所在的位置区，如图所示，可以看到，在此期间，BIAS 指标线稳健的运行于零轴上方，而这正是该指标对于上升趋势的直观反映。

图 17-2 为特发信息（000070）2008 年 2 月 25 日至 11 月 24 日期间走势图，在 BIAS 指标窗口中，用虚线标注出了零轴所在的位置区，如图所示，可以看到，这一段时间内的 BIAS 指标线几乎均运行于零轴下方，这正是 BIAS 指标线对于下跌趋势的直观反映。透过 BIAS 指标线与零轴之间的运行关系，可以很好的识别出当前的趋势运行状态。

图 17-3 为盐田港（000088）2008 年 1 月 30 日至 11 月 12 日期间走势图，在 BIAS 指标窗口中，用虚线标注出了零轴所在的位置，如图所示，此

图 17-1　长城电脑上升趋势中 BIAS 指标线形态示意图

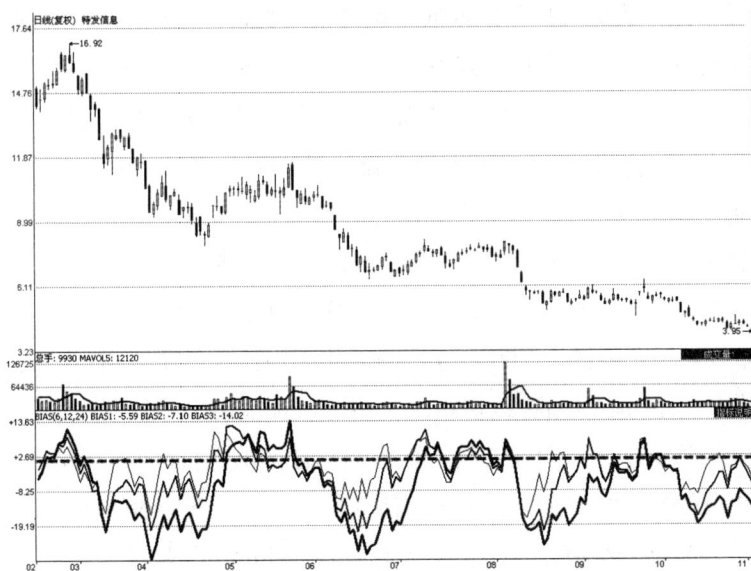

图 17-2　特发信息下跌趋势中 BIAS 指标线形态示意图

股在此期间处于明确的下跌趋势当中，而这种趋势运行的状态就直观的体现在 BIAS 指标线的运行形态上。可以看到，BIAS 指标线一直运行于零轴下方，通过该指标线的运行形态，可以很好的识别出市场当前的趋势运行状态。

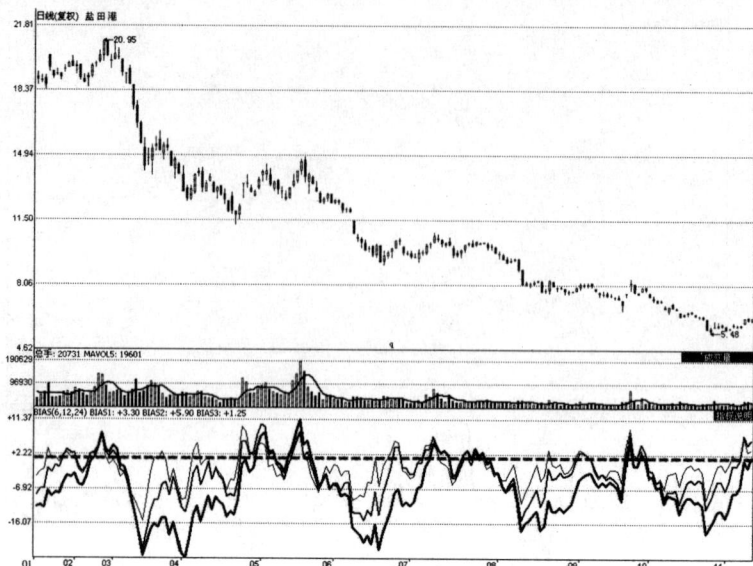

图 17-3　盐田港下跌趋势中 BIAS 指标线形态示意图

当股市或个股进入顶部区或底部区之后，此时的 BIAS 指标线的运行形态也会出现改变。在顶部区，随着多方力量的减弱、空方力量的增强，BIAS 指标线会由原来运行于零轴上方转而开始向下跌破零轴，且在较长时间内运行于零轴下方；在底部区，随着空方抛压的减轻、多方力量的增强，BIAS 指标线会由原来运行于零轴下方转而开始向上突破零轴，且在较长时间内运行于零轴上方。透过该指标线与零轴之间的这种变换关系，可以较为容易的识别出趋势的见顶与探底，从而为实盘操作提供指导。

图 17-4 为华侨城 A（000069）2008 年 12 月 31 日至 2010 年 5 月 19 日期间走势图，在 BIAS 指标线窗口中，用虚线标注出了零轴所在的位置，如图中箭头标注所示，此股在持续上涨后的高位区出现长时间的滞涨走势，且同期的 BIAS 指标线开始向下跌破零轴且长时间运行于零轴下方。这说明个股的上升趋势已经结束，目前正是上升趋势末期的筑顶阶段，也是中长线的卖股离场的时机。

图 17-5 为潍柴动力（000338）2008 年 1 月 17 日至 2009 年 1 月 19 日期间走势图，在 BIAS 指标线窗口中，用虚线标注出了零轴所在的位置，如图中箭头标注所示，此股在持续下跌后的低位区出现长时间的止跌企稳回升走势，且同期的 BIAS 指标线开始向上突破零轴，且随后稳稳的站于零轴线上

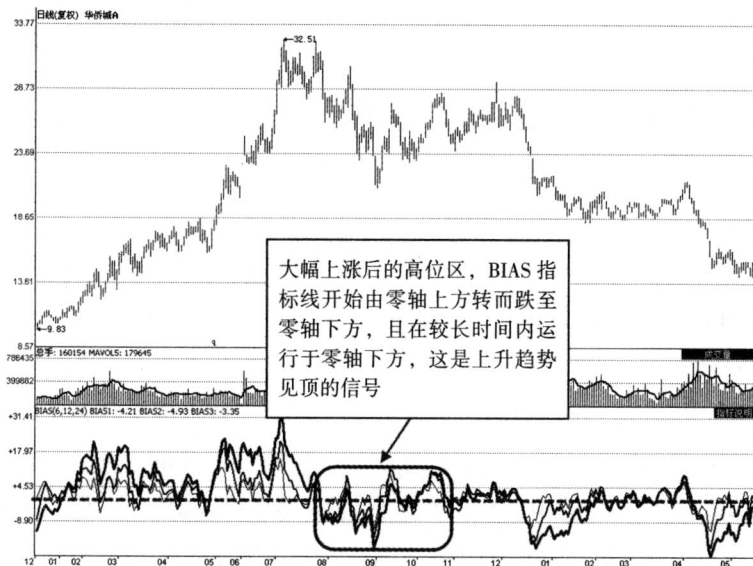

大幅上涨后的高位区，BIAS 指标线开始由零轴上方转而跌至零轴下方，且在较长时间内运行于零轴下方，这是上升趋势见顶的信号

图 17-4　华侨城 A 顶部区的 BIAS 指标线形态示意图

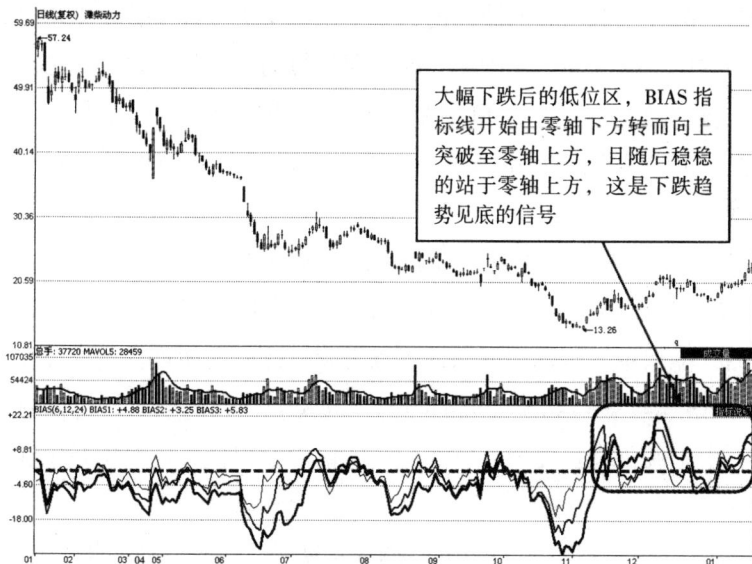

大幅下跌后的低位区，BIAS 指标线开始由零轴下方转而向上突破至零轴上方，且随后稳稳的站于零轴上方，这是下跌趋势见底的信号

图 17-5　潍柴动力底部区的 BIAS 指标线形态示意图

方。这说明个股的下跌趋势已经结束，目前正是下跌趋势末期的筑底阶段，也是中长线的入场买股的时机。

第三节　运用乖离率把握短期买卖点

反映股市或个股的趋势运行状态不过是 BIAS 指标的一种功能而已，BIAS 指标的主要功能在于可以直观地体现出个股的当前股价与移动平均线之间的偏离程度。一般来说，不同个股在运行过程中往往具有不同的波动规律，因而，在利用 BIAS 指标线识别股价与均线的偏离程度时，可以以史为鉴，关注此股前期出现的最大偏离度是多少，进而具体的了解到此股的超买超卖标准。在实盘操作中，可以在结合价格走势的基础上，观察 BIAS 指标线是否达到了前期高点或低点，从而展开实盘买卖操作。

若个股出现了一波快速的上涨，且 BIAS 指标线出现快速上扬的形态达到前期峰值时，这意味着此股当前的股价已经明显远离了移动平均线，且有再度向下靠拢均线的倾向，因而，此时即是短期卖股的时机；反之，若个股出现了一波快速的下跌，而 BIAS 指标线出现快速上扬的形态且达到前期谷值时，这意味着此股当前的股价已经明显远离了移动平均线，有再度向上靠拢均线的倾向，因而，此时即是短期买股的时机。下面，结合实例来介绍如何利用 BIAS 指标线的这种变化来进行短线的高抛低吸操作。

图 17-6 为冀东水泥（000401）2009 年 4 月 17 日至 2010 年 1 月 26 日期间走势图，如图中箭头标注所示，可以看到，此股在短期内的一波快速上涨后，其 BIAS 指标线达到了前期的峰值，这说明当前的股价已经明显的远离了均线，由于股价有再度向下靠拢均线的倾向，因而，此时即是短线逢高抛售个股的时机。

图 17-7 为沈阳机床（000410）2009 年 9 月 21 日至 2010 年 5 月 20 日期间走势图，如图中箭头标注所示，可以看到，此股在短期内的一波快速上涨后，其 BIAS 指标线达到了前期的峰值，此时即是短线卖股的时机。

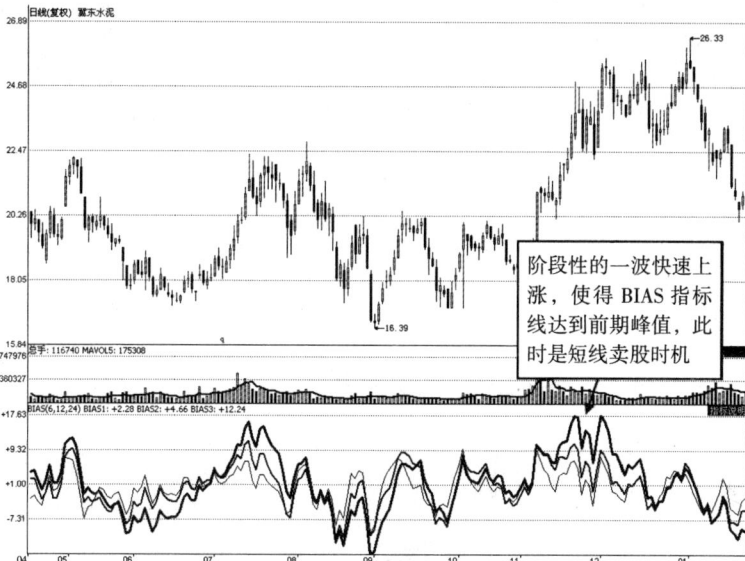

图 17-6　冀东水泥 BIAS 指标线达到前期峰值示意图

图 17-7　沈阳机床 BIAS 指标线达到前期峰值示意图

　　图 17-8 为合肥百货（000417）2008 年 11 月 17 日至 2009 年 8 月 21 日期间走势图，如图中箭头标注所示，可以看到，此股在短期内的一波幅度较大的下跌回调走势之后，其 BIAS 指标线达到了前期的谷值。这说明当前的股价已经明显的向下远离了均线，由于股价有再度向上靠拢均线的倾向，因

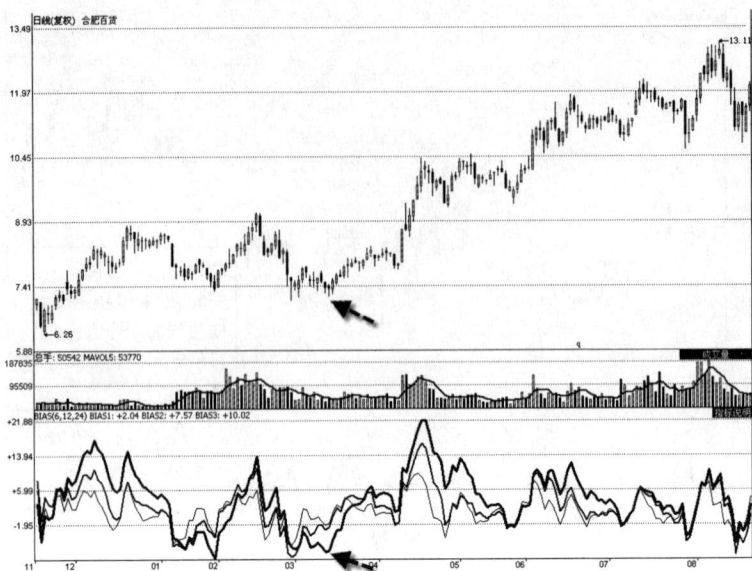

图 17-8　合肥百货 BIAS 指标线达到前期谷值示意图

而，此时即是短线逢低买股的时机。

图 17-9 为小天鹅 A（000418）2009 年 2 月 18 日至 12 月 10 日期间走势图，如图中箭头标注所示，可以看到，此股在短期内的一波下跌回调走势后，其 BIAS 指标线达到了前期的谷值，此时即是短线买股的时机。

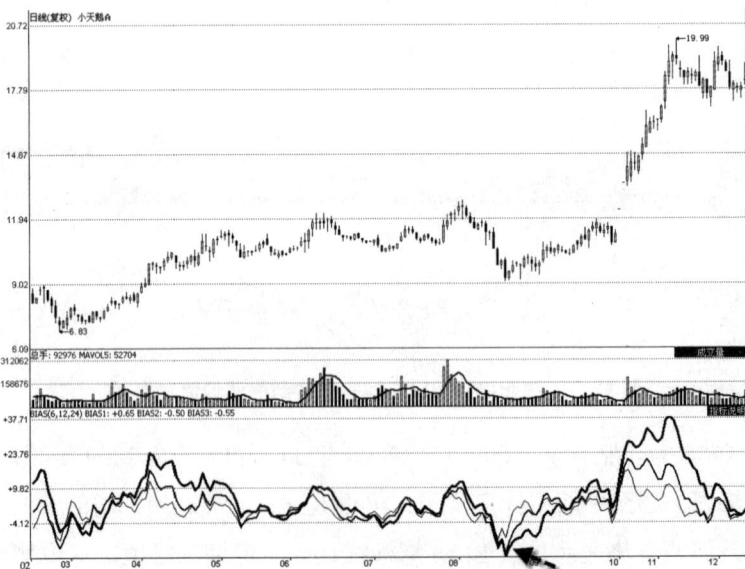

图 17-9　小天鹅 A 的 BIAS 指标线达到前期谷值示意图

第十八章　相对强弱指标

相对强弱指标（RSI，Relative Strength Index），也称力度指标，它通过分析市场某一段时间内的上涨或下跌幅度的情况，来判断多空双方力量的相对强弱，进而预示价格的短期走势。相对强弱指标由技术分析大师威尔斯·威尔德（Welles Wilder）于 1978 年发表，最初被用于期货市场中，是一种更适用于研判震荡行情的摆动类指标。

第一节　理解相对强弱指标的设计原理

相对强弱指标，顾名思义，是用于分析某一阶段股市相对强弱情况的指标，而股市运行强弱其外在最直接的反映形式就是：价格的涨跌幅度。当股市处于相对较强的状态时，此时的上涨幅度会较大；反之，股市处于相对较弱的状态时，此时的下跌幅度会较大。利用这一原理，相对强弱指标（RSI）通过用向上波动幅度和总波动幅度的比值来描述走势强弱。当价格的上涨幅度较为明显时，表示多方力量较强，价格在短期内仍更有可能继续上升；反之，当价格下跌时，表时空方力量较强，价格在短期内仍有可能继续下跌。

RSI 指标的计算方法为：相对强弱值 RSI =（N 日内收盘价上涨幅度总和）÷（上涨下跌幅度总和）× 100。若上升的力量较大，则计算出来的指标上升；若下降的力量较大，则指标下降，由此测算出市场走势的强弱。一般来说，在 RSI 指标窗口中，有三条 RSI 指标线，它们的计算周期一般被设定为：6 日 RSI 指标线、12 日 RSI 指标线、24 日 RSI 指标线。周期越短的指标线反映越灵敏，但可靠性相对较差。在实盘操作中，可以利用 RSI 指标线的总体运行形态、交叉穿越关系，来分析预测价格的后期走势。

第二节 运用相对强弱指标识别趋势运行状态

相对强弱指标是一种反映市场相对强弱状态的指标，它既可以反映出市场在局部阶段中的相对强弱情况，也可以反映出市场总体的相对强弱情况。因而，在实盘操作中，既可以利用此指标进行短线高抛低吸操作，又可以透过这一指标识别趋势运行的情况。

在相对强弱指标中，通过其计算公式，可以知道，当"N 日内收盘价上涨幅度总和"是这一时间段内"上涨下跌幅度总和"的一半时，则 RSI 指标值为 50，这代表股市在此期间的上涨力量与下跌力量处于均衡状态。因而，可以把 RSI=50 当作是多空双方力量的均衡线。当 RSI 指标值超过 50 时，说明多方力量占优；反之，当 RSI 指标线值低于 50 时，则说明空方力量占优。

上升趋势是一个多方力量持续占据优势的过程，此时，RSI 指标线会稳健的运行于 50 上方，这说明多方力量占据了总体上的优势；反之，下跌趋势是一个空方力量持续占据优势的过程，此时，RSI 指标线会稳健的运行于 50 下方，这说明空方力量占据了总体上的优势；盘整趋势则是多空双方势均力敌，双方处于焦灼的过程，此时的 RSI 指标线会在 50 数值上下波动。

图 18-1 为鄂武商 A（000501）2009 年 3 月 6 日至 12 月 10 日期间走势图，在 RSI 指标线窗口中，用虚线标注出了数值 50 的位置区，其中，由细到粗的三条曲线分别为：6 日 RSI 指标线、12 日 RSI 指标线、24 日 RSI 指标线。如图所示，此股在期间处于持续上涨的上升趋势之中，而 RSI 指标线的运行形态可以直观清晰的反映出此股的这种趋势运行形态，从图中可以看到，在此期间的 RSI 指标线稳健的运行于 50 上方（注：在利用 RSI 指标线分析价格的中长期趋势运行状态时，由于短期的 6 日 RSI 指标线波动过于频繁快速，因而，主要观察 12 日及 24 日 RSI 指标线运行形态即可），这说明市场的上涨力量在此期间占据了明显的优势。

图 18-1　鄂武商 A 上升趋势中 RSI 指标线形态示意图

　　图 18-2 为金路集团（000510）2009 年 2 月 2 日至 2010 年 1 月 13 日期间走势图，如图所示，此股在此期间处于上升趋势中，透过 RSI 指标线稳健的运行于数值 50 上方这一形态，可以清晰的判断出此股的这种趋势运行状态。

图 18-2　金路集团上升趋势中 RSI 指标线形态示意图

图 18-3 为开元控股（000516）2008 年 1 月 16 日至 10 月 28 日期间走势图，在 RSI 指标线窗口中，用虚线标注出了数值 50 的位置区，其中，由细到粗的三条曲线分别为：6 日 RSI 指标线、12 日 RSI 指标线、24 日 RSI 指标线。如图所示，此股在期间处于持续下跌走势中，而 RSI 指标线的运行形态可以直观清晰的反映出此股的这种趋势运行形态，从图中可以看到，在此期间的 RSI 指标线长时间的运行于 50 下方（注：在利用 RSI 指标线分析价格的中长期趋势运行状态时，由于短期的 6 日 RSI 指标线波动过于频繁快速，因而，主要观察 12 日及 24 日 RSI 指标线运行形态即可），这说明市场的做空力量在此期间占据了明显的优势。

图 18-3 开元控股下跌趋势中 RSI 指标线形态示意图

图 18-4 为银河动力（000519）2008 年 1 月 17 日至 11 月 3 日期间走势图，如图所示，此股在此期间处于下跌趋势中，透过 RSI 指标线长时间的运行于数值 50 下方这一形态，可以很容易的判断出此股的这种趋势运行状态。

图 18-5 为晨鸣纸业（000488）2009 年 1 月 21 日至 2010 年 5 月 11 日期间走势图，如图所示，可以看到，在此期间的 RSI 指标线一直是在 50 上下来回运行，既无法稳稳的站于 50 上方，也并没有持续的运行于 50 下方，这

图 18-4 银河动力下跌趋势中 RSI 指标线形态示意图

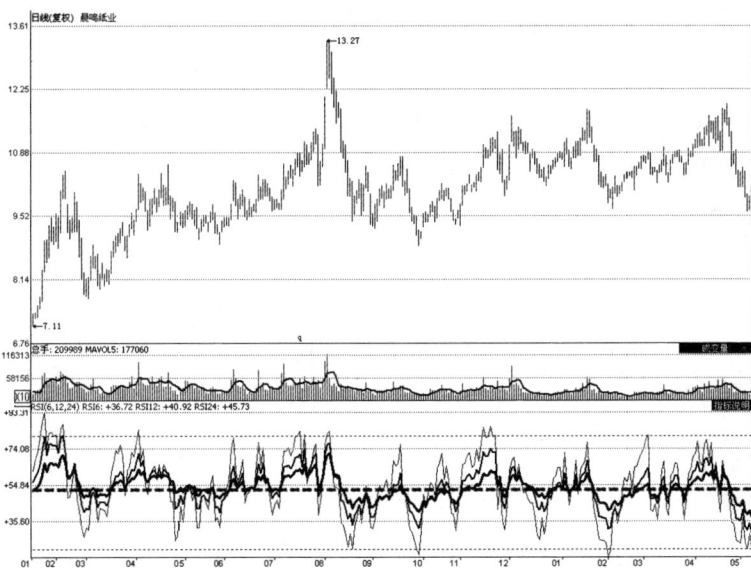

图 18-5 晨鸣纸业盘整趋势中 RSI 指标线形态示意图

种 RSI 指标线的运行形态正好直观清晰地反映出此股在此期间的趋势运行状态——盘整趋势。

第三节　运用相对强弱指标超买超卖值
把握买卖时机

相对强弱指标可以很好的把握价格短期波动过程中所出现的超买超卖情况。当价格经短期内的一波快速上涨走势后，若 RSI 指标线值向上超过了80，这意味着市场短期内处于超买状态，预示着一波下跌回调走势即将出现，是短期的卖出信号；反之，当价格经短期内的一波快速下跌走势后，若 RSI 指标值向下跌破了 30，这意味着市场短期内处于超卖状态，预示着一波反弹上涨走势即将出现，是短期的买入信号。

图 18-6 为广宇发展（000537）2009 年 6 月 25 日至 2010 年 5 月 5 日期间走势图，图中用虚线标注出了 RSI 指标线值为 80 所在的位置区，如图所示，此股在短期内的一波快速上涨之后，其 RSI6、RSI12 两条指标线均向上突破了 80 这一位置区。这说明市场短期内已处于超买状态，预示一波回调下跌走势即将展开，是短期内的卖股信号。

图 18-6　广宇发展 RSI 指标线短期超买状态示意图

　　图 18-7 为中天城投（000540）2009 年 3 月 10 日至 9 月 2 日期间走势图，如图中箭头标注所示，此股在上升途中经一波快速上涨之后，其 RSI6、RSI12、RSI24 三条指标线均探至 80 上方，这是市场短期处于超买的表现，也预示着阶段顶点的出现，是短期的卖股信号。

图 18-7　中天城投 RSI 指标线短期超买状态示意图

　　图 18-8 为宏源证券（000562）2009 年 5 月 19 日至 12 月 7 日期间走势图，图中用虚线标注出了 RSI 指标线值为 30 所在的位置区，如图中箭头标注所示，此股在短期内的一波快速下跌之后，其 RSI6、RSI12 两条指标线均向下跌破了 30 这一位置区，这说明市场短期内已处于超卖状态，预示一波反弹上涨走势即将展开，是短期内的买股信号。

　　图 18-9 为粤宏远 A（000573）2009 年 5 月 11 日至 11 月 25 日期间走势图，如图中箭头标注所示，此股在上升途中经一波快速下跌回调走势之后，其 RSI6 指标线向下跌破了 20 这一位置区，RSI12 指标线向下跌破了 30 这一位置区，这是市场短期处于超卖的表现，也预示着阶段低点的出现，是短期的买股信号。

图 18-8　宏源证券 RSI 指标线短期超卖状态示意图

图 18-9　粤宏远 A 的 RSI 指标线短期超卖状态示意图

第十九章　能量潮指标

能量潮（OBV，On Balance Volume）也称为平衡成交量法、累积能量线，是一种基于成交量的技术指标。它基于基本的量价配合关系，在设计过程中既考虑了价格的趋势运行情况，又考虑了量能的正负情况，依据价格的涨跌情况来累加成交量或是减去成交量，进而制成了一条反映市场运行状态的量能趋势线，以反映股价的波动与成交量变化趋势之间的关系。通过 OBV 指标线的变化形态，可以很好的判断出股市或个股的上涨能量如何。

第一节　理解能量潮指标的设计原理

能量潮指标（OBV）以基本的量价关系为基础，其主要理论基础是市场价格的变化必须有成交量的配合，股价的波动与成交量的放大或缩小有密切的关联。能量潮指标通过将价格上涨时的量能视作做多能量，而将价格下跌时的量能视作做空能量，通过对每个上涨日的量能进行累加，并减去每个交易日的下跌量能，进而得到市场的能量变化情况。

能量潮的计算方法很简单。它通过设定一个基准日的数值为基数，逐日累计每个交易日的股市或个股的成交量。若股市或个股在当日处于上涨状态，则当日的成交量为正值，当日的 OBV 值=上一交易日 OBV 数值+当日成交量；反之，若股市或个股在当日处于上涨状态，则当日的成交量为正值，当日的 OBV 值=上一交易日 OBV 数值-当日成交量。

通过第一章中对于基本量价配合关系的介绍，我们了解到，股市或个股在上升趋势中往往呈现出量价齐升的形态，且上涨日的量能往往要明显大于随后回调下跌日的量能；而且，下跌趋势往往也会呈现出放量反弹、缩量下跌的走势。因而，看到的 OBV 指标线其总体上的运行形态往往是呈现出逐步上行的，但这只是其总体的概观表现。本章随后的几节中，将结合实例来介绍如何利用 OBV 指标线分析价格走势。

第二节　运用能量潮指标识别趋势运行状态

在前面介绍的很多指标都是以价格为主要的计算参数，例如：移动平均线以收盘价作为计算参数。在分析这些指标的运行形态时，即使不去看同期的价格走势情况，也能够较为准确的了解到价格的走势情况，例如：移动平均线的多头排列形态一定意味着价格当前处于上升走势中，空头排列形态则一定意味着价格当前正处于下跌走势中，但是，能量潮指标却与此不同。能量潮指标是一种成交量指标，它以成交量为核心，并没有充分考虑到价格的走势特征，仅凭指标线的运行形态，是无法准确的了解到价格走势情况的。技术分析的两大要素是"价"和"量"，而"价"又是第一要素，同样的量能形态完全可以出现在不同的价格走势之中，这就要求在利用能量潮指标时，一定要关注同期的价格走势，只有这样，才能客观全面的利用好这一指标。

上升趋势运行过程中的典型量能形态就是"量价齐升"，此时的 OBV 指标线往往与价格走势呈现出同步的上扬形态，这说明价格的上涨得到了充足的量能推动，是涨势可靠的表现，也是上升趋势持续的标志。

图 19-1 为上证指数 2006 年 11 月至 2007 年 11 月期间走势图，如图所示，股市在此期间处于上升趋势中，通过对比 OBV 指标线的运行形态及大盘指数的运行形态，可以看到，两者呈现出同步的正相关性，即处于同步的逐步攀升形态。这说明，股市的上涨得到了较为充足的量能推动，这就是能量潮指标对于上升趋势的直观反映，而且，透过能量潮指标，可以对上升趋势过程中的量能变化情况有一个更为直观的认识。

图 19-1 上证指数上升趋势中 OBV 指标线稳步攀升形态示意图

图 19-2 为路桥建设（600263）2006 年 11 月 15 日至 2007 年 6 月 22 日期间走势图，如图标注所示，此股在此期间处于持续上涨的上升趋势中，同期的 OBV 指标线也同步的处于快速攀升中，透过 OBV 指标线的运行形态，可以对此股的上升趋势运行状态有一个更为准确的把握。

图 19-2 路桥建设上升趋势中 OBV 指标线稳步攀升形态示意图

当股市或个股经过了长期的且幅度较大的上涨之后，若OBV指标线开始由前期的持续上扬形态转变为长期的横向运行形态，则说明推动价格上涨的多方力量已经不足。这是股市或个股见顶的信号，如果同期的价格走势也呈现出横盘滞涨或是高位区的宽幅震荡形态，则OBV指标线所发出的这一见顶信号更为准确。

图19-3为ST国药（600421）2008年10月29日至2009年12月24日期间走势图，如图标注所示，此股在经历了长期大幅度的上涨走势后，其OBV指标线开始由前期的持续上扬、攀升形态，转变为长期的横向运行形态。这是市场多方能量开始消退的表现，结合同期的价格走势为长期的高位区盘整走势，因而，OBV指标线的这种变化更加充分的说明了此股顶部区的出现。

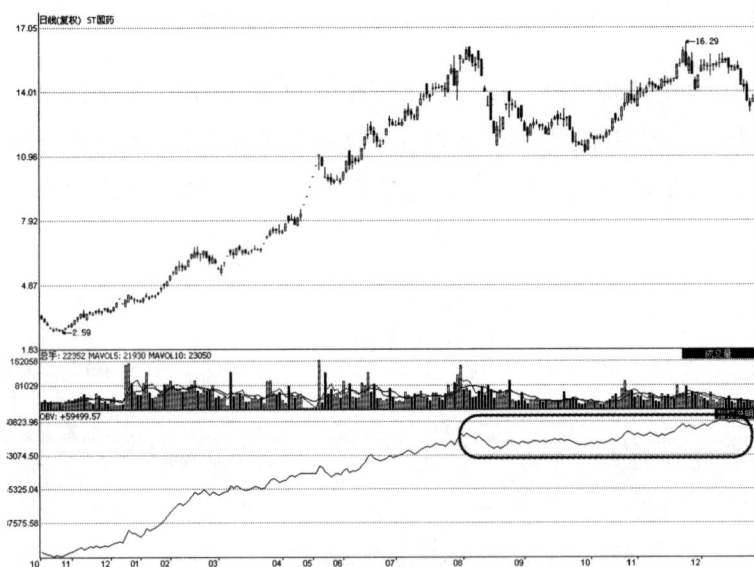

图19-3　ST国药顶部区的OBV指标线形态示意图

图19-4为沙河股份（000014）2008年10月14日至2009年11月25日期间走势图，如图标注所示，此股在经历了长期大幅度的上涨走势后，其OBV指标线开始由前期的持续上扬、攀升形态，转变为长期的横向运行形态，这是市场多方能量开始消退的表现，也是顶部出现的标志。

图 19-4　沙河股份顶部区的 OBV 指标线形态示意图

如果说上升趋势中的 OBV 指标线形态是与价格走势呈现出同步的上扬形态，那么，这种同步性往往并不一定反映在下跌趋势中。很多个股在下跌趋势的整个运行过程中，往往是以震荡下跌的方式来完成的，而且在震荡下跌的过程中，其量能的变化方式为：放量的反弹上涨与持续的缩量下跌相结合，这就使得 OBV 指标线并不会出现明显的下降形态。因而，在下跌趋势中，OBV 指标线的形态多以两种方式呈现出来，这两种形态分别对应了两种不同的下跌运行过程，一种是 OBV 指标线呈长期的横向运行形态，这种形态多对应于价格的反复震荡下跌过程，即下跌途中多次出现小有规模的放量反弹走势；另一种是 OBV 指标线呈逐步走低的形态，这种形态对应于价格"滑梯式"下跌过程，即下跌途中鲜有放量反弹行情出现（注：能量潮指标的横向运行形态其实就代表着空方力量占优，只要读者理解了基本量价配合关系中的"涨时放量，跌时缩量"，就可以很好的理解 OBV 指标线的这种形态）。

图 19-5 为长城开发（000021）2008 年 2 月 20 日至 10 月 31 日期间走势图，如图标注所示，在 OBV 指标线窗口中，可以看到 OBV 指标线呈现逐波走低的形态，这说明市场中推动价格上涨的正成交量明显小于导致价格下跌的负成交量，是空方力量强大的表现，也是下跌趋势持续运行的直观体现。

与 OBV 指标线这种逐波下降的运行形态相对应的价格走势也正是此股的
"滑梯"下跌过程，从走势图中可以看到，整个下跌过程中，几乎没出现过
明显的放量反弹行情。

图 19-5　长城开发下跌趋势中 OBV 指标线逐波走低形态示意图

　　图 19-6 为深赤湾 A（000022）2008 年 1 月 16 日至 11 月 25 日期间走势
图，如图标注所示，此股在此期间也是处于下跌趋势中，但是在 OBV 指标
线窗口中，可以发现，它的运行形态与上一例子中的长城开发是不同的。长
城开发下跌趋势中的 OBV 指标线呈逐波走低的形态，而深赤湾 A 则呈长期
的横向运行形态。其实，这是两只个股下跌过程运行方式不同所导致的，从
深赤湾 A 的走势图中，可以看到，此股在下跌途中都出现放量反弹上涨走
势，股价是以"震荡走低"的方式实现整个下跌过程的。

　　当股市或个股经过了长期的且幅度较大的下跌之后，若 OBV 指标线开
始由前期的持续下降形态或是长期横向运行形态转变为快速的向上攀升形
态，则说明推动价格上涨的多方力量正快速增长，这是股市或个股见底的信
号。如果同期的价格走势也呈现了止跌企稳回升的走势，则 OBV 指标线所
发出的这一见底信号就更为准确了。

图 19-6　深赤湾 A 下跌趋势中 OBV 指标线横向运行形态示意图

　　图 19-7 为柳工（000528）2008 年 3 月 7 日至 2009 年 1 月 14 日期间走势图，如图标注所示，可以看到在此股长期的下跌走势中，OBV 指标线呈横向运行形态，这是市场下跌能量大于上涨能量的表现；随后，如图标注，在深幅下跌后的低位区，OBV 指标线出现了大幅攀升形态，且同期的价格走势呈现出止跌企稳回升的形态，这是市场做多能量大幅增强的表现。如果个股能在 OBV 指标线大幅攀升后的较长一段时间内，其价格走势保持住这种企稳回升的态势，则预示着底部的出现，是进行中长线买入布局的时机。

　　图 19-8 为特力 A（000025）2007 年 12 月 21 日至 2009 年 2 月 6 日期间走势图，如图所示，可以看到，此股在深幅下跌后的低位区，出现了 OBV 指标线大幅攀升的形态，且同期价格走势止跌企稳回升，这是市场做多能量快速增强的表现，预示着跌势结束、趋势反转的出现。可以说，透过 OBV 指标线的变化形态，可以较为直观的了解到市场多空双方能量的转化情况，是识别趋势运行、把握趋势反转的重要手段之一。

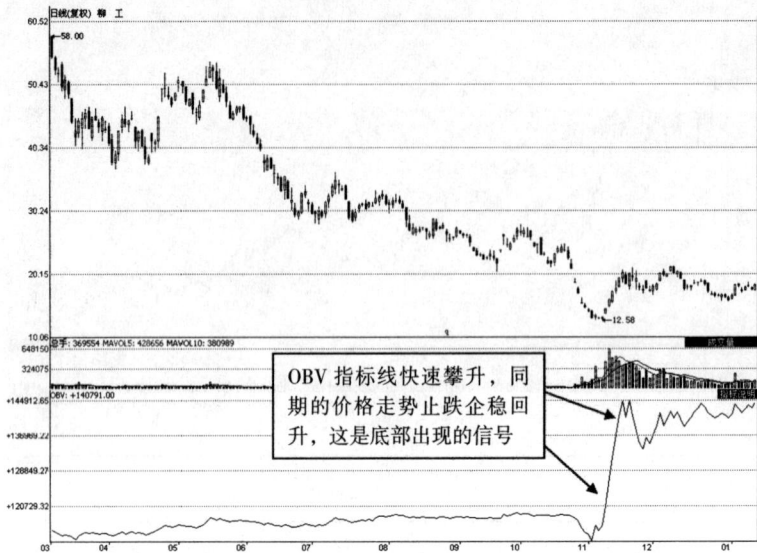

OBV 指标线快速攀升，同期的价格走势止跌企稳回升，这是底部出现的信号

图 19-7　柳工底部区的 OBV 指标线大幅攀升形态示意图

图 19-8　特力 A 底部区的 OBV 指标线大幅攀升形态示意图

第二十章　振动升降指标

振动升降指标（ASI，Accumulation Swing Index）是一种较为独特的指标，它以开盘价、最高价、最低价、收盘价为要素，构筑了一条假想的价格走势线，以反映市场运行的"真实"轨迹。利用振动升降指标线与真实价格走势之间的不同步性，往往可以提前把握价格波动过程中的高点与低点。

第一节　理解振动升降指标的设计原理

振动升降指标（ASI）由著名的技术分析大师威尔斯·威尔德（Welles Wilder）所创，Welles Wilder 认为当时的交易价格并不能客观地反映出市场的多空交投状态，价格在运行过程中，往往易受一些偶然的因素影响，从而出现偶然性的波动，但这并不是真实市况的写照。如果想更好的了解市场的多空交投状况、多空双方力量的转变情况，就要以连续的眼光来看待价格走势。当天的交易价格，并不能代表当时真实的市况，真实的市况必须取决于当天的价格和前一天价格间的关系，ASI 以开盘价、收盘价、最高价、最低价这 4 个数据为参数来构筑一条指标线，以图清晰、完整的反映出价格的波动情况。

在 ASI 指标线中，当天的交易价格存续于前一交易日价格走势之后，既考虑到了上一交易日的价格波动情况，也考虑到了当日的价格波动情况。因而，ASI 指标线所反映出的价格运行轨迹往往比当前的价格走势更为稳定，也更能反映出多空双方力量的转变过程。

下面来介绍 ASI 指标线的计算过程，由于其整个计算过程相对复杂，因而，读者只作大致了解即可：

（1）计算出开盘价、收盘价、最高价、最低价之间的相互关系：要计算出 A、B、C、D、E、F、G 共 7 个数值，A=当日最高价–上一交易日收盘价；B=当日最低价–上一交易日收盘价；C=当日最高价–上一交易日最低价；D=上一交易日收盘价–上一交易日开盘价；E=当日收盘价–上一交易日收盘价；F=当日收盘价–当日开盘价；G=上一交易日收盘价–上一交易日开盘价；其中，A、B、C、D 的计算结果取绝对值，用以表示上涨或下跌的波动幅度；E、F、G 的计算结果为真实值，用"+–"号标注其数值。

（2）计算出 H 值：H 值为 A 与 B 之间的较大者。

（3）比较 A、B、C 3 个数值：　若 A 最大，则 $R = A + 1 \div 2B + 1 \div 4D$；若 B 最大，则 $R = B + 1 \div 2A + 1 \div 4D$；若 C 最大，则 $R = C + 1 \div 4D$。

（4）计算 X 值：$X = E + 1 \div 2F + G$。

（5）计算 SI 值并得出 ASI 数值：$SI = 50 \times X \div R \times H \div L$，其是 $L = 3$；ASI=每个交易日的 SI 值之和。

第二节　运用振动升降指标把握买卖时机

在大多数情况下，ASI 指标线的运行形态是与价格走势同步的，此时的 ASI 指标实战作用不明显，但是，一旦 ASI 指标线形态与价格走势出现了明显的偏差，则我们就可以利用 ASI 指标线很好的把握价格波动过程中的高点与低点。下面结合实例来介绍如何利用振动升降指标把握高卖低买的时机。

在价格持续上涨后的高位区，若价格走势仍在震荡上扬且创出了新高，但是同期的 ASI 指标线却并没有随着价格的再度上涨而创出新高，这种形态称为 ASI 指标线的顶背离形态。它的出现说明价格上涨乏力，是市场步入顶部区的标志，也是一波下跌走势即将展开的信号。

图 20-1 为长城电脑（000066）2008 年 11 月 14 日至 2010 年 6 月 11 日期间走势图，如图所示，此股在持续上涨的走势中，可以看到价格的上扬走

势形态与 ASI 指标线的上扬形态是呈现明显的高度一致性的。但是，这种同步性在此股涨至高位区后，却有所改变，如图标注所示，虽然此股的价格在高位区仍然震荡上扬且创出了新高，但是同期的 ASI 指标线却不升反降，这就是 ASI 指标线的顶背离形态，它出现在高位区表明市场的"真实"走势已开始处于震荡下跌状态中，是多方力量不足的表现，也是个股即将出现下跌的预兆。透过该指标线运行形态提前于价格走势这一运行方式，可以很好的把握此股的高点卖出时机。

图 20-1 长城电脑 ASI 指标线顶背离形态示意图

图 20-2 为宜华地产（000150）2009 年 1 月 6 日至 12 月 22 日期间走势图，如图标注所示，此股在经历了大幅上涨后，于高位区出现了 ASI 指标线的顶背离形态，价格震荡走高的涨势形态与 ASI 指标线的运行形态明显的出现背离，这是个股步入顶部区的标志，也是随后下跌走势即将展开的信号，是中长线卖股离场的明确信号。

在价格持续下跌后的低位区，若价格走势仍在震荡走低且创出了新低，但是同期的 ASI 指标线却并没有随着价格的再度下跌而创出新低，这种形态称为 ASI 指标线的底背离形态。它的出现说明价格走势已无力再度下跌，是市场步入底部区的标志，也是一波上涨走势即将展开的信号。

图 20-2　宜华地产 ASI 指标线顶背离形态示意图

　　图 20-3 为宏源证券（000562）2008 年 5 月 9 日至 12 月 11 日期间走势图，如图所示，此股在持续下跌的走势中，可以看到价格的下跌走势形态与 ASI 指标线的下降形态是呈现出明显的高度一致性的。但是，这种同步性在此股跌至低位区后，却有所改变，如图标注所示，虽然此股的价格在低位区仍然震荡走低且创出了新低，但是同期的 ASI 指标线却不降反升，这就是 ASI 指标线的底背离形态，它出现在低位区表明市场的"真实"走势已开始处于震荡上涨状态中，是空方力量不足的表现，也是个股即将出现上涨的预兆。

　　值得注意的是：在实盘操作中，还应注意到底背离形态与顶背离形态的变形，例如：在深幅下跌后的低位区，若价格的短期下跌角度较大，且同期 ASI 指标线的下降角度却明显放缓，这种形态也可以视作底部区的底背离形态；反之，在持续上涨后高位区，若价格的短期上涨角度较为陡峭，但同期的 ASI 指标线上扬角度却较为平缓，则这种形态也可以视作 ASI 指标线的顶背离形态。

图 20-3　宏源证券 ASI 指标线底背离形态示意图

图 20-4 为陕国投 A（000563）2008 年 1 月 30 日至 12 月 10 日期间走势图，如图所示，此股在深幅下跌后的低位区，虽然股价仍在震荡走低，但是同期指标线却并没走低（如图中虚线标注所示），这就是 ASI 指标线的底背离形态。它会出现在价格深幅下跌后的底部区，而且它的出现往往意味着跌

图 20-4　陕国投 A 的 ASI 指标线底背离形态示意图

势的结束，是中长线买股布局的信号。

ASI 指标的研判方法体现在它与价格走势的对比之上，一般来说，如果价格走势与 ASI 指标线运行形态呈现出较高的正相关性，则价格走势较为真实，出现阶段性大幅度反转的可能性较低；反之，如果价格走势与 ASI 运行形态出现明显偏差，则可以利用 ASI 指标线的运行形态提前判断出价格的后期走势。虽然 ASI 指标线的运行形态往往会提前反映出价格的后期走势，但是在实盘操作中，为了更为准确的分析预测出价格的后期走势，除了要对比同期的价格走势与 ASI 指标线运行形态外，还要关注价格的前期总体运行情况，只有这样，才能不失偏颇的进行准确预测。

图 20-5 为粤宏远 A （000573） 2007 年 6 月 29 日至 2008 年 3 月 13 日期间走势图，如图标注所示，此股在高位区的一波震荡盘整走势中，虽然同期的股价走势呈横向盘整形态、股价重心未见明显下移，但是同期的 ASI 指标线却逐步下降，这就是 ASI 指标线运行形态对于价格后期走势的提前反映，它预示着此股在这种盘整走势后将要出现下跌。图 20-6 标示出了此股在这一盘整区间后的走势情况。

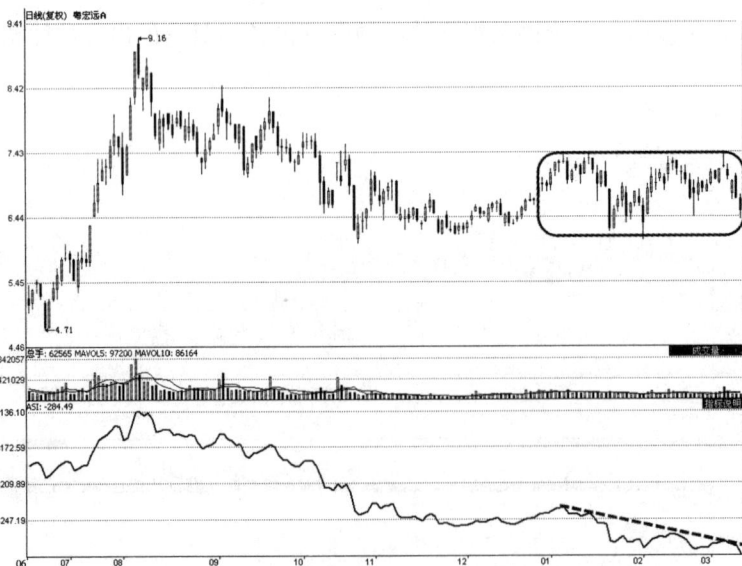

图 20-5　粤宏远 A 高位区盘整走势中 ASI 指标线形态示意图

图 20-6　粤宏远 A 高位区盘整后的走势图

图 20-7 为威孚高科（000581）2009 年 8 月 7 日至 2010 年 5 月 18 日期间走势图，如图标注所示，此股在一波快速上涨后，于高位区出现盘整走势，但同期 ASI 指标线却呈现出震荡下跌的运行形态，这是 ASI 指标线对于价格后期走势的提前反映，是指导我们在盘整中进行卖出的明确信号。

图 20-7　威孚高科盘整走势中 ASI 指标线形态示意图

图 20-8 为友利控股（000584）2008 年 11 月 3 日至 2009 年 8 月 10 日期间走势图，通过对比这段时间内的价格走势与 ASI 指标线运行形态，可以看到，两者呈现出高度的正相关性。当价格走势震荡上扬且创出新高时，这时的 ASI 指标线也会随之创出新高；价格走势出现短期内的一波快速上涨时，这时的 ASI 指标线也同步出现一波快速上扬形态。ASI 指标线的这种运行方式说明此股的价格走势真实可信，趋势运行特征明显，此时应将注意力放在对于价格整体走势的研判上，采取顺势而为的操作策略，不宜盲目的追求高抛低吸的短线操作。

图 20-8　友利控股 ASI 指标线运行形态示意图

在结合价格走势的基础上，还可以利用 ASI 指标线的运行形态为价格的一波上涨走势进行定性，即这一波上涨走势是属于由充足买盘推动而形成的强势上涨走势，还是属于由抄底盘或主力对倒盘所导致的反弹上涨走势？

图 20-9 为紫光古汉（000590）2007 年 6 月 18 日至 2008 年 1 月 21 日期间走势图，如图标注所示，此股出现了一波力度较大的上涨走势，但这一波上涨走势是否属于跌势初期的反弹上涨走势？通过同期的 ASI 指标线的运行形态可以得知，在 ASI 指标线窗口中，可以看到，同期的 ASI 指标线并没有随着价格的强势上涨而快速攀升，而仅仅出现了小幅攀升。这说明同期的这

一波反弹上涨走势并非是价格强势上涨的真实表现，它仅仅是由少量买盘资金推动促成的反弹行情，并不是多空双方力量发生根本转向的标志，随着反弹行情的结束，价格走势仍将再度步入震荡下跌途中。图 20-10 标示了此股在这一波反弹上涨行情后的走势情况。

图 20-9　紫光古汉一波上涨走势中 ASI 指标线运行形态示意图

图 20-10　紫光古汉反弹上涨行情后的走势图

第二十一章　顺势指标

顺势指标（CCI，Commodity Channel Index）是一种分析价格偏离程度，测量股价是否已超出常态分布范围的中短线技术指标。它由美国股市分析家唐纳德·蓝伯特（Donald Lambert）所创造，主要用于分析价格短期波动过程中的超买超卖情况，从而指导投资者进行短线操作。

第一节　理解顺势指标的设计原理

顺势指标（CCI）属于一种典型的摆动类指标，而摆动类指标是一种基于统计学理，以"平衡位置"为核心的一类指标。摆动类指标认为价格短期内涨得多了（即市场处于超买状态）就要回调下跌；反之，短期内跌得多了（即市场处于超卖状态）就要反弹上涨，即价格在明显偏离了"平衡位置"后会有再向"平衡位置"靠拢的强烈倾向。基于这一原理，摆动类指标通过研判价格短期内偏离"平衡位置"的情况来预测价格后期后势。

CCI指标正是基于这一原理，它引入了价格常态分布区间的概念，通过分析当前价格与这一常态分布区的偏离程度，来指出市场短期内的超买超卖情况，从而指导投资者进行操作。其计算过程如下：

（1）先求出最高价、最低价、收盘价三者的平均值 TP，TP =（最高价 + 最低价 + 收盘价）÷3。

（2）求出当日的移动平均值 MA，MA = 最近 N 日收盘价之和÷N；其中 N 为移动平均值的计算周期。

（3）求出最近 N 日内的（MA – 收盘价）之和 ÷ N，用 TD 来表示这一结果。

（4）求出 CCI 数值，CCI ＝（TP － MA）÷ TD ÷ 0.015，其中 0.015 为计算系数，N 为计算周期。

第二节　运用顺势指标把握买卖时机

CCI 指标线的主要作用在于指出价格的运动是否仍处于常态区间。一般来说，当价格处于常态区间时，表明当前的价格走势较为平稳，投资者可以依据趋势的总体运行情况来操作；反之，当价格走势在短期内出现剧烈波动而使得其处于超买超卖区间时，投资者就应做好短期内低吸高抛的准备。

CCI 指标以-100~+100 区间为常态区，当短期内的一波快速上涨走势使得 CCI 指标值开始高于+100，说明市场短期内已处于超买状态，由于 CCI 指标往往领先于价格走势，因而，在实盘操作中，当 CCI 指标高于+100 时，可以在其随后明显向下跌至+100 以下时，再进行卖出；反之，当短期内的一波快速下跌走势使得 CCI 指标值开始低于-100，说明市场短期内已处于超卖状态，由于 CCI 指标往往领先于价格走势，因而，在实盘操作中，当 CCI 指标低于-100 时，可以在其随后向上突破至-100 上方时，再进行买入。下面结合实例来介绍如何利用 CCI 指标值的变化把握买卖时机。

图 21-1 为东阳光铝（600673）2009 年 4 月 28 日至 8 月 31 日期间走势图，在 CCI 指标窗口中，用虚线标注出了+100 所在位置区，如图标注所示，此股在盘整走势后，出现了短期内的一波快速上涨，这使得 CCI 指标值开始向上突破至+100 上方。通过 CCI 指标值的变化，可以看出此股当前正处于超买状态，但此时投资者不必急于卖出，因为 CCI 指标值的变化往往会明显领先于价格走势，特别是当 CCI 指标线快速攀升而同期的价格并未见明显上涨时，此时更不必急于卖出，可以继续观察此股随后的走势及 CCI 指标线的运行。如图中箭头标注所示，当此股在经历了一波短期幅度较大的上涨之后，且 CCI 指标线开始由反复震荡的运行于数值+100 之上，转而向下明显跌破+100 位置时，此时即是短线卖股的时机。在 K 线图中，用箭头标注了

图 21-1　东阳光铝 CCI 指标线短线卖出示意图

短线卖股时机，以帮助读者更好地利用 CCI 指标实现短线卖出操作。

图 21-2 为 ST 金顶（600678）2009 年 12 月 25 日至 2010 年 4 月 29 日期间走势图，如图标注所示，此股在短期内的一波快速上涨走势后，股价处于阶段性的明显高位区，其 CCI 指标线开始由+100 上方转而明显地跌破这

图 21-2　ST 金顶 CCI 指标线短线卖出示意图

一位置、CCI 指标线的运行往往领先于价格走势，这种形态预示着此股一波回调下跌走势即将展开，是短线卖股的信号。

图 21-3 为金山开发（600679）2008 年 2 月 22 日至 6 月 20 日期间走势图，在 CCI 指标线窗口中，用虚线标注出了+100 所在位置区，如图所示，此股在下跌途中的一波反弹上涨使得 CCI 指标值开始超过+100，这说明个股开始处于短期内的超买状态。如图中箭头标注所示，随着反弹行情的滞涨，CCI 指标线也开始向下明显地跌破+100 位置区，这是新一波下跌走势即将展开的信号，也是在反弹行情中卖股离场的信号。

图 21-3 金山开发 CCI 指标线短线卖出示意图

图 21-4 为京投银泰（600683）2008 年 12 月 9 日至 2009 年 4 月 5 日期间走势图，在 CCI 指标窗口中，用虚线标注出了-100 所在位置区，如图所示，此股在上升途中的一波幅度较大的回调走势中，其 CCI 指标线开始向下跌破-100 位置区。通过 CCI 指标值的变化，可以看出此股当前正处于超卖状态，但此时投资者不必急于买入，因为 CCI 指标值的变化往往会明显领先于价格走势，特别是当 CCI 指标线快速下降而同期的价格并未见明显下跌时，此时更不必急于买入，可以继续观察此股随后的走势及 CCI 指标线的运行。如图中箭头标注所示，当此股在经历了一波短期幅度较大的回调之后，

图 21-4 京投银泰 CCI 指标线短线买入示意图

价格出现企稳迹象，同期的 CCI 指标线也跃升至 -100 上方，此时即是短线买股的时机。在 K 线图中，用箭头标注了短线买股时机，以帮助读者更好地利用 CCI 指标实现短线买入操作。

图 21-5 为金龙汽车（600686）2009 年 6 月 5 日至 11 月 18 日期间走势图，如图所示，此股在上升途中的盘整走势后，出现了一波深幅回调走势，这一波的短期快速下跌回调走势使得 CCI 指标值明显地向下跌破了 -100 位置区。这是个股短期内处于超卖状态的标志，是可以随后进行逢低买入的信号，如图中箭头标注所示，当 CCI 指标线开始由运行 -100 下方向上突破至 -100 上方时，此时即是短线逢低买股的时机。在本例中，标注了两个短线买入时机，这两个短线买入时机均是出现在 CCI 指标由 -100 下方向上突破至 -100 上方之后。

图 21-5 金龙汽车 CCI 指标线短线买入示意图

第二十二章　变动率指标

变动率指标（ROC，Rate of Change）是一种特点鲜明的能量类指标，由查拉尔·阿佩尔（Gerald Apple）和福雷德·海期尔（Fred Hitschler）共同提出，它通过将当天的价格与一定天数之前的某一天价格进行比较，从而得出价格可知的变动速度大小，进而得出价格变动的动力大小，是一种中短期技术分析指标。ROC 指标综合了随机摆动指标（KDJ）、威廉指标（W&R）、相对强弱指标（RSI）、顺势指标（CCI）等指标的特点，既可用于分析较为极端的价格走势，也可用于分析较为平淡的常态情况。

第一节　理解变动率指标的设计原理

变动率指标（ROC），顾名思义，它体现出了价格的变动速率，其设计原理较为简单，就是通过价格的变动率情况来分析多空双方力量的变化情况，进而预测价格的后期走势。

变动率指标（ROC）的计算方法如下：ROC=（当日收盘价–N 日前收盘价）÷N 日前收盘价×100，周期 N 一般取值为 12 日；为了便于分析，还引入了 ROC 指标线的移动平均值曲线 ROCMA，移动平均周期一般取值为 6 日。

在实盘操作中，ROC 指标既可以帮助我们有效地识别出趋势的运行状态，又可以帮助我们进行短线的高抛低吸操作，本章下面的几节中，就来结合实例介绍如何利用 ROC 指标进行买卖操作。

第二节　运用变动率指标识别趋势运行状态

上升趋势是一个价格稳步走高的运行过程，当日的收盘价在绝大多数情况下都会高于 12 个交易日之前的收盘价。根据 ROC 的计算公式，可以知道，ROC 指标线应运行于零轴上方，这就是 ROC 指标线对于上升趋势的直观反映。

图 22-1 为古井贡酒（000596）2008 年 11 月 18 日至 2010 年 6 月 11 日期间走势图，在 ROC 指标窗口中，用虚线标注了此股零轴所在位置区，如图所示，可以看到在此期间的 ROC 指标线稳健的运行于零轴上方，而这正是 ROC 指标线形态对于上升趋势的直观反映。

图 22-1　古井贡酒上升趋势中 ROC 指标线形态示意图

图 22-2 为华立药业（000607）2009 年 1 月 20 日至 12 月 3 日期间走势图，如图所示，此股在此期间处于上升趋势中，对于此股的这种趋势运行状态，可以透过 ROC 指标线与零轴之间的位置关系清晰地判断出来。

图 22-2　华立药业上升趋势中 ROC 指标线形态示意图

下跌趋势是一个价格逐步走低的运行过程，当日的收盘价在绝大多数情况下都会低于 12 个交易日之前的收盘价。根据 ROC 的计算公式，可以知道，ROC 指标线应运行于零轴下方，这正是 ROC 指标线对于下跌趋势的直观反映。

图 22-3 为金陵饭店（601007）2007 年 12 月 26 日至 2008 年 11 月 7 日期间走势图，在 ROC 指标线窗口中，用虚线标注了此股零轴所在位置区，如图所示，可以看到在此期间的 ROC 指标线在绝大多数时间内都运行于零轴下方，正是 ROC 指标线形态对于下跌趋势的直观反映。

图 22-4 为连云港（601008）2007 年 9 月 24 日至 2008 年 11 月 6 日期间走势图，如图所示，此股在此期间处于下跌趋势中，对于此股的这种趋势运行状态，可以透过 ROC 指标线与零轴之间的位置关系清晰地判断出来。

图 22-3　金陵饭店下跌趋势中 ROC 指标线形态示意图

图 22-4　连云港下跌趋势中 ROC 指标线形态示意图

第三节　运用变动率指标识别趋势反转

ROC 指标也可以在上升趋势或下跌趋势即将反转时，发出明确的信号，这种信号就体现在 ROC 指标线与零轴之间的位置关系变化上。当股市或个股经历了持续的上涨走势后，若 ROC 指标线开始由前期稳健的运行于零轴上方，转而变化向下跌破零轴且在较长时间内运行于零轴下方或者是缠绕着零轴运行时，则意味着升势见顶，随后就应进行逢高抛售的中长场卖出操作。

图 22-5 为兴业银行（601166）2007 年 2 月 5 日至 2008 年 3 月 19 日期间走势图，在 ROC 指标窗口中，用虚线标注了零轴所在的位置区，如图标注所示，此股在经历了前期大幅上涨之后，于高位区出现了明显的滞涨走势，且同期的 ROC 指标线开始向下跌破零轴且在较长时间内运行于零轴下方。这是此股上升趋势结束、正处于筑顶阶段的表现，也是随后下跌趋势即将展开的信号。通过 ROC 指标线运行形态的变化，可以较好地把握市场顶

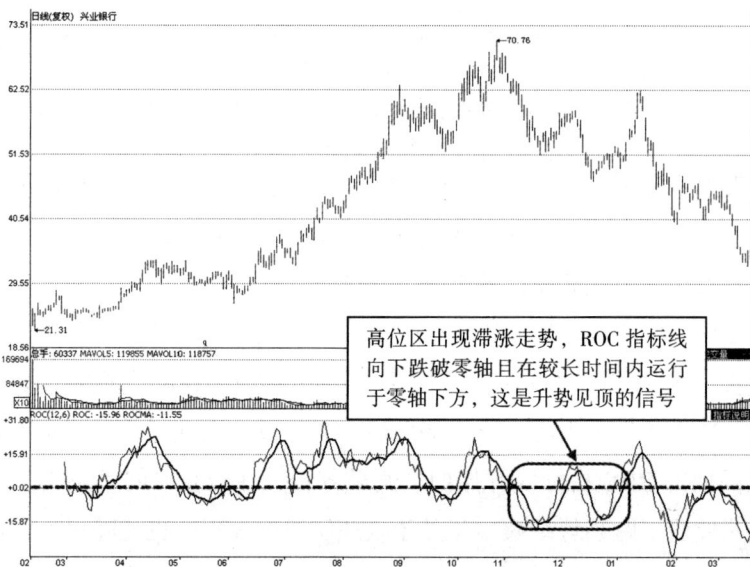

图 22-5　兴业银行顶部区的 ROC 指标线形态示意图

部区的出现，从而展开顶部区的中长线卖出操作。

图 22-6 为中国软件（600536）2008 年 12 月 26 日至 2009 年 10 月 13 日期间走势图，如图所示，此股在经历了大幅上涨之后，其 ROC 指标线开始由前期的运行于零轴上方，转变化为持续的运行于零轴下方且与零轴交织缠绕在一起。透过 ROC 指标线与零轴之间位置关系的变化，可以清晰地看出此股正处于升势转跌势的筑顶阶段，因而，此时就是中长线卖股离场的时机。

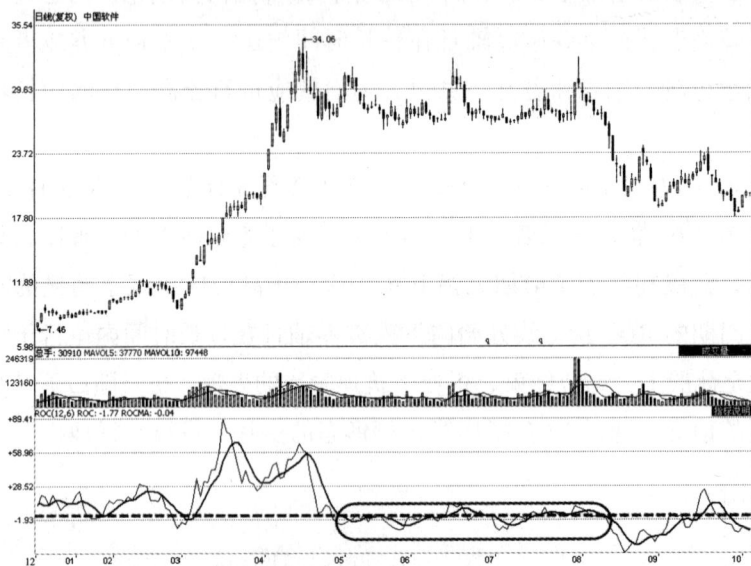

图 22-6　中国软件顶部区的 ROC 指标线形态示意图

当股市或个股经历了持续的下跌走势后，若 ROC 指标线开始由前期持续的运行于零轴下方，转而变化向上突破零轴且在较长时间内站稳于零轴上方，则都意味着跌势见顶，随后应进行逢低买入的操作。

图 22-7 为 *ST 国发（600538）2008 年 5 月 30 日至 12 月 19 日期间走势图，在 ROC 指标线窗口中，用虚线标注了零轴所在的位置区，如图标注所示，此股在经历了大幅下跌走势之后，于低位区出现了明显的止跌回升走势，且同期的 ROC 指标线开始向上突破零轴且在较长时间内站稳于零轴上方。这是此股下跌趋势结束、正处于筑底阶段的表现，也是随后上升趋势即将展开的信号。通过 ROC 指标线运行形态的变化，可以较好的把握住市场

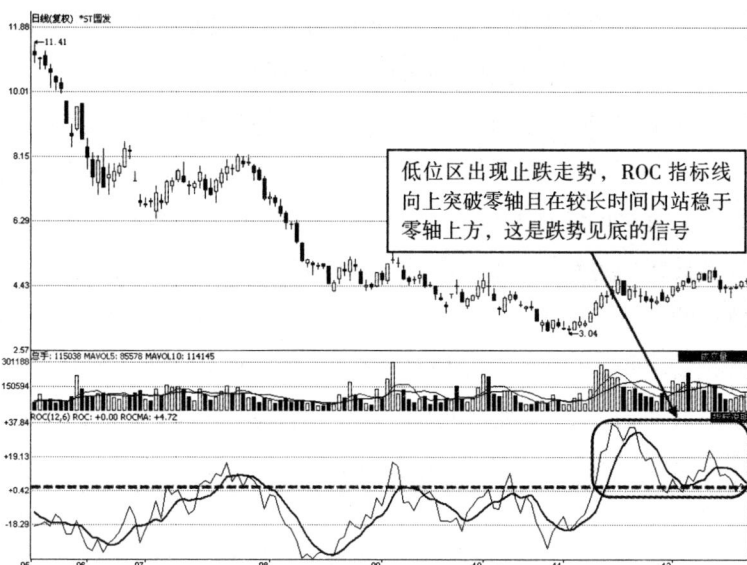

低位区出现止跌走势，ROC 指标线向上突破零轴且在较长时间内站稳于零轴上方，这是跌势见底的信号

图 22-7 *ST 国发底部区的 ROC 指标线形态示意图

底部区的出现，从而展开底部区的中长线买入操作。

图 22-8 为莫高股份（600543）2008 年 5 月 15 日至 2009 年 1 月 5 日期间走势图，如图所示，此股在经历了大幅下跌之后，其 ROC 指标线开始由前期的运行于零轴下方，转而变化为持续的运行于零轴上方。透过 ROC 指

图 22-8 莫高股份底部区的 ROC 指标线形态示意图

标线与零轴之间位置关系的变化,可以清晰地看出此股正处于跌势转升势的过渡阶段,因而,此时就是中长线买股布局的时机。

除了利用 ROC 指标线与零轴之间位置关系的变化来判断顶部区与底部区外,还可以利用 ROC 指标线的底背离形态与顶背离形态。ROC 指标内在的市场含义是价格的涨跌速率,上升趋势是一个前半段涨速逐步加快、后半段涨速逐步放缓的过程,下跌趋势则是一个前半段跌速逐步加快、后半段跌速逐渐放缓的过程。对应于价格走势的这种特征,ROC 指标线在趋于顶部区时会出现顶背离形态(即虽然同期的价格走势仍在震荡着上涨且创出新高,但是同期的 ROC 指标线却逐步走低),ROC 指标线在趋于底部区时会出现底背离形态(即虽然同期的价格走势仍在震荡着下跌且创出新低,但是同期的 ROC 指标线却逐步走高)。

图 22-9 为山煤国际(600546)2007 年 11 月 13 日至 2008 年 11 月 3 日期间走势图,如图所示,此股在深幅下跌之后,如图中虚线标注所示,虽然股价仍在震荡着走低,但是同期的 ROC 指标线却在逐波走高。这说明个股在经历了深幅下跌后,其跌势已经放缓,是空方力量开始逐步减弱的表现,也是底部区即将出现的标志。在实盘操作中,可以密切关注此股随后的止跌企稳走势的出现,从而展开中长线的买入布局操作。

图 22-9 山煤国际的 ROC 指标线底背离形态示意图

图 22-10 为方兴科技（600552）2008 年 1 月 22 日至 2009 年 1 月 13 日期间走势图，如图标注所示，此股在持续下跌之后出现了明显的 ROC 底背离形态，在这一形态之后，此股就出现了止跌企稳的底部区。可以说，ROC 指标线与价格走势之间的底背离形态是预示着底部即将出现的准确信号。

图 22-10　方兴科技的 ROC 指标线底背离形态示意图

图 22-11 为天地科技（600582）2009 年 2 月 26 日至 2010 年 2 月 8 日期间走势图，如图所示，此股在持续上涨之后，如图中虚线标注所示，虽然股价仍在震荡着走高，但是同期的 ROC 指标线却在逐波走低。这说明个股在经历了持续上涨后，其涨势已经放缓，是多方力量开始逐步减弱的表现，也是顶部区即将出现的标志，是展开中长线卖出操作的信号。

图 22-12 为大众交通（600611）2008 年 12 月 25 日至 2009 年 8 月 18 日期间走势图，如图标注所示，此股在持续上涨之后于高位区出现了明显的 ROC 指标线顶背离形态，预示着升势即将见顶，是中长线卖股离场的信号。

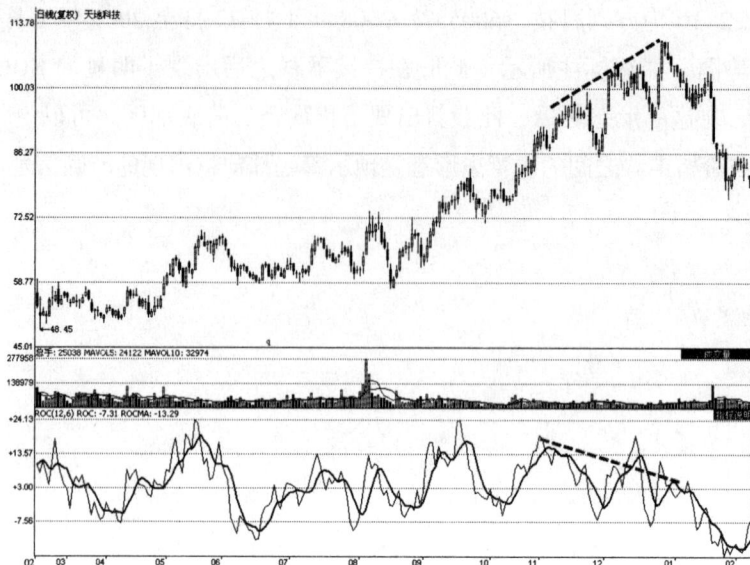

图 22-11 天地科技 ROC 指标线顶背离形态示意图

图 22-12 大众交通 ROC 指标线顶背离形态示意图

第四节 运用变动率指标形态变化把握买卖时机

ROC 指标内在的市场含义是价格的涨跌速率，当价格阶段性的涨势加快时，可以看到 ROC 指标线也会呈现出快速上扬的形态；反之，当价格阶段性的跌势加快时，则会看到 ROC 指标线呈现出快速下降的形态。这种快速上扬或下降的形态往往直接地体现出了多空双方力量的变化情况，但在实盘操作中，为了能更全面地把握多空力量真实转变情况，并准确地预测价格的后期走势，还应关注同期的价格走势。下面结合实例来介绍如何利用 ROC 指标线的上扬，下降形态的变化来把握买卖时机。

ROC 指标线的快速上扬形态说明阶段性涨速较大，当该指标线在低位区出现快速上扬形态，且其值创出了中长期内的峰值时，意味着多方力量已开始主导市场，随后盘整走势或回调走低中的相对低点就是买股的时机。

如图 22-13 为申华控股（600653）2008 年 5 月 19 日至 2009 年 1 月 6 日期间走势图，如图所示，此股在深幅下跌后的低位区出现了一波反弹上涨走势，但是同期的 ROC 指标线却快速上扬，且创出了中长期内的新高。这说明这一波的上涨走势已完全不同于下跌途中的反弹行情，这是市场多空双方力量已发生根本性转变的标志，也是应于随后逢低买入布局的信号，我们用箭头在走势图中标注出了随后的买点。

ROC 指标线的走平形态说明价格涨势放缓，下降形态则说明价格开始下跌。当价格出现一波快速上涨走势后，若 ROC 指标线开始走平，意味着上涨动力开始减弱，是一波下跌回调走势即将展开的信号，也是短期内卖股的信号。

图 22-14 为飞乐股份（600654）2009 年 3 月 5 日至 8 月 21 日期间走势图，如图标注所示，此股在一波快速上涨后，ROC 指标线开始出现走平且有下降倾向，此时就是短线卖股的时机。

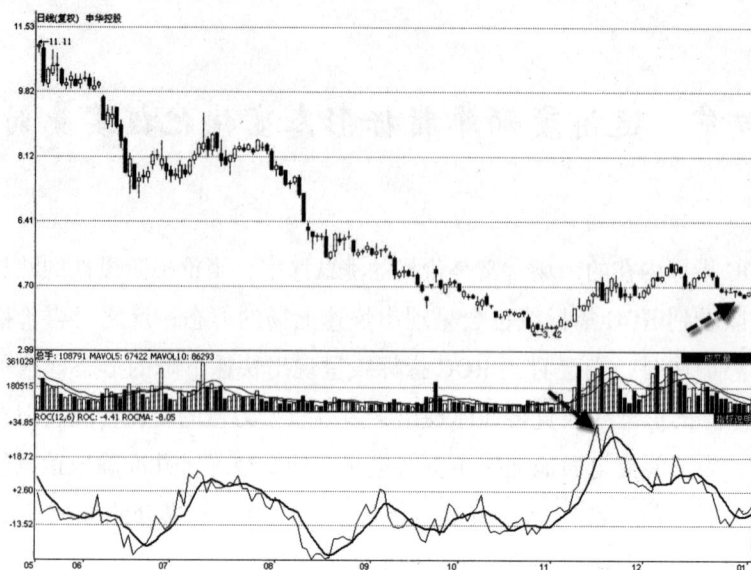

图 22-13　申华控股 ROC 指标线快速上扬形态示意图

图 22-14　飞乐股份 ROC 指标线走平形态示意图

第五节 运用变动率指标线交叉
关系把握买卖时机

ROC 指标线的金叉形态与死叉形态可以帮助我们把握价格波动过程中的短线买卖时机。所谓的金叉形态，是指 ROC 指标线由下向上交叉并穿越 ROCMA 指标线，这一形态出现在上升途中的回调走势后、盘整走势后，或者是下跌途中的一波快速深幅下跌走势之后，则意味着短期内一波上涨走势即将出现，是短期买股信号；死叉形态则是指 ROC 指标线由上向下交叉并穿越 ROCMA 指标线，这一形态出现在下跌途中的反弹走势后、盘整走势后，或者是上升途中的一波快速上涨走势之后，意味着短期内一波下跌走势即将出现，是短期卖股信号。

图 22-15 为爱使股份（600652）2008 年 10 月 30 日至 2009 年 4 月 22 日期间走势图，如图标注所示，此股在上升途中的回调走势后出现了 ROC 指标线的金叉形态，这说明新一波的上涨走势即将提速，是短线的逢低买入

图 22-15 爱使股份上升途中 ROC 指标线金叉形态示意图

信号。

图 22-16 为强生控股 (600662) 2009 年 11 月 26 日至 2010 年 5 月 19 日期间走势图，如图标注所示，此股在短期内的一波震荡上涨走势后所出现的 ROC 指标线死叉形态就是短线卖股的信号。

图 22-16 强生控股震荡上涨走势中 ROC 指标线死叉形态示意图

第二十三章　均笔成交量指标

均笔成交量指标（MBSS），也称每笔均量、均笔成交、每笔平均成交量，与其他各类指标设计原理明显不同，它主要用于侦测主力的异动行为，是中长线翻倍黑马及短线暴涨潜力股的重要指标之一。

第一节　理解均笔成交量指标的设计原理

均笔成交量也称平均每笔成交量、均笔成交、每笔平均交易数等，它是一个与成交量完全不同的概念。对于"成交量"这一概念来说，我们知道它指代的是某一时间段内（多以"日"为计算周期）的成交数量，即成交量等于这一段时间内的买方买入数量（或者是：这一段时间内的卖方卖出数量）。但是在"均笔成交量"这一概念中，则引入了成交笔数，它指代的是股票每一笔交易的平均成交数量，将某只股票当日的总成交量除以当日的总成交笔数，就可以得到此股当日的每笔成交量。

我们知道，同样的成交量，若是交易笔数不同，则往往具有明显不同的市场含义。例如：对于一只个股来说，假设其成交量为1万股，若这1万股是通过10笔买卖交易完成的，因为散户投资者资金数量少，每一笔买卖股票的数量自然也就较少，因而说明1万股的交易双方更可能是来自于散户投资者；但是若这1万股的成交量是由一两笔买卖交易完成的，由于散户一般不具备这种大手笔买卖股票的能力，因而往往可以将其视作主力资金的买卖行为。

均笔成交量的原理很简单，因为主力持有的资金数量庞大，因而在进行买卖操作，特别是在进行买入行为时，几乎不可能像散户一样进行小额的买进。主力资金为了控盘的需要，往往会在建仓一只个股时，进行大力度的买入操作，若是通过小手笔的买卖，不仅有可能浪费低位买入的好时机，也会极大地提高其建仓时间、建仓成本。在大盘走势较好时，主力若不能快速地进行建仓操作并借大盘之势来完成控盘，则其大幅获利出局的概率就要明显降低，因而，当主力资金认为个股买入时机出现时，多会进行大手笔的买入操作。此时，透过均笔成交量的异动，就可以了解到主力资金对于此股的参与，从而在结合价格走势的基础上，即可准确地分析出主力资金的动向，并预测出主力资金的后期控盘意图。

均笔成交量直接显示出某股的交投活跃程度和大资金进出的力度大小，若某只股票有时在同一股价区间成交量没有明显的变化，价格走势也是波澜不惊，但每笔交易数却发生较为显著的变化，这都意味着个股背后的主力已有所行动。若个股此时处于相对的低位区或是低位横盘震荡区，则均笔成交量的快速攀升往往就是主力在个股启动前的最后加仓信号。

第二节　运用均笔成交量捕捉主力建仓行为

主力在建仓一只个股时，往往会进行大笔的买入操作，这使得其均笔成交量会出现明显地攀升形态。如果一只个股在持续下跌的低位区，出现了均笔成交量大幅攀升的形态，且同期的股价走势也是企稳回升，则意味着此股有主力资金在进行积极的建仓操作，是此股后期上涨潜力巨大的表现，此时也是中长线买股布局的时机。

图23-1为南宁百货（600712）2008年5月12日至12月26日期间走势图，如图标注所示，此股在持续下跌后低位区出现了止跌企稳回升的走势，且同期的均笔成交量指标线也出现了大幅攀升形态。这是主力资金在低位区进行大力度建仓操作的表现，也是个股步入底部区的信号。此时，在发现了主力资金的这种强力建仓行为之后，就可以在股价回调走势中的相对低点位进行积极的中长线买入布局。图23-2为此股随后的走势图，可以看到，在

图 23-1 南宁百货低位区均笔成交量指标线大幅攀升形态示意图

图 23-2 南宁百货低位区均笔成交量指标线异动后的走势图

主力资金的强力运作下，此股后期的上涨空间巨大，其涨幅远远强于同期的大盘指数。

图 23-3 为宁波富达（600724）2008 年 5 月 14 日至 12 月 1 日期间走势图，此股在持续下跌后的低位区同样出现了均笔成交量大幅攀升的形态，通

过图中的标注可以看到，在低位区较长时间的盘整走势中，虽然股价走势波澜不惊，但是同期的均笔成交量却大幅攀升，明显跃升了一个台阶。这正是主力资金加大建仓力度的体现，也是市场多空双方力量发生实质性转变的信号，此时即是中长线买股布局的时机。

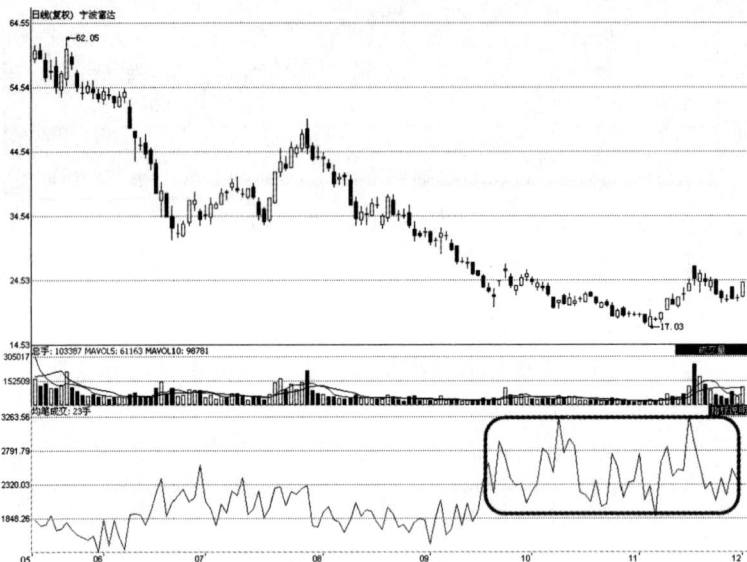

图 23-3　宁波富达低位区均笔成交量指标线大幅攀升形态示意图

图 23-4 为北方国际（000065）2007 年 12 月 12 日至 2008 年 10 月 28 日期间走势图，如图标注所示，此股在持续下跌后的低位区出现了极为显著的均笔成交量指标线大幅攀升的形态，相对于本章前两个例子来说，北方国际均笔成交量的放大效果更为明显。但是如果仅从同期的价格走势着手的话，是丝毫看不出此股的任何异常表现的，那么，这种极为显著的均笔成交量异动形态是否与此股后期成为潜力黑马的标志呢？图 23-5 为此股在经历了这一低位区盘整后的走势图，从图中可以看到，此股随后的涨势惊人，如果掌握了运用均笔成交量这一指标的话，那么是完全可以成功捕捉到这只中长线黑马股的。

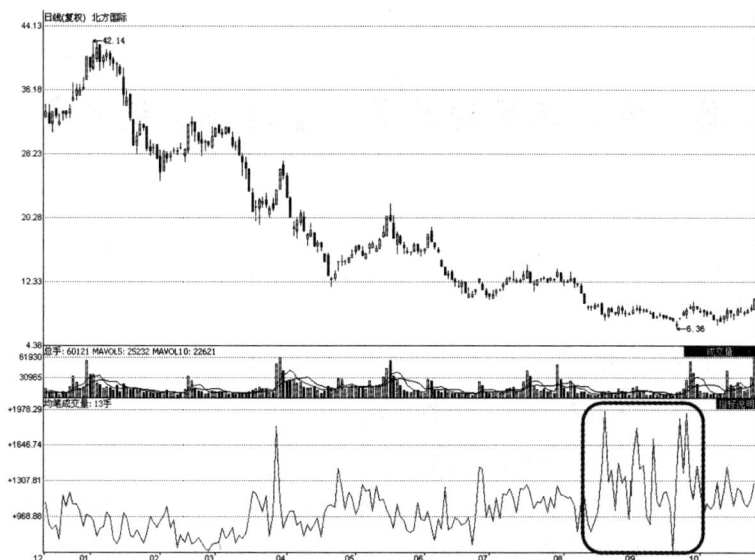

图 23-4 北方国际低位区均笔成交量指标线大幅攀升形态示意图

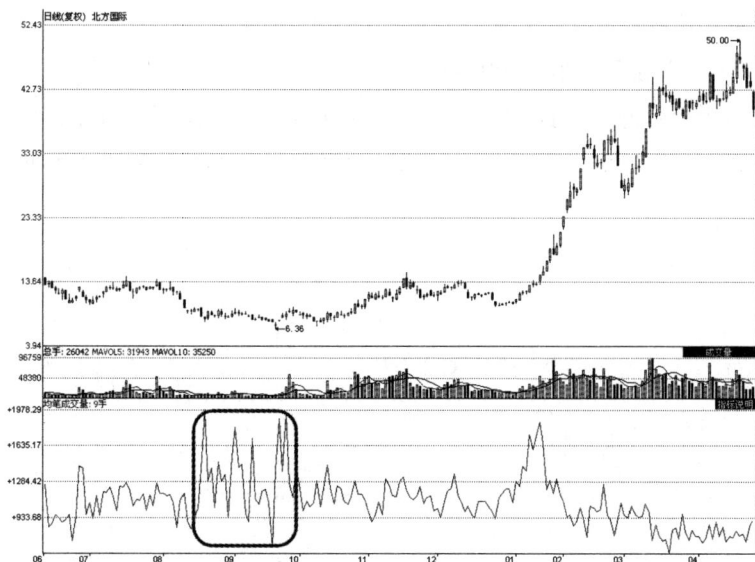

图 23-5 北方国际低位区均笔成交量指标线异动后的走势图

第三节 运用均笔成交量捕捉短线黑马

在使用均笔成交量把握短线买入机会这点上，主要利用其大幅攀升形态与股价上涨走势不一致这一情形。一般来说，个股在上升途中经历了盘整走势后，往往极有可能出现再度突破上涨的走势，此时，利用均笔成交量在个股突破前是否出现了大幅攀升形态，就可以较好地预测出此股的突破力度，从而在个股启动前捕捉到短线黑马。

当个股经上升途中的盘整走势后，若同期的价格走势仍处于较为平淡的盘整运行之中，但是均笔成交量却出现了大幅攀升形态，意味着主力已开始有所行动。一般来说，这是主力在拉升个股前的加仓行为，它意味着个股即将开始短线强势突破上涨，是短线黑马出现的重要标志。

图23-6为莲花味精（600186）2009年2月10日至11月12日期间走势图，如图所示，此股在此期间处于逐步攀升的上升趋势中，如图标注所示，在上升途中的一段盘整走势中，虽然此股的股价走势仍处于平淡的盘整走势

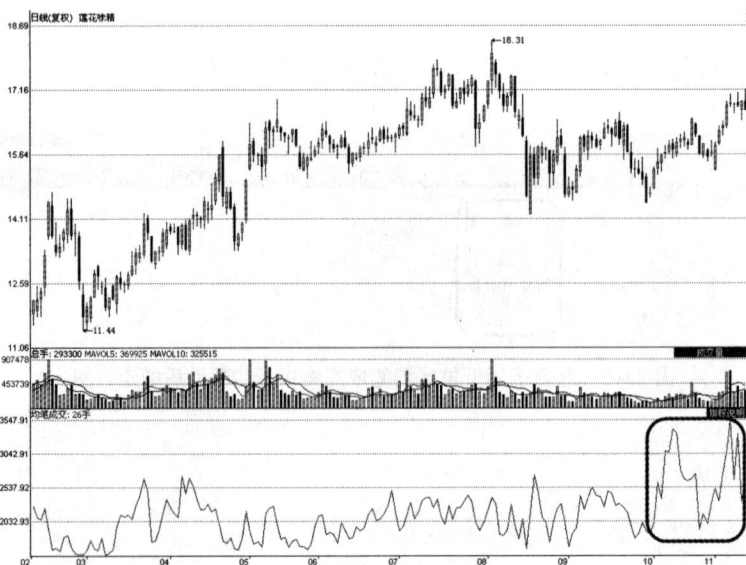

图23-6 莲花味精上升途中盘整走势后均笔成交量指标线大幅攀升形态示意图

之中，但是同期的均笔成交量却出现了大幅攀升的形态。这说明主力资金已
开始有所行动，是个股即将突破上行的信号，也是其短期上涨力度较大的体
现，此时可以进行积极的短线买入操作。如图 23-7 为此股随后的走势图，
可以看到，在主力的强力运作下，此股的短期上涨力度十分强劲。

图 23-7 莲花味精上升途中盘整后的走势图

图 23-8 为安徽水利（600502）2008 年 11 月 4 日至 2009 年 6 月 29 日期
间走势图，如图标注所示，此股在上升途中的盘整走势中出现了均笔成交量
大幅攀升的形态，此时即是短线买股的最好时机。如图 23-9 为此股随后的
走势图，可以看到，此股随后的短线上涨力度惊人，这正是主力资金积极运
作的结果，而主力资金在大力拉升此股前，就已通过均笔成交量的异动给予
了提示性的信号。

当个股在突破相对低位区的盘整区间时，若随着个股突破走势的出现，
同期的均笔成交量也大幅攀升且创出新高，则说明主力做多意愿强烈，个
股后期上涨空间仍然较大。此时，对于场外投资者来说，可以进行较为激
进的短线追涨买入操作，对于已持有此股的投资者来说，则可以继续持股
待涨。

图 23-8　安徽水利上升途中盘整走势后均笔成交量指标线大幅攀升形态示意图

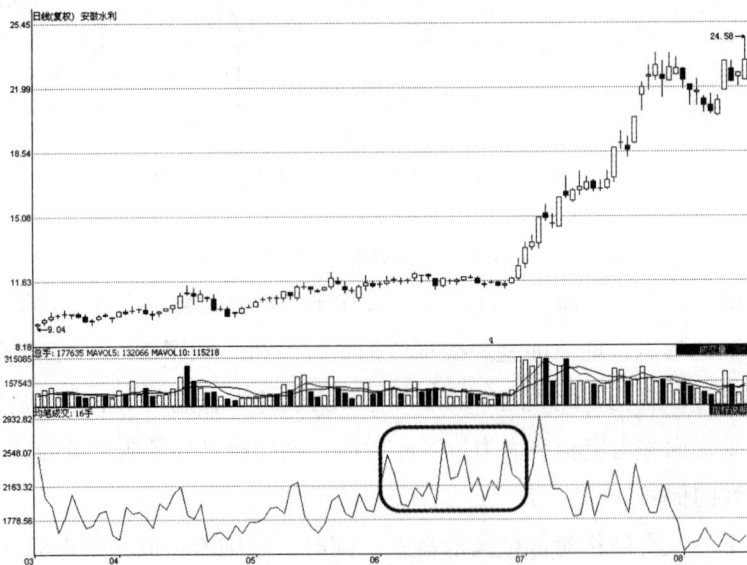

图 23-9　安徽水利上升途中盘整后的走势图

　　图 23-10 为锦州港（600190）2008 年 10 月 13 日至 2009 年 2 月 6 日期间走势图，如图所示，此股在此期间正从低位区展开一轮上升行情，并且在上升途中多次出现回调后的盘整走势，如图标注所示，在盘整走势后的突破上行时，可以看到，这时的均笔成交量指标线大幅攀升且创出的新高，这可

图 23-10 锦州港均笔成交量指标线大幅攀升形态示意图

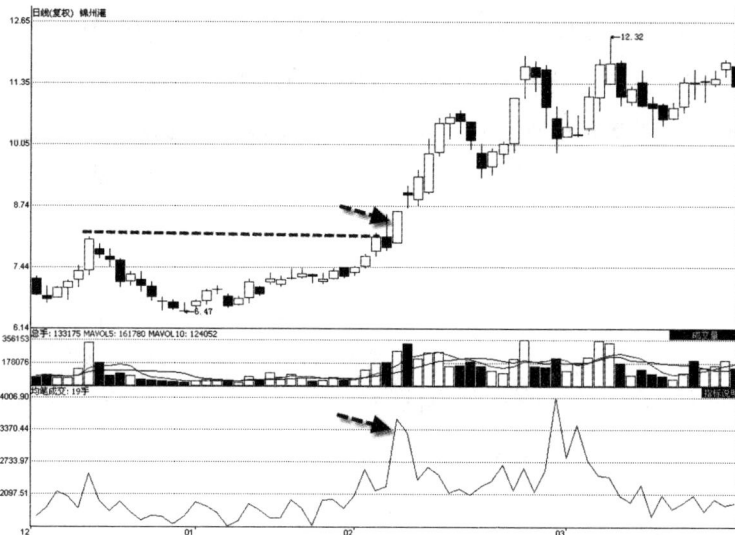

图 23-11 锦州港均笔成交量指标线大幅攀升后的走势图

以说是主力的大力度买入操作推动了价格的上涨。一般来说，这种情况说明
主力资金仍然认为这是一个较低的位置区，也是个股后期上涨空间仍然较大
的表现。此时，对于场外投资者来说，可以进行较为激进的短线追涨买入操
作，对于已持有此股的投资者来说，则可以继续持股待涨。图 23-11 为锦州
港均笔成交量指标线大幅攀升后的走势图。

第四节 运用均笔成交量识别顶部区的出现

主力在建仓时往往喜欢用大单买入的方式来实施操作，这是因为低位买入时机往往较为短暂，一旦错失将很难再现；但是与建仓操作不同，主力在出货时，则多喜欢用小单的形成进行派发，这是为避免引起散户投资者的跟风出货，而这种小单出货的方式也可以最大限度地减低主力出货对于个股所造成的抛压影响，从而使个股可以尽可能长时间地停留于高位区。因而，当个股在经历了长时间的大幅度上涨之后，若于高位区出现了长期的滞涨走势，且同期的均笔成交量也快速下降，说明主力已无意再度拉升个股而且这也是主力有小单派出离场的行为表现。此时，就要留意个股的见顶态势，从而选择在股价波动过程中的相对高位进行中长线的卖股离场操作。

图 23-12 为华侨城 A（000069）2008 年 12 月 30 日至 2009 年 12 月 7 日期间走势图，如图标注所示，此股在经历了大幅上涨之后，高位区出现了长期的滞涨走势，且同期的均笔成交量也呈现出快速下滑的走势。通过对比可

图 23-12 华侨城 A 顶部区均笔成交量指标线大幅降低形态示意图

以发现，这一高位区的均笔成交量数值要明显地小于前期上升走势时的均笔
成交量数值，这是主力无意再度拉升个股的表现，则意味着顶部区已经出
现，是中长线卖股离场的信号。图 23-13 为此股随后的走势图，从图中可以
看到，随后此股逐波走低。

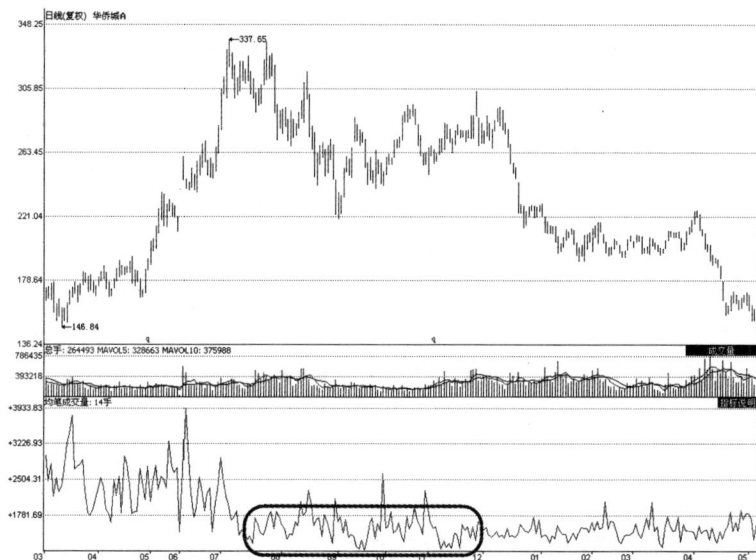

图 23-13　华侨城 A 高位区均笔成交量指标线大幅降低后的走势图

图 23-14 为金融街（000402）2008 年 10 月 22 日至 2009 年 12 月 23 日
期间走势图，如图标注所示，此股在经历了大幅上涨之后，高位区出现了长
期的滞涨走势，且同期的均笔成交量也同样呈现出快速下滑的走势。这是主
力无意再度拉升个股的表现，而且它往往与主力高位区的小单派发出货操作
行为相关，意味着顶部区已经出现，是中长线卖股离场的信号。图 23-15 为
此股随后的走势图，从图中可以看到，随后此股逐波走低。

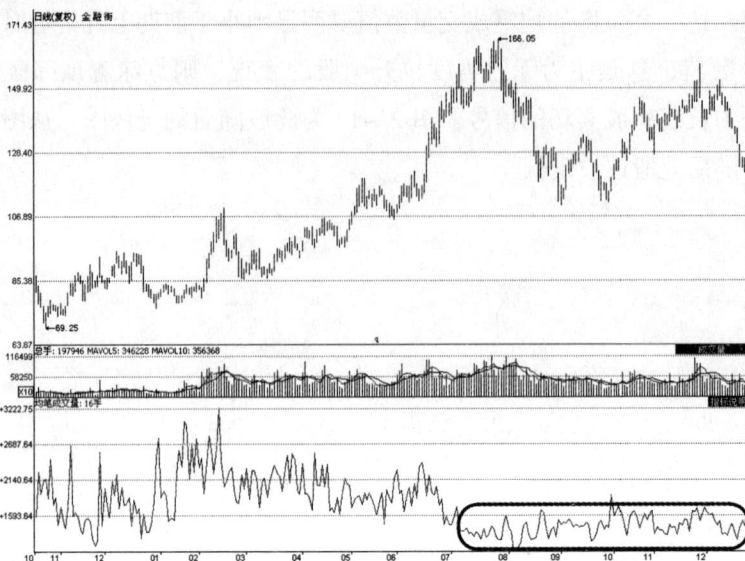

图 23-14　金融街顶部区均笔成交量指标线大幅降低形态示意图

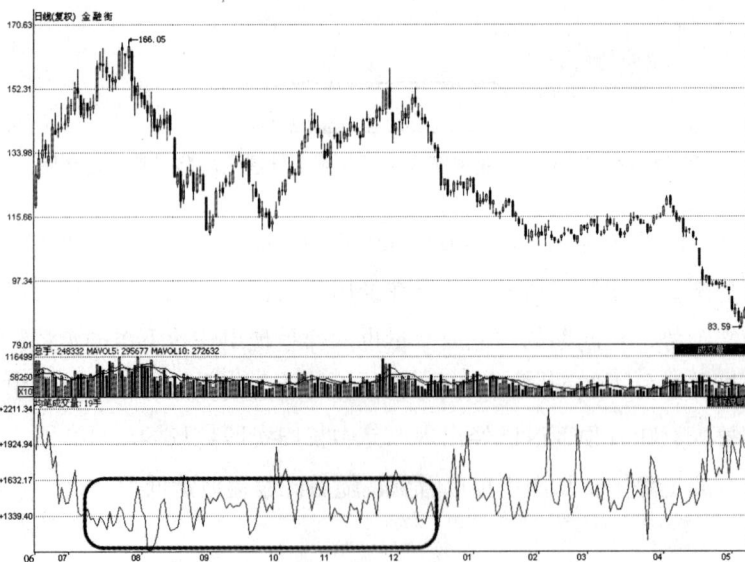

图 23-15　金融街高位区均笔成交量指标线大幅降低后的走势图